Vom Wirken der Engel

Rudolf Steiner
Themen aus dem Gesamtwerk 17

Rudolf Steiner (1861 – 1925), studierte Natur- und Ingenieurwissenschaften an der Technischen Universität Wien, er promovierte in Philosophie an der Universität Rostock, war Herausgeber der naturwissenschaftlichen Schriften Goethes und ist Begründer der Anthroposophie und der Waldorfpädagogik, der biologisch-dynamischen Landwirtschaft und der anthroposophisch erweiterten Medizin und Heilpädagogik, des organischen Funktionalismus in der Architektur und der Bewegungskunst Eurythmie. Seine Hauptwerke sind: *Die Philosophie der Freiheit; Theosophie. Einführung in übersinnliche Welterkenntnis und Menschenbestimmung; Wie erlangt man Erkenntnisse der höheren Welten?* und *Die Geheimwissenschaft im Umriß.* Diese bilden zusammen mit den übrigen Schriften und den Aufsatzbänden das geschriebene Werk von überschaubarem Umfang, rund 40 Bände.
Daneben ist die Fülle der nachgeschriebenen Vorträge außerordentlich, in der Gesamtausgabe mehr als 250 Bände. Diese Vorträge waren alle frei gehalten und nicht zum Druck bestimmt. Ihre Herausgabe erfolgt nach von Rudolf Steiner nicht durchgesehenen Nachschriften. Sie enthalten jedoch den Ausbau und die Entfaltung der in den Schriften entwickelten Grundkonzeptionen nach den verschiedensten Richtungen und Lebensbereichen. Sie stellen in ihrer thematischen Mannigfaltigkeit auch heute noch eine nicht bewältigte Aufgabe dar.
So ist das Motiv dieser Taschenbuchreihe: unter den in unserer Zeit aktuellen Gesichtspunkten den Zugang zu verschiedenen im Vortragswerk verstreuten und nicht zusammenhängend ausgearbeiteten Themenkomplexen zu eröffnen und damit zugleich den Ansatz der anthroposophischen Erkenntnismethode an bestimmten Problemkreisen zu verdeutlichen; die jeweilige Zusammenstellung von Vorträgen beansprucht dabei inhaltlich keine Vollständigkeit.

Rudolf Steiner

Vom Wirken der Engel

und anderer hierarchischer Wesenheiten

Neun Vorträge
ausgewählt und herausgegeben
von Wolf-Ulrich Klünker

Verlag Freies Geistesleben

Das vorliegende Werk basiert auf der deutschen Originalausgabe, die im Rudolf Steiner Verlag, Dornach/Schweiz, innerhalb der Rudolf Steiner Gesamtausgabe (GA) erschienen ist. Als Herausgeber zeichnet die Rudolf Steiner Nachlaßverwaltung, zu der das Rudolf Steiner Archiv und der Rudolf Steiner Verlag gehören. Damit die Tätigkeit des Rudolf Steiner Archivs und somit die Herausgabe von Rudolf Steiners Werk gewährleistet bleiben kann, ist das Archiv, das keine staatlichen oder anderen Beiträge erhält, ganz auf Spendengelder angewiesen. Zu diesem Zweck besteht ein Förderverein.

Weitere Informationen:
Rudolf Steiner Archiv, Postfach 348, CH-4143 Dornach
oder:
www.rudolf-steiner.com

ISBN 978-3-7725-2117-1

7. Auflage 2021

Verlag Freies Geistesleben
Landhausstraße 82, 70190 Stuttgart
www.geistesleben.com

Einbandentwurf: Maria A. Kafitz, unter Verwendung
eines Fotos von Wolfgang Schmidt, Ammerbuch

Gesamtherstellung: cpi books GmbH, Leck
Printed in Germany

Inhalt

Einführung des Herausgebers 7

GEISTIGE HIERARCHIEN UND MENSCHLICHE INDIVIDUALITÄT

Was tut der Engel in unserem Astralleib? 29
Zürich, 9. Oktober 1918

Die drei Begegnungen der Menschenseele mit dem Wesen des Universums 56
Berlin, 20. Februar 1917

Schicksalsgestaltung in Schlafen und Wachen 78
Bern, 6. April 1923

Das Verhältnis des Menschen zu seinem Engelwesen und zu den höheren Hierarchien 105
Kristiania (Oslo), 27. November 1921

GEISTIGE HIERARCHIEN IN DER MENSCHHEITSENTWICKLUNG

Der Michael-Impuls und das Mysterium von Golgatha 125
Stuttgart, 18. Mai 1913

Erkenntnis geistiger Wesenheiten in verschiedenen Epochen 142
Dornach, 4. Januar 1924

Geistige Hierarchien als kosmische Wirklichkeit

Die dritte und die zweite Hierarchie 160
Helsingfors, 6. April 1912

Die erste Hierarchie und die göttliche Trinität 175
Helsingfors, 7. April 1912

Das künftige Jupiterdasein und seine Wesenheiten 194
Dornach, 3. Januar 1915

Anmerkungen 217

Literaturhinweise 220

Quellennachweis 222

Einführung des Herausgebers

Vor allem gegen Ende seines Lebens hat Rudolf Steiner die Anthroposophie in einen bestimmten geistesgeschichtlichen Zusammenhang gestellt. Die dabei aufgezeigten Entwicklungslinien erweisen sich als wichtig, wenn man die geistige Signatur der Anthroposophie verstehen möchte. Dies gilt auch für ein Verständnis der Darstellungen zu geistigen Wesenheiten der verschiedenen Ordnungen (Hierarchien).

Rudolf Steiner hat die Erforschung und Darstellung von Grundlagen der Anthroposophie als Wissenschaft aufgefasst und in diesem Sinn einen neuen Begriff der Geisteswissenschaft geprägt. Im Unterschied zu «hellsichtigen» oder rein historischen Herangehensweisen wird damit ein übersinnlich-wissenschaftlicher Zugang zu Wirklichkeitsbereichen möglich, denen geistige Wesenheiten angehören. Eine so verstandene Geisteswissenschaft steht in einer geistesgeschichtlichen Entwicklung, die Rudolf Steiner insbesondere im Jahr 1924 als die Beziehung von Platonismus und Aristotelismus beschrieben hat;[1] gemeint sind damit innere Beziehungen zur Wirklichkeit, die ihre Grundlage bei den griechischen Philosophen Platon (427 – 347 v. Chr.) und Aristoteles (384 – 322 v. Chr.) fanden.

In den folgenden einführenden Passagen soll bewußt, weitgehend unabhängig von Darstellungen Rudolf Steiners, der Zugang zu geistigen Wesenheiten an zwei hervorragenden Persönlichkeiten der christlichen Geistesgeschichte verdeutlicht werden: für die eher platonische Grundhaltung steht hier Johannes Scotus Eriugena (etwa 810–877), für einen eher aristotelischen Blick

Thomas von Aquin (1225–1264). Die damit angedeuteten Wege sind auch für ein Verständnis des anthroposophischen Zugangs wichtig. Denn die Anthroposophie steht mit beiden Strömungen in einem geistigen Entwicklungszusammenhang, der gerade heute den Blick auf die Anthroposophie schärfen kann: wenn das Werk Rudolf Steiners nach fast hundert Jahren selbst in gewisser Hinsicht Geistesgeschichte geworden ist und wenn gegen Ende des 20. und zu Beginn des 21. Jahrhunderts innerhalb und außerhalb der Anthroposophie neue Erlebnisse und Beziehungen zum Engel sich zeigen.

In der platonischen wie aristotelischen Überlieferung (und auch in der Anthroposophie) erweisen sich zwei innere Dimensionen als grundlegend für das Verhältnis zum Engel: die Entwicklung des menschlichen Ich in Selbsterkenntnis und Denken, und die Fähigkeit, in geistiger Erkenntnis nicht nur eine Bewußtseinsqualität, sondern auch eine echte Seinswirklichkeit zu empfinden. Selbsterkenntnis des menschlichen Ich und die Vertiefung des Wirklichkeitserlebens im Geist (und zwar beides gerade als Chancen des Menschen in seiner irdischen Existenz) bilden die Grundlage für eine existentiell tragfähige Beziehung zu geistigen Wesenheiten.

Beziehung von Mensch und Engel

In der *Einteilung der Natur*, dem Hauptwerk des irischen Philosophen Johannes Scotus Eriugena (9. Jahrhundert), findet sich folgende interessante Bemerkung: «So glauben und erkennen wir nicht umsonst, daß die Inkarnation des göttlichen Wortes nicht weniger den Engeln als den Menschen nützte. Sie nützte den Menschen zu ihrer Erlösung und zur Wiederherstellung ihrer Natur, den Engeln aber nützte sie zur Erkenntnis.»[2] Die

«Inkarnation des göttlichen Wortes», also die Menschwerdung des Christus, hat für Menschen und Engel Bedeutung. Eriugena spricht diesen Satz wie selbstverständlich aus; demgegenüber hat sich die Neuzeit daran gewöhnt, Christus lediglich im Hinblick auf den Menschen zu verstehen. Offenbar war es im 9. Jahrhundert noch ganz anders möglich, den Zusammenhang von Mensch und Engel zu denken. In dem Textausschnitt kommt zum Ausdruck, daß die Menschen durch Christus erlöst wurden und daß ihre «Natur», also ihr Wesen, das der Sünde verfallen war, durch diese Erlösung wieder frei werden konnte. Die Engel dagegen wurden durch die Inkarnation des göttlichen Wortes weder erlöst noch in ihrem ursprünglichen Wesen wiederhergestellt, sondern sie wurden in einer anderen, höheren Weise erkennend, als sie es zuvor waren.

Man kann sich nun fragen, welcher Unterschied oder welche Beziehung zwischen Engel und Mensch in der Aussage Eriugenas angedeutet wird. Es fällt sofort auf, daß der Engel als ein Erkenntniswesen, der Mensch aber als erlösungs- und erneuerungsbedürftig erscheint. Was zur Erlösung und Wiederherstellung des Menschen beiträgt, ermöglicht dem Engel eine weiterreichende Erkenntnis. Offenbar ist beim Engel auf der Erkenntnisebene anzusiedeln, was für den Menschen auf ganz anderen Existenzgebieten Bedeutung besitzt. Denn die Erlösung und Wiederherstellung der menschlichen Natur bezieht sich nicht nur auf das Erkennen des Menschen, also auf seinen Geist, sondern auch auf sein leibliches und seelisches Dasein. Durch die Inkarnation Christi wird der Mensch an Leib, Seele und Geist wiederhergestellt; er kann von Krankheiten, seelischen Verstrickungen und von früherer Erkenntnislosigkeit genesen. Für den Engel gilt nur letzteres – daraus ergibt sich als ein erstes wichtiges Merkmal der Beziehung von Engel und Mensch: daß für den Engel stets auf der Erkenntnis- bzw. geistigen Ebene anzusiedeln ist, was im

Menschen auch in leiblicher oder seelischer Gestalt erscheinen kann. Um in den Bereich des Engels überzugehen, muß man alles, was im Menschen begegnet, als ein geistiges Phänomen verstehen lernen. Denn die Geistebene ist der einzige Wirklichkeitsbereich, in dem der Engel existiert. In dieser Hinsicht sind Mensch und Engel verschieden und doch gleich: sie sind verschieden, weil der Mensch nicht nur in der Region der Erkenntnis lebt; sie sind gleich, weil alles, was der Mensch leiblich und seelisch erlebt und ist, für den Engel geistige Wirklichkeit sein kann.

In diesem Sinne könnte man die folgende Aussage des Johannes Scotus Eriugena verstehen: «Gott wohnt nicht anderswo als in der Natur des Menschen und des Engels, denen allein die Betrachtung der Wahrheit geschenkt wird. Und wir dürfen diese beiden Naturen nicht als zwei Häuser auffassen, sondern als ein und dasselbe Haus, das aus zwei geistigen Materien erbaut ist.»[3] Der Begriff «Natur» meint hier wieder das Wesen des Engels bzw. des Menschen. Beide werden deutlich unterschieden; aber es wird zugleich klar, daß die Natur des Menschen und des Engels «nachbarschaftlich» zusammengehören. Sie wohnen in demselben Haus, d. h. sie begegnen sich ständig. Ihre Nähe besteht darin, daß sie die Wahrheit betrachten, also Erkenntnis gewinnen können. Dennoch sind beide Naturen nicht identisch; sie werden als «zwei geistige (intelligibiles) Materien» bezeichnet: der Mensch ist geistig erkennend wie der Engel, aber in anderer Weise. Diese andere Art der Geistigkeit entsteht aus der nicht allein erkennenden, sondern auch leiblich-seelischen Existenz des Menschen.

Ein Viertel Jahrtausend nach Eriugena beschreibt Alanus ab Insulis, ein Lehrer der Schule von Chartres (12. Jahrhundert), diesen Unterschied zwischen Engel und Mensch genauer. Er weist in seiner Schrift *Quoniam homines* in typisch mittelalterliche Ausdrucksweise darauf hin, daß der Mensch dem Engel nicht unmittelbar gleich ist, sondern ihm erst in der Erkenntnis ebenbürtig werden kann: «Es ist überliefert, daß der Glaube in Zukunft überflüssig sein und seine Nachfolge die Wissenschaft sein wird, also die sichere Erkenntnis. So wird das Verständnis ein anderes sein als das heutige rätselhafte ...» Anschließend erläutert Alanus, was er unter «Wissenschaft» versteht: «Wissenschaft (scientia) ist die Wahrnehmung der Wahrheit der Dinge mit innerer Zustimmung und mit Erkenntnis der Ursachen.»[4] Alanus ab Insulis deutet hier darauf hin, daß sich die Erkenntnisfähigkeit der Menschen verändern wird. Er verbindet diesen Zukunftsblick mit dem Hinweis, daß dann der Glaube überholt sein und durch Wissenschaft ersetzt werden wird – eine für das ausgehende 12. Jahrhundert unerhörte Aussage, die die damals ganz vom Glauben geprägte Lebenshaltung der Menschen sicherlich zutiefst erschüttern konnte. Alanus charakterisiert die neue Erkenntnisfähigkeit genauer: sie wird «sicher» sein und damit die Form der Wissenschaft besitzen; dieser Begriff ist umfassender zu verstehen, als er heute üblicherweise verwendet wird. Ein Kennzeichen der Erkenntnis besteht in der «inneren Zustimmung» zu dem Erkannten und in der Einsicht in die «Ursachen» des Erkenntnisgegenstandes; diese Formulierung geht auf Aristoteles zurück. Der Mensch wird sich also innerlich mit seiner Erkenntnis bzw. mit dem Erkenntnisgegenstand verbinden und ihn nicht einfach so nehmen, wie er ist, sondern ihn in seinem Herkommen, in seiner Entwicklung begreifen. Im Kontext dieser Ausführungen des Alanus wird deutlich, daß der Mensch dem Engel gleich werden wird, wenn er diese Erkenntnisart erreicht hat. Damit weist Alanus auf einen Zusammenhang der Erkenntnisentwicklung beim Menschen mit seiner Beziehung zu den höheren Hierarchien hin.

Zwei Generationen später greift Thomas von Aquin (1225 – 1274) eine Formulierung des Matthäus-Evangeliums (22,30) mit den Worten auf: «Den Menschen wird nicht weniger versprochen als die Gleichheit mit den Engeln.»[5] Auch Thomas blickt hier also auf eine Zukunft der Menschheitsentwicklung, in der der Mensch nicht nur die gleiche Erkenntnis wie der Engel, sondern auch das Sein des Engels erreicht haben wird. Anschließend schreibt Thomas: «So lehrten die Philosophen, daß die höchste Glückseligkeit des Menschen darin besteht, die von der Materie getrennten Wesenheiten zu denken.»[6] Im philosophischen Sprachgebrauch bezeichnete man die Engel mit dem Begriff «von der Materie getrennte Wesenheiten» (substantiae separatae a materia), denn die Engel haben keine direkte Beziehung zur materiellen Welt.

Welche Bedeutung in dieser Aussage liegt, zeigt sich, wenn man eine weitere Formulierung aus demselben Zusammenhang hinzunimmt: «In Bereichen, die von der Materie getrennt sind, ist das Denkende und das Gedachte ein und dasselbe.»[7] Damit knüpft Thomas an eine entsprechende Aussage in dem «Buch über die Seele» des Aristoteles an. Die «Bereiche, die von der Materie getrennt sind» verweisen wieder auf die Existenzsphäre der Engel; hier sind der Erkenntnisvorgang und der Erkenntnisgegenstand nicht zu trennen: denkendes Subjekt und gedachtes Objekt unterscheiden sich nicht. Bezieht man diesen Satz auf die Aussage über die «höchste Glückseligkeit» des Menschen, die in der Erkenntnis des Engels besteht, so ergibt sich: Wenn der Mensch zur Erkenntnis des Engels gelangt, betritt er einen Bereich, in dem er mit dem Erkenntnisgegenstand gleich wird. Die Erkenntnis des Engels führt also den Menschen zu einer Seinsgleichheit mit dem Engel. Erkenntnis und Sein bewegen sich hier aufeinander zu, werden gleich: die Erkenntnis des Engels und das Gleichwer-

Elfenträume

15 Postkarten mit Motiven von

Daniela Drescher

Urachhaus

den mit ihm gehören zusammen. Anders formuliert: Wenn der Mensch sich dahin entwickelt, den Engel wesenhaft denken zu können, bleibt der Engel für ihn nicht ein «äußeres» Erkenntnisobjekt, sondern der Mensch verwandelt sich dem Engel an. Der Mensch wird also in dem Maße dem Engel gleich, indem er ihn erkennen lernt – genau in diesem Sinne sind Denkendes und Gedachtes im Bereich der höheren Wesenheiten «ein und dasselbe». – Selbstverständlich bezieht sich die Gleichheit von Engel und Mensch auf den Menschen als ein erkennendes oder Geistwesen; in seinem seelischen und leiblichen Dasein bleibt er vom Engel, der leibfrei existiert, unterschieden.

Wie kann der Mensch zur Erkenntnis des Engels gelangen? In der *Summe der Theologie* führt Thomas von Aquin drei mögliche Antworten auf diese Frage an. Dabei greift er auf drei geistesgeschichtliche Strömungen zurück und charakterisiert zunächst die Position des Platonismus: «Der Meinung Platons zufolge werden die nichtmateriellen Wesenheiten nicht nur von uns erkannt, sondern sie sind auch das Erste, das von uns erkannt wird. Platon behauptet nämlich, die nichtmateriellen, für sich bestehenden Formen, die er als Ideen bezeichnet, seien die eigentlichen Gegenstände unseres Geistes; und deshalb würden sie zuerst und durch sich selbst von uns erkannt. Die Erkenntnis der Seele wende sich aber den materiellen Dingen zu, weil dem Geist Vorstellungen und Sinneswahrnehmung beigemischt seien. Je mehr daher der Geist gereinigt sei, desto mehr erfasse er die geistige Wahrheit des Nichtmateriellen.»[8]

Thomas beschreibt hier die platonische Geistanschauung am Berührungspunkt von Menschen- und Engelgeist. Er weist darauf hin, daß Platon die «nichtmateriellen Wesenheiten», also die Engel für die entscheidenden Gegenstände der menschlichen Erkenntnis hält. Allerdings sei der menschliche Geist nicht rein, sondern vermischt mit Sinneswahrnehmung und Vorstellungen des Irdischen; deshalb sei dem Menschen die Erkenntnis der höheren Wesen nicht selbstverständlich. Wenn der Geist aber frei werde von diesen irdischen Bezügen, dann könne er seinen eigentlichen Gegenstand, die höheren Wesenheiten, auf das Klarste erkennen. – Es wird deutlich, daß Platon zufolge Menschengeist und Engel kaum zu unterscheiden sind. Es besteht nur der eine Unterschied: der Mensch ist an die Sinneswahrnehmung und damit an irdische Vorstellungen zunächst gebunden. Gelingt es ihm, sich davon zu befreien, so kann er den Engelgeist als seinesgleichen erkennen. Der von den irdischen Existenzbedingungen befreite Menschengeist erkennt also im Engel gleichsam sich selbst in seinem Idealzustand.

Dann beschreibt Thomas die Position des Aristoteles: «Aber nach der Ansicht des Aristoteles, die unserer Erfahrung mehr entspricht, hat unser Geist, dem Stand des gegenwärtigen Lebens entsprechend, eine natürliche Hinwendung zu den Naturen der materiellen Dinge. Daher erkennt er nichts ohne Vorstellungen. Somit ist deutlich, daß wir die nichtmateriellen Wesenheiten, die nicht unter die Sinneswahrnehmung und die Vorstellung fallen, als erste und durch sich selbst aufgrund der Erkenntnisweise, in der wir Erfahrung besitzen, nicht erkennen können.»[9] Thomas gibt die aristotelische Anschauung also folgendermaßen wieder: Unter irdischen Existenzbedingungen gewinnt der Mensch nur Erkenntnisse, wenn er Sinneswahrnehmungen von den Dingen der Welt hat und sich aus diesen Sinneswahrnehmungen Vorstellungen bildet, beispielsweise in der Form von Erinnerungen. Der Mensch denkt nun über solche Sinneseindrücke und Vorstellungen nach – darin besteht seine Erkenntnis. In der irdischen Existenz hat er also eine bestimmte Erkenntniserfahrung, die nicht auf die höheren Wesenheiten übertragen werden kann; denn sie gehören nicht der sinnlich wahrnehmbaren und den Vorstellungen zugänglichen Welt an. – Offenbar gibt Thomas Aristoteles gegenüber Platon in gewisser Hinsicht den Vorzug. Thomas weist darauf hin, daß der menschliche Geist anders strukturiert ist als der Engelgeist und deshalb gegenüber dem Engel Selbständigkeit besitzt. Das hat allerdings zur Folge, daß der Engel zunächst der menschlichen Erkenntnis entzogen ist.

Schließlich stellt Thomas den averroistischen Standpunkt neben den platonischen und den aristotelischen. Die averroistische Geistanschauung ging zurück auf Averroes, einen arabischen Philosophen des 12. Jahrhunderts, der als Aristoteles-Ausleger für das christliche Mittelalter außerordentlich große Bedeutung besaß. Die averroistische Anschauung konnte als dritte Möglichkeit erscheinen, das Verhältnis von Menschengeist und Engel zu verstehen; tatsächlich wurde sie von vielen mittelalterlichen Denkern übernommen. Thomas von Aquin jedoch erschien sie gefährlich: «Averroes hat behauptet, der Mensch könne letztlich in diesem Leben dazu gelangen, die von der Materie getrennten Wesenheiten zu erkennen, und zwar durch einen Anschluß oder eine Vereinigung einer von der Materie getrennten Wesenheit mit uns; diese [Geistwesenheit] bezeichnet er als ‹tätigen Geist›. Der ‹tätige Geist› ist ebenso geistige Wesenheit und kann daher natürlicherweise andere geistige Wesenheiten erkennen. Wenn er deshalb vollkommen mit uns vereint ist, so daß wir durch ihn vollkommen erkennen können, dann können wir auch die von der Materie getrennten Wesenheiten erkennen.»[10] Die von Thomas so beschriebene Position des Averroes bedeutet: Der Mensch gelangt in seiner Erkenntnisentwicklung nicht zu einem eigenen individuellen Geist, sondern er erhält Anteil an einem kosmischen Engelgeist. Ein solcher Engelgeist in ihm ist dann selbstverständlich in der Lage, andere Engelgeister zu erkennen. So erkennt der Mensch nicht als menschliches Geistwesen den Engel, sondern indem er selbst geistig Engel wird, indem er Anteil gewinnt an dem Engelgeist. Also erkennt der Mensch höhere Wesenheiten gerade dann, wenn er nicht individueller Menschengeist ist. Es fällt auf, daß die Geistanschauung des Averroes der platonischen ähnlich ist, obwohl sie von Aristoteles ausgeht.

Geistige Selbsterkenntnis und Engelerkenntnis

Thomas lehnt die averroistische Position sehr ausführlich ab. Dabei lautet eine wichtige Begründung, daß der Mensch den Engel durch wissenschaftliches Denken erkennen soll, nicht durch den «von einigen Leuten erdichteten» Anteil, den der Mensch an einem kosmischen Engelgeist hat. Thomas spricht von einer Erkenntnis der geistigen Wesenheiten durch die «spekulativen Wissenschaften». Bei diesem wissenschaftlichen Vorgehen soll der menschliche Geist durch Selbsterkenntnis zu einer Erkenntnis höherer Wesenheiten gelangen. In diesem Sinne folgt für Thomas aus der Anschauung des Aristoteles, daß die «Wissenschaft von der menschlichen Seele eine sichere Grundlage» für die Erkenntnis höherer Wesenheiten sei. «Denn dadurch, daß sich unsere Seele selbst erkennt, gelangt sie zu einer gewissen Erkenntnis der nichtkörperlichen Wesenheiten, soweit sie eine solche erhalten kann: sie erkennt sie nicht einfach und vollkommen, sondern indem sie sich selbst erkennt.»[11]

Der Menschengeist ist nicht mehr mit dem Engel identisch, sondern im Menschen individuell. Deshalb kann der Mensch den Engel nicht «einfach und vollkommen» erkennen. Die menschliche Seele kann sich aber dem Engel nähern, indem sie sich geistig selbst erkennt. Man kann hinzufügen: Im Menschen lebt der Geist in der menschlichen Seele; dadurch unterscheidet er sich vom Geist des Engels, der nicht in einer Seele und leibfrei existiert. Nur durch Verbindung mit einem Leib und in der Seele kann der Geist individuell werden.

Die Individualität des Geistes soll sich Thomas zufolge im Menschen entwickeln und gerade nicht durch allmähliche Überwindung irdischer Erkenntnisbedingungen und durch Teilhabe am Engelgeist verhindert werden. Dies sind nicht die richtigen Wege zur Erkenntnis des Engels; vielmehr soll der Mensch eine «Wissenschaft von der Seele» ausbilden, indem er sich geistig selbst erkennt. Diese Position der Individualität des menschlichen Geistes sieht Thomas als aristotelisch an. Er bekämpft die averroistische Anschauung, weil sie die Erkenntnis des Engels nicht an eine individuelle, sondern an eine kosmische Geistigkeit im Menschen knüpfte. Im Anschluß an Aristoteles spricht Thomas von einer Wissenschaft, die sich aus zwei Elementen zusammensetzt: aus der Selbsterkenntnis des Geistes in der menschlichen Seele und, darauf aufbauend, aus einer Erkenntnis höherer Geistwesen.

Mit einer solchen Auffassung von der Erkenntnis des Engels richtete Thomas von Aquin den Blick gleichsam in eine geistesgeschichtliche Zukunft, denn die «Wissenschaft von der Seele» und die daraus resultierende reale Denkmöglichkeit höherer Hierarchien konnte das Mittelalter nur ansatzweise erreichen. Erst die anthroposophische Geisteswissenschaft hat diesen Ansatz fortgeführt. Die Ausführungen Rudolf Steiners zu höheren Hierarchien setzen die geistige Individualität des Menschen an jeder Stelle voraus – allerdings in dem Bewußtsein, daß der Mensch nicht geistig individuell ist, sondern daß er sich zu geistiger Individualität hinentwickeln kann. In diesem Sinne steht die Hierarchienanschauung Rudolf Steiners in aristotelischer und thomistischer Tradition. Doch handelt es sich nicht um eine direkte Anknüpfung, die philologisch nachweisbar wäre, sondern um eine geistesgeschichtliche Fortführung unter völlig anderen historischen Voraussetzungen.

Der Mensch kann sich von der Sphäre kosmischer Geistigkeit

emanzipieren, er kann geistig eigenständig werden. Dabei steht er in der Gefahr, das Bewußtsein von geistiger Wirklichkeit zu verlieren, höhere Wesen nicht mehr als Realität anerkennen zu können. Tatsächlich hat ihn sein geistiger Emanzipationsschritt in Distanz zu den höheren Hierarchien gebracht. Der Ausweg kann aber nicht darin bestehen, ältere Zugangsweisen zum Engel wiederbeleben zu wollen: dies würde die geistige Eigenständigkeit des Menschen gefährden. Der Ansatz Rudolf Steiners besteht demgegenüber darin, Wege aufzuzeigen, auf denen sich der Mensch geistig selbst erkennen, d. h. zu geistiger Individualität und Eigenständigkeit entwickeln kann. So ergeben sich geistesgeschichtlich völlig neue Möglichkeiten, wieder einen Zugang zur Wirklichkeitssphäre des Engels zu gewinnen.

Der neue Zugang zum Wirken des Engels

Wenn die Wirklichkeit höherer Wesenheiten gerade durch geistige Selbstentwicklung und Eigenständigkeit des Menschen erreicht werden kann, liegt auf der Hand, daß dabei keine Glaubens- oder Theologietradition leitend sein darf. Die Orientierung an einer älteren Überlieferung würde den Menschen geistig unfrei lassen. Es darf dann auch keine Systematik der höheren Hierarchien geben, die als eine Lehre vermittelt würde, denn auch dadurch würde die geistige Eigenständigkeit des Menschen eingeschränkt. So kann man im Werk Rudolf Steiners beobachten, wie er zwar gelegentlich an die Hierarchienlehre des Dionysius Areopagita (5. Jahrhundert)[12] anknüpft, sie aber nie seinen Darstellungen zugrundelegt. Manchmal verwendet Rudolf Steiner die Gliederung des Bereiches höherer Wesenheiten, wie sie bei Dionysius erscheint (drei Hierarchien mit jeweils drei Ordnungen). Die Herangehensweise Rudolf Steiners aber ist eine völlig andere, was etwa auch in der zumeist von Dionysius abweichenden Benennung der hierarchischen Geister zum Ausdruck kommt.

Wenn die geisteswissenschaftlich mögliche neue Erkenntnis des Engels wirklich auf geistige Individualität des Menschen gegründet ist, darf keine Aussage über höhere Hierarchien im Sinne einer Lehre verstanden werden. Vielmehr besitzen die Darstellungen Rudolf Steiners Hinweischarakter, sie dürfen keine autoritative Geltung beanspruchen. Die neue Engelanschauung kann sich nicht auf Glauben und Autorität, sondern nur noch auf das eigenständige Denken stützen. Deutlich ist allerdings, daß das herkömmliche Denken zunächst nicht in der Lage ist, die Wirklichkeit des Engels zu erreichen; es muß sich also verwandeln. Dies ist möglich, indem es durch die geistige Selbsterkenntnis des Menschen hindurchgeht. Die geistige Selbsterkenntnis kann für jeden Menschen nur individuell sein, und ein Denken, das an sie anschließt, bleibt auch dann individuell, wenn es von der Selbsterkenntnis zur Erkenntnis anderer geistiger Wesen übergeht. Hier liegt der eigentliche Grund, warum es heute keine Lehren mehr von höheren Hierarchien geben kann: die Individualität der Selbsterkenntnis muß sich auch in diesen geistigen Gegenstandsbereich des Denkens hinein fortsetzen. Auch in diesem Sinne kann die oben wiedergegebene Aussage des Thomas von Aquin verstanden werden, im Bereich höherer Hierarchien seien das Denkende und das Gedachte ein und dasselbe.

Es gibt eine zweite Grundlegung und Sicherung menschlicher Erkenntniseigenständigkeit für den Bereich höherer Wesenheiten: das Denken, das den Engel denkt, muß sich selbst stets mitdenken. Es darf also seine Aufmerksamkeit nicht völlig auf den Gegenstandsbereich wenden, sondern es muß die eigene Denkaktivität gleichzeitig im Bewußtsein behalten. Die Erkenntnis gibt sich nicht ausschließlich dem Gegenstand hin, sie ist nicht allein auf ihr Objekt gerichtet, sondern sie entwickelt allmählich eine immer größere Aufmerksamkeit auf die eigene Tätigkeit. Erkenntnisgegenstand und Erkenntnistätigkeit gehören für den Bereich der höheren Wesenheiten untrennbar zusammen. Wird nur das Erkenntisobjekt im Denken beachtet, so ergibt sich keine Wirklichkeitserkenntnis, sondern lediglich die Vorstellung eines Bildes höherer Hierarchien, das mit der Realität nicht gleichgesetzt werden kann. Wird aber die Denktätigkeit als im Augenblick angewendete Kraft mitberücksichtigt, so kann das Bild in Wirklichkeit übergehen. Schließlich tritt noch hinzu, was ein entscheidendes Kennzeichen der geistigen Selbsterkenntnis ausmacht: sie ist in ständiger Entwicklung begriffen. Geistig erkennt sich der Mensch nicht, wie er ist, sondern wie er sich weiterentwickelt. Dies gilt auch für die Gegenstandserkenntnis, die sich auf Selbsterkenntnis gründet. Das Denken, das den Engel denkt, nimmt sich in ständiger Weiterentwicklung wahr.

Eine solche durch das Denken vermittelte Zugangsmöglichkeit zum Bereich höherer Hierarchien war bisher in der Bewußtseinsgeschichte der Menschheit nicht gegeben. Man kann eigentlich erst seit Beginn der Neuzeit davon sprechen, daß der Mensch allmählich geistige Eigenständigkeit ausbildet. Zu dieser Entwicklung von Selbständigkeit im Denken gehört auch, daß sich das Bewußtsein von höheren Wesen zunächst verdunkelt – andernfalls hätte sich der Mensch in seiner Erkenntnis nicht auf eigene Füße stellen können, sondern er hätte sich weiterhin (wie es noch im früheren Mittelalter der Fall war) in geistiger Abhängigkeit vom Engel erlebt. So ist die in der Neuzeit allmählich zunehmende Schwierigkeit, den Engel als Wirklichkeit zu erleben, als ein notwendiger Schritt auf dem Weg zu verstehen, den Engel in geistiger Eigenständigkeit schließlich denken zu können. Die Hierarchienanschauung Rudolf Steiners setzt an diesem geistesgeschichtlichen Entwicklungszeitpunkt an. Sie geht davon aus, daß die geistesgeschichtliche Entwicklung inzwischen an einem

Punkt angelangt ist, von dem aus die Wirklichkeit des Engels wieder erschlossen werden kann.

So ist die Berücksichtigung des eigenen Denkens bei der Erkenntnis des Engels zweifach zu verstehen: erstens muß das Denken, das den Engel denkt, stets selbst mitgedacht werden; darüberhinaus aber muß es auch in der Lage sein, seine eigene Verwandlung in der menschlichen Geistesgeschichte zu begreifen. Denn indem das menschliche Denken in dem geistesgeschichtlichen Prozeß allmählich eigenständig wurde, veränderte sich auch sein Verhältnis zu den höheren Hierarchien. Der Mensch, der geistig eigenständig geworden ist, hat eine andere Beziehung zum Engel als die bewußtseinsgeschichtlich ältere Menschheit. Damit ist aber die Wirklichkeit des Engels für den Menschen eine andere geworden – denn im Bereich höherer Wesenheiten können Denkendes und Gedachtes nicht gegeneinander isoliert werden; die Veränderung der einen Seite bedingt die Entwicklung auch der anderen (vgl. oben).

Vom Werk zum Wirkenden

Der Zusammenhang von Menschheit und höheren Hierarchien hat sich also im Laufe der Bewußtseinsgeschichte verändert. In der neueren Zeit kann im strengen Sinne nicht mehr von der Beziehung der Menschheit zu höheren Wesenheiten die Rede sein, sondern nur noch vom Verhältnis des einzelnen Menschen zu den Geistwesen. Damit ist die Wirklichkeit der Hierarchien für den Menschen in Gegenwart und Zukunft auf die Grundlage geistiger Individualität angewiesen. Wie die Menschheit insgesamt, so befindet sich auch der einzelne Mensch dem Engel gegenüber stets in Entwicklung. Diese Entwicklung oder Bewegung, die keine abgeschlossene Situation zuläßt, kann als entscheidendes

Kennzeichen geistiger Wirklichkeit gelten. Hier ist nichts «fertig» oder zu Ende gekommen; alles stellt sich als Werdendes, nicht aber als Gewordenes dar. Auch der Mensch kann sich als geistiges Wesen niemals als ein Gewordener, sondern stets nur als ein Werdender verstehen – in dieser Einstellung kann er sich dann auch den höheren Hierarchien zuwenden. Die neue Erkenntnismöglichkeit steht also vor der Aufgabe, den Übergang von der Betrachtung des Gewordenen oder des Werkes zur Erkenntnis des Werdenden zu vollziehen. Und hinter dem Werdenden kann dann das Wirkende sichtbar werden, die Ursache des Werdenden und damit schließlich auch des Gewordenen. Diese Ursache könnte man auch als Kraft bezeichnen, die unsichtbar hinter der Welt des Gewordenen oder des Werkes wirkt.

Zunächst ist dem menschlichen Bewußtsein nur die Welt des Gewordenen zugänglich. Durch die Sinneswahrnehmung stellt sich ihm Fertiges, Abgeschlossenes gegenüber: In Natur und sozialer Wirklichkeit begegnen Tatsachen, die unveränderlich erscheinen. Die Dinge werden so betrachtet, wie sie sind, nicht aber, wie sie werden, also wie sie sich entwickeln. Auch im Verhältnis zu anderen Menschen und zu sich selbst ist man zunächst eher darauf eingestellt, den Menschen so zu betrachten, wie er schon ist, nicht aber, wie er sich entwickelt. Geistige Wirklichkeit aber kann erst ins Bewußtsein treten, wenn der Übergang vom Gewordenen zum Werdenden vollzogen wird; es ist geistige Selbsterkenntnis erst durch die Wahrnehmung eigener geistiger Entwicklung möglich. Nur so kann der Mensch frei werden von einer weitreichenden Vergangenheitsverhaftung, ohne daß er diese Vergangenheit preisgibt – in der Perspektive der Entwicklung kann er seine Vergangenheit als Grundlage des Werdens in die Zukunft hinein begreifen. Ähnliches gilt auch für den Umgang mit anderen Menschen und mit der Natur. – Der zweite Schritt wäre dann der Übergang vom Werdenden zum Wirkenden, also zu der Kraft, die das Werdende bewirkt. Im Falle geistiger Selbsterkenntnis bedeutet dies, daß sich der Mensch als geistige Individualität selbst gewahr wird; diese geistige Individualität ist die Ursache oder Kraft, die eigene geistige Entwicklung hervorbringt. Dieser Übergang zum Wirkenden oder zur Kraft, die der Mensch als geistiges Wesen exemplarisch an sich selbst vollziehen kann, eröffnet ihm den Wirklichkeitsbereich höherer Hierarchien. Denn diese wirken in ihrer Beziehung zu der Welt, in der der Mensch existiert, als wirkende Kräfte.

Man darf sich beide Übergänge nicht zu einfach vorstellen. Durch tiefsitzende Gewohnheit ist jeder zunächst an die Welt des Gewordenen gebunden. Man neigt stets dazu, Tatsachen, nicht Werdeprozesse wahrzunehmen. Im Verhältnis des Menschen zur Natur kann dies katastrophale Folgen haben, weil ein Denken, das am Gewordenen orientiert ist, immer erst dann reagieren kann, wenn bereits Folgenreiches «passiert» ist – es ist nicht in der Lage, Zukunftsentwicklung zu durchschauen. Auch im zwischenmenschlichen Bereich wird die Verhaftung im Gewordenen immer problematischer. Soziale Verhaltensweisen versagen zunehmend, wenn stets nur der Ist-Zustand des Anderen oder von Gruppen, nicht aber ihre Entwicklungsmöglichkeit in die Zukunft hinein beachtet werden. Das Gemeinte läßt sich am ehesten für die Erziehung verdeutlichen (es gilt aber im Prinzip für alle Wirklichkeitsbereiche): Jede Pädagogik muß scheitern, die im Kind nicht das werdende Wesen, seine Entwicklung in die Zukunft hinein sieht, sondern sich ausschließlich daran orientiert, was das Kind bereits ist.

Durch Übung kann man allmählich dahin gelangen, nicht nur den Aspekt des Gewordenen, sondern auch den des Werdenden in der Wirklichkeit zu beachten. Damit wird die Grundlage geschaffen, schließlich auch in die Region des Wirkenden oder der Kraft überzugehen. Dieser zweite Schritt soll abschließend an einem Beispiel aus dem Werk des Thomas von Aquin erläutert werden; das Beispiel macht auch die Beziehung zur Engelanschauung deutlich. – In seiner *Summe der Theologie* stellt Thomas die Frage, wie die Beziehung des Engels zum Raum zu denken sei. Eine Antwort lautet: «Man sagt, der Engel sei in gewisser Hinsicht an einem körperlichen Ort durch die Hinwendung der Kraft des Engels zu diesem Ort. ... Eine nichtkörperliche Wesenheit, die durch ihre Kraft ein körperliches Ding berührt, hält dieses und wird nicht von ihm gehalten. ... So sagt man, der Engel sei an einem körperlichen Ort nicht als Gehaltener, sondern in gewisser Weise als Haltender.»[13]

Der Engel ist also nicht räumlich an einem bestimmten Ort anwesend, sondern indem er seine Kraft auf diesen Ort anwendet. Dabei «hält» die Kraft des Engels die Dinge an dem Ort – gemeint ist nicht ein Festhalten, sondern eine geistige Konturierung dieses Ortes mit Hilfe der Dinge, die sich in ihm befinden. So «hält» der Engel einen bestimmten Ort, indem er ihn durch seine Kraft gestaltet und in dieser Gestaltung auch weiterhin «erhält». Im Unterschied zum Engel sind die sinnlich wahrnehmbaren Dinge nicht als «Haltende», sondern als «Gehaltene» in der Welt: sie sind abhängig von dem Ort, an dem sie sich befinden, werden in ihrer Erscheinungsweise und in ihrem Verhalten von ihm bestimmt. Dies kann man sich beispielsweise an der Abhängigkeit einer Pflanze von dem Ort ihres Wachstums verdeutlichen. Demgegenüber wird der Engel nicht von dem Ort bestimmt, an dem er sich befindet, sondern er bestimmt diesen Ort. Im Unterschied zu allen körperlichen Dingen befindet sich der Engel «nicht (vom Raum) umschrieben an einem Ort ..., sondern eingrenzenderweise (definitive)».[14] – In diesen Ausführungen des Thomas scheint durch, wie der Mensch beispielsweise in der Naturbetrachtung vom Gewordenen über das Werdende zu der wirkenden Kraft übergehen kann, die in der Natur gestaltet.

Zur vorliegenden Auswahl

Die drei Teile des Buches (s. Inhaltsverzeichnis) unterscheiden drei Bereiche der Wirkung höherer Wesenheiten: menschliche Individualität, Menschheitsentwicklung und Kosmos. Die Vortragstitel wurden z.T. aus der Rudolf-Steiner-Gesamtausgabe übernommen, teilweise aber auch neu formuliert. Die Auswahl kann nicht annähernd alle Aspekte der Ausführungen Steiners über höhere Hierarchien repräsentieren; dennoch sollte sie in den drei Teilen jeweils ein möglichst breites Spektrum des betreffenden Themenbereichs deutlich werden lassen. Bei einigen Vorträgen ist zu beachten, daß sie Vortragsreihen entnommen sind, die ihre Perspektive bestimmen. Für das Verständnis gilt hier ähnliches wie für Einzelvorträge: nicht die einzelne Formulierung, sondern nur der Gesamtzusammenhang und der damit gegebene Betrachtungsaspekt sind voll aussagefähig. Der Leser steht also vor der Aufgabe, für jeden einzelnen Vortrag diesen Aspekt der Betrachtung selber zunächst herauszufinden. Die aus Reihen stammenden Vorträge wurden so ausgewählt, daß ihre Betrachtungsperspektive auch deutlich wird, wenn man nicht die ganze Reihe kennt.

Das Lesen und Verstehen eines Zusammenhangs, nicht einer isolierten Stelle ist eine Übungsaufgabe, die dem Leser zugemutet werden muß – dabei handelt es sich nicht um eine zusätzliche Mühe, die zu dem «normalen» Lesen hinzukommt, sondern um die Grundvoraussetzung des Verständnisses. Entscheidend ist die Bemühung, den Zusammenhang von vornherein im Auge haben zu wollen, denn dadurch ergibt sich eine andere Verständnisart, als wenn man Einzelaussagen hintereinander reiht. Ob sich eine Einsicht in den Zusammenhang dann auch gleich ergibt, hat geringere Bedeutung; vermutlich ist dies (wie bei jedem übenden Verstehen) eine Frage der Zeit. Ein solches Verstehen aus dem Kontext heraus löst sofort viele Probleme, die sich aus einer punktuellen Herangehensweise ergeben würden. Beispielsweise kann die Berücksichtigung des jeweiligen Betrachtungsaspektes dazu führen, daß sich vermeintliche «Widersprüche» zwischen Formulierungen in den verschiedenen Vorträgen auflösen, weil sie sich als perspektivisch bedingt erklären lassen. Es liegt auf der Hand, daß komplexe Wirklichkeitsbereiche wie diejenigen der höheren Hierarchien sich nicht durch definitionsähnliche Einzelaussagen erhellen lassen.

Gerade die Darstellungen Rudolf Steiners zu höheren Wesenheiten können dazu anregen, das punktuelle Bewußtsein zu einem Denken des Zusammenhangs weiterzuentwickeln. Ein erster Schritt kann dabei das wiederholte Lesen eines Vortrags mit einigem zeitlichen Abstand und der Versuch sein, den Inhalt in einer «stillen Nacherzählung» zu erinnern. Eine Fortsetzung dieser Übung könnte darin bestehen, sich ein inneres Bild von der Beziehung des einen Vortrags zu einem anderen innerhalb desselben Teils der vorliegenden Ausgabe aufzubauen. Später könnte der Versuch folgen, alle Vorträge dieses Teiles im Zusammenhang zu betrachten. Wenn alle drei Teile des Buches in dieser Weise betrachtet wurden, wäre schließlich denkbar, die Beziehungen der drei Teile untereinander denkend herzustellen. – Wer sich darüber hinaus mit dem «großen» Zusammenhang der Hierarchienanschauung Rudolf Steiners beschäftigen möchte, sei insbesondere auf die Schriften *Die Geheimwissenschaft im Umriß* (erstmals erschienen 1910) und *Die geistige Führung des Menschen und der Menschheit* (1911) verwiesen. In dem zuletzt genannten Autoreferat wird vor allem das Thema «Geistige Hierarchien und menschliche Individualität» entfaltet, während die *Geheimwissenschaft im Umriß* die Themenbereiche II. und III. der vorliegenden Auswahl (geistige Hierarchien in der Menschheitsentwicklung und als kosmische Wirklichkeit) zum Gegenstand hat.

Wolf-Ulrich Klünker

Anmerkungen

1 Vgl. dazu beispielsweise die Vorträge *Esoterische Betrachtungen karmischer Zusammenhänge* Bd. IV (GA 238) sowie die Aufsätze «Die menschliche Seelenverfassung vor dem Anbruch des Michael-Zeitalters» und «Im Anbruch des Michael-Zeitalters» (GA 26).

2 Johannes Scotus Eriugena: *Über die Einteilung der Natur*. Übersetzt von Ludwig Noack. Hamburg 1870/74 (Reprint 1983), II, S. 250. Lateinischer Text: Migne, Patrologia Latina 122, col. 912 c.

3 Ebd. II, 355. Migne PL 122, col. 982 BC.

4 Alanus ab Insulis: *Summa «Quoniam homines»*. Ed. P. Glorieux. AHMA 28 (1953), S. 137. – Eine deutsche Übersetzung liegt nicht vor; der Titel gibt die beiden Anfangsworte des lateinischen Textes wieder.

5 Thomas von Aquin: *Sentenzenkommentar* IV, 49.2.1.

6 Ebd.

7 Ebd.

8 Thomas von Aquin: *Summe der Theologie* 1, 88.1. – Vgl. zum folgenden: Wolf-Ulrich Klünker: *Selbsterkenntnis der Seele. Zur Anthropologie des Thomas von Aquin*. Stuttgart 1990. S. 41 ff.

9 Ebd.

10 Ebd.

11 Thomas von Aquin: *Summe der Theologie* 1, 88.1 ad 1.

12 Vgl. Dionysius Areopagita: *Über die himmlische Hierarchie*. Hrsg. von Günter Heil. Stuttgart 1986. – Die Schrift ist im 5. Jahrhundert n. Chr. entstanden, geht aber auf ältere mündliche Uberlieferung zurück.

13 Thomas von Aquin: *Summe der Theologie* 1, 52.1 (Hervorhebung W.-U. K.). – Vgl. zum folgenden: Wolf-Ulrich Klünker: *Selbsterkenntnis der Seele. Zur Anthropologie des Thomas von Aquin*. Stuttgart 1990, S. 67 ff.

14 Thomas von Aquin: *Summe der Theologie* 1, 52.2.

Was tut der Engel in unserem Astralleib?

Zürich, 9. Oktober 1918

Anthroposophische Geist-Erfassung soll nicht bloß sein eine theoretische Weltansicht, sondern sie soll sein ein Lebensinhalt und eine Lebenskraft. Und nur, wenn wir uns in die Lage versetzen, unsere anthroposophische Weltauffassung in uns so zu erkraften, daß sie wirklich voll lebendig in uns wird, dann erfüllt sie eigentlich ihre Aufgabe. Denn wir sind dadurch, daß wir unsere Seelen vereinigen mit der anthroposophischen Geisteserfassung, in einer gewissen Beziehung zu Wächtern über ganz bestimmte, bedeutungsvolle Entwickelungsvorgänge der Menschheit geworden.

Menschen, die sonst nach der einen oder anderen Weltanschauung hinstreben, sind ja in der Regel überzeugt, daß Gedanken, Vorstellungen, außer dem, was sie in ihren menschlichen Seelen sind, nicht noch etwas anderes im Weltenzusammenhange sind, sondern Menschen mit solchen Weltanschauungen glauben: Gedanken, Vorstellungen als Ideale werden sich eben in die Welt so einleben, wie es dem Menschen, insofern er sinnenfällige Taten nur vollbringt, gelingt, sie in der Welt zur Geltung zu bringen. Anthroposophische Gesinnung setzt voraus, daß wir uns klar darüber sind, daß unsere Gedanken und Vorstellungen, um sich zu verwirklichen, noch andere Wege finden müssen, als dasjenige ist, was durch unsere sinnenfälligen Taten, durch unsere Taten in der Sinneswelt geschieht. In der Erkenntnis dieser Lebensnotwendigkeit liegt schon die Aufforderung, daß der Anthroposoph in einer gewissen Weise sich beteiligen müsse an dem Wachen über die Zeichen der Zeit. Es geschieht in der Weltentwickelung gar manches; dem Menschen, insbesondere dem Menschen unseres

Zeitalters obliegt es, sich wirkliches Verständnis zu verschaffen von dem, was in der Weltentwickelung, in die er selbst hineingestellt worden ist, geschieht.

Mit Bezug auf den einzelnen Menschen weiß jeder, daß man seine Entwickelung berücksichtigen muß, nicht bloß die äußeren Tatsachen, die um ihn herum sind. Bedenken Sie nur einmal, ich möchte sagen, ganz grob gedacht: Die äußeren sinnenfälligen Tatsachen, die jetzt geschehen, die sind rundherum um die Menschen, die fünf Jahre, zehn Jahre, zwanzig Jahre, dreißig Jahre, fünfzig Jahre, die siebzig Jahre alt sind. Dennoch wird kein einziger Mensch, der vernünftig ist, verlangen, daß man dasselbe Verhältnis des Menschen zu den Tatsachen bei den Fünfjährigen, bei den Zehnjährigen, bei den Zwanzigjährigen, bei den Fünfzigjährigen, bei den Siebzigjährigen herstellen soll. Wie die Menschen sich verhalten sollen zu der äußeren Umgebung, das kann nur bestimmt werden, wenn man auf die Entwickelung des Menschen selbst Rücksicht nimmt. Beim einzelnen Menschen wird das jeder zugeben. Aber so wie der einzelne Mensch einer ganz bestimmten Entwickelung unterliegt, wie er gewissermaßen eine andere Art von Kräften hat als Kind, in der Mitte des Lebens, als Greis, so hat die Menschheit im Lauf ihrer Entwikkelung auch immer andere und andere Kräfte, und man steht gewissermaßen nur schlafend in der Weltentwickelung drinnen, wenn man nicht beachtet, daß die Menschheit in ihrem Wesen etwas anderes ist im 20. Jahrhundert, als sie im 15. Jahrhundert war oder gar in der Zeit des Mysteriums von Golgatha oder vorher. Es gehört zu den größten Mängeln und Verirrungen und Verwirrungen gerade unserer Zeit, daß man das, was ich eben gesagt habe, nicht beachten will, daß man der Meinung ist, man könne von dem Menschen oder von der Menschheit im allgemeinen ganz abstrakt sprechen und müsse nicht wissen, daß diese Menschheit einer Entwickelung unterworfen ist.

Nun frägt es sich: Wie kommt man genauer zu einer Einsicht in diese Dinge? – Sie wissen, ein Wichtiges über diese Entwickelung haben wir ja oftmals besprochen. In der griechisch-lateinischen Zeit, vom 8. vorchristlichen Jahrhundert bis ungefähr ins 15. Jahrhundert der christlichen Zeitrechnung herein, da rechnen wir mit dem sogenannten Kulturzeitalter der Verstandes- oder Gemütsseele, und seit dem 15. Jahrhundert rechnen wir mit dem Kulturzeitalter der Bewußtseinsseele. Damit haben wir ein Wesentliches charakterisiert in der Entwickelung der Menschheit, gerade insofern es unsere Zeit betrifft. Wir wissen dadurch, daß die hauptsächlichste Kraft, auf welche gerechnet wird in der Menschheitsentwickelung vom 15. Jahrhundert bis in das 4. Jahrtausend hinein, bis zu dem Anfang des 4. Jahrtausends, die Bewußtseinsseele ist. Aber man darf in der Geisteswissenschaft, in der wirklichen Geisteswissenschaft nirgends bei Allgemeinheiten und Abstraktionen stehenbleiben; man muß überall sehen, konkrete Tatsachen zu erfassen. Die Abstraktionen nützen einem höchstens, wenn man neugierig ist in einem sehr gewöhnlichen Sinne. Will man Geisteswissenschaft zum Lebensinhalt, zur Lebenskraft machen, so muß man ernster sein als neugierig, so muß man nicht bei solchen Abstraktionen stehenbleiben, wie ich sie eben ausgesprochen habe. Daß wir im Zeitalter der Bewußtseinsseele leben, daß vorzugsweise auf die Ausbildung der Bewußtseinsseele gerechnet wird, das ist ganz richtig, das ist außerordentlich wichtig auch, aber man darf nicht dabei stehenbleiben.

Wollen wir nun zu einer bestimmten Anschauung über die Dinge kommen, so müssen wir vor allen Dingen einmal etwas genauer auf das Wesen des Menschen selber hinsehen. So wie wir Menschen sind, gliedern wir uns im geisteswissenschaftlichen Sinne, wenn wir gewissermaßen von oben heruntersteigen, in das Ich, in den astralischen Leib, in den Ätherleib, den ich in neuerer Zeit auch den Bildekräfteleib genannt habe, und den physischen

Leib. Von diesen Gliedern der menschlichen Natur ist eigentlich nur das Ich dasjenige, in dem wir seelisch-geistig zunächst leben und weben. Das Ich ist uns ja auch durch unsere Erdenentwickelung und die sie dirigierenden Geister der Form gegeben. Alles im Grunde, was in unser Bewußtsein eintritt, tritt durch unser Ich in unser Bewußtsein ein. Und wenn das Ich nicht sich so entfaltet, daß es in Verbindung stehen kann – wenn auch durch die Leiber – mit der äußeren Welt, so haben wir ebensowenig Bewußtsein wie vom Einschlafen bis zum Aufwachen. Das Ich ist dasjenige, was uns mit unserer Umgebung verbindet. Der astralische Leib ist uns durch die unserer Erdenentwickelung vorangehende Mondenentwickelung zugeteilt worden, unser Ätherleib durch die weiter vorangehende Sonnenentwickelung, der physische Leib seiner ersten Anlage nach durch die Saturnentwickelung.

Aber wenn Sie die Schilderung dieser Leiber in der *Geheimwissenschaft im Umriß*[1] durchgehen, da werden Sie sehen, in welch komplizierter Weise dies zustande gekommen ist, was heute der Mensch ist in seiner Zusammenfügung aus den vier charakterisierten Gliedern. Sehen wir nicht aus den Tatsachen, die uns die *Geheimwissenschaft* überliefert, daß an dieser Gliederung in die drei Hüllen des Menschenwesens Geister aller möglichen Hierarchien mitgewirkt haben? Sehen wir nicht, daß dasjenige, was uns als physischer Leib, als Ätherleib, als astralischer Leib umhüllt, sehr, sehr komplizierter Natur ist? Aber nicht nur, daß diese Hierarchien mitgearbeitet haben an dem Zustandekommen unserer Hüllen, sie arbeiten noch immer darinnen. Und der versteht den Menschen nicht, der glaubt, daß dieser Mensch bloß die Zusammenfügung ist von Knochen, Blut, Fleisch und so weiter, von denen uns die gewöhnliche Naturwissenschaft, die Physiologie oder Biologie oder Anatomie erzählen.

Nähert man sich der Wirklichkeit dieses menschlichen Hüllenwesens, sieht man dieses menschliche Hüllenwesen in seiner

Wahrheit, dann sieht man, wie ineinanderarbeiten, planvoll, weisheitsvoll ineinanderarbeiten in alle dem, was in unseren Leibeshüllen ohne unser Bewußtsein vorgeht, geistige Wesenheiten der höheren Hierarchien. Sie können aus den, ich möchte sagen, skizzenhaft gehaltenen Umrissen, die ich in meiner *Geheimwissenschaft* gegeben habe über das Zusammenwirken der einzelnen Geister der höheren Hierarchien, damit der Mensch zustande komme, entnehmen, wie kompliziert sich diese Sache im einzelnen ausnehmen muß. Aber dennoch: will man den Menschen verstehen, so muß man auch diesen Dingen immer mehr im einzelnen, immer mehr im Konkreten beikommen.

Nun ist es ungeheuer schwierig, auf diesem Felde eine konkrete Frage auch nur ins Auge zu fassen. Sie sind ungeheuer kompliziert, diese konkreten Fragen. Denken Sie einmal, daß jemand fragen wollte: Was tut im gegenwärtigen Entwickelungszyklus der Menschheit, im Jahre 1918, in dem menschlichen Ätherleib, nun, sagen wir die Hierarchie der Seraphim oder der Dynameis? – Denn diese Frage kann man ebenso aufwerfen, wie man aufwerfen kann die Frage, ob es, sagen wir, in Lugano jetzt regnet oder nicht. Allerdings wird man das eine wie das andere ebensowenig durch ein bloßes Nachdenken oder eine bloße Theorie herausbekommen, sondern dadurch, daß man an die Tatsachen herantritt. Wie man sich erkundigen muß, meinetwillen durch ein Telegramm oder einen Brief oder dergleichen, ob es jetzt in Lugano regnet oder nicht, so muß man auch durch wirkliches Eindringen in die Tatsachen sich über so etwas erkundigen, wie: Was haben gerade die Geister der Weisheit oder die Throne im gegenwärtigen Menschheitszeitalter für eine Aufgabe, sagen wir im menschlichen Ätherleib? – Aber nun ist eine solche Frage wie die gerade aufgeworfene von einer außerordentlichen Kompliziertheit, und wir können uns gewissermaßen nur immer nähern solchen Gebieten, auf denen solche Fragen wachsen. Es ist wirklich eigentlich auf diesem Gebiete dafür gesorgt, daß dem Menschen seine Schwingen nicht in den Himmel hineinwachsen und er übermütig und stolz wird, wenn er nach wirklicher Erkenntnis strebt.

Gewissermaßen die nächsten Wesenheiten,[2] die uns unmittelbar etwas angehen, sind diejenigen, über die wir klar sehen können. Aber über die sollen wir auch klar sehen, wenn wir nicht schlafen wollen in bezug auf das Hineingestelltsein in die menschliche Entwickelung. Und so will ich Ihnen von einer Frage sprechen, die nicht so vage, nicht so unbestimmt ist – obwohl sie sehr konkret ist wie diese Frage: Was machen die Dynameis oder die Throne in unserem Ätherleib? – Ich will Ihnen eine andere Frage sagen, die nicht so vage, nicht so unbestimmt ist, sondern sogar den Menschen der Gegenwart angehen soll. Diese Frage ist: Was machen die allernächst an dem Menschen tätigen Wesen der Angeloi im gegenwärtigen Menschheitszeitalter innerhalb des Astralleibes?

Der Astralleib liegt unserem Menschen-Ich, wenn wir in unser inneres Wesen schauen, am nächsten. Es ist also zu hoffen, daß die Beantwortung der eben gestellten Frage uns recht viel angehen könnte. Die Angeloi sind die nächste Hierarchie über der Menschenhierarchie selber. Also wir stellen eine bescheidene Frage, und wir werden nachher sehen, daß die Beantwortung dieser Frage: Was machen gerade jetzt in unserem Lebensalter der Menschheit, die das 20. Jahrhundert durchläuft, in diesem Lebensalter der Menschheit, das begonnen hat im 15. Jahrhundert und bis in den Beginn des 4. Jahrtausends dauern wird, was machen die Angeloi in dem menschlichen astralischen Leibe? – für uns sehr wichtig sein wird.

Nun, was kann man denn überhaupt darüber sagen, wie sich eine solche Frage beantworten läßt? Man kann nur sagen: Geistesforschung, wenn sie ernsthaft getrieben wird, ist nicht eine

Spielerei mit Vorstellungen oder eine Spielerei mit Worten, sondern sie arbeitet wirklich hinein in die Gebiete, wo die geistige Welt anschaulich wird. Und so etwas Nächstliegendes kann eben angeschaut werden. Aber es kann eigentlich diese Frage fruchtbar nur beantwortet werden im Zeitalter der Bewußtseinsseele selbst.

Sie könnten sich denken: Würde in anderen Zeitaltern diese Frage haben aufgeworfen werden können und beantwortet werden sollen, so würde wahrscheinlich Antwort da [gewesen] sein. – Aber weder im Zeitalter des atavistischen Hellsehens noch im Zeitalter der griechisch-lateinischen Kultur konnte diese Frage beantwortet werden, aus dem Grunde nicht, weil die Bilder, die man im atavistischen Hellsehen in der Seele bekommen hat, die Beobachtungen über die Taten der Engel in unserem astralischen Leibe verdunkelten. Da war nichts zu sehen, gerade dadurch, daß man die Bilder hatte, die das atavistische Hellsehen gab. Und im griechisch-lateinischen Zeitalter war das Denken noch nicht so stark, wie es jetzt ist. Das Denken hat schon eine Verstärkung erfahren, gerade durch das naturwissenschaftliche Zeitalter eine Verstärkung erfahren, so daß das Zeitalter der Bewußtseinsseele dasjenige ist, in dem bewußt auch eingedrungen werden kann in eine solche Frage wie die eben aufgestellte. Darinnen muß sich gerade die Fruchtbarkeit unserer Geisteswissenschaft für das Leben zeigen, daß wir nicht bloß mit Theorien abspeisen, sondern daß wir Dinge zu sagen wissen, die für das Leben eine eingreifende Bedeutung haben.

Was tun die Engel in unserem astralischen Leibe? Wir können nur dann uns überzeugen, was sie da tun, wenn wir bis zu einem gewissen Grade hellsichtiger Beobachtung aufsteigen, so daß wir sehen, was in unserem astralischen Leibe drinnen sich abspielt. Also bis zu einem gewissen Grade wenigstens der imaginativen Erkenntnis muß aufgestiegen werden, wenn die angedeutete Frage beantwortet werden soll. Dann zeigt sich, daß diese Wesenheiten aus der Hierarchie der Angeloi – und in gewisser Weise jeder einzelne der Angeloi, der für jeden Menschen gewissermaßen seine Aufgabe hat, aber auch namentlich durch ihr Zusammenwirken – Bilder im menschlichen astralischen Leibe formen. Unter der Anleitung der Geister der Form formen sie Bilder. Wenn man nicht aufsteigt zur imaginativen Erkenntnis, so weiß man nicht, daß fortwährend in unserem Astralleib Bilder geformt werden. Sie entstehen und vergehen, diese Bilder. Würden diese Bilder nicht geformt, so gäbe es keine Entwickelung der Menschheit in die Zukunft hinein, die den Absichten der Geister der Form entspricht. Was die Geister der Form mit uns bis zum Ende der Erdenentwickelung weiter erreichen wollen, das müssen sie zuerst in Bildern entwickeln, und aus diesen Bildern wird dann später die umgestaltete Menschheit, die Wirklichkeit. Und diese Bilder in unserem astralischen Leibe formen heute schon die Geister der Form durch die Engel. Die Engel formen im menschlichen astralischen Leib Bilder, Bilder, die man mit dem zur Hellsichtigkeit entwickelten Denken erreichen kann. Und man kann diese Bilder, welche die Engel in unserem astralischen Leibe formen, verfolgen. Dann zeigt sich, daß diese Bilder nach ganz bestimmten Impulsen, nach ganz bestimmten Prinzipien geformt werden. Und zwar so werden sie geformt, daß in der Art, wie diese Bilder entstehen, gewissermaßen Kräfte für die zukünftige Entwickelung der Menschheit liegen. Wenn man – so sonderbar es klingt, man muß das so ausdrücken – die Engel bei dieser ihrer Arbeit betrachtet, so haben diese Engel bei dieser ihrer Arbeit eine ganz bestimmte Absicht für die künftige soziale Gestaltung des Menschenlebens auf Erden; und sie wollen solche Bilder in den menschlichen astralischen Leibern erzeugen, welche ganz bestimmte soziale Zustände im menschlichen Zusammenleben der Zukunft herbeiführen.

Die Menschen können sich sträuben, anzuerkennen, daß Engel in ihnen Zukunftsideale auslösen wollen, aber es ist doch so. Und zwar wirkt ein ganz bestimmter Grundsatz bei dieser Bilderformung der Angeloi. Es wirkt der Grundsatz, daß in der Zukunft kein Mensch Ruhe haben soll im Genusse von Glück, wenn andere neben ihm unglücklich sind. Es herrscht ein gewisser Impuls absolutester Brüderlichkeit, absolutester Vereinheitlichung des Menschengeschlechtes, richtig verstandener Brüderlichkeit mit Bezug auf die sozialen Zustände im physischen Leben. Das ist das eine, der eine Gesichtspunkt, nach dem wir sehen, daß die Angeloi die Bilder im menschlichen astralischen Leibe formen.

Aber es gibt noch einen zweiten Impuls, unter dessen Gesichtspunkt diese Angeloi formen; das ist: sie verfolgen nicht nur gewisse Absichten mit Bezug auf das äußere soziale Leben, sondern sie verfolgen auch gewisse Absichten mit Bezug auf die menschliche Seele, auf das seelische Leben der Menschen. Mit Bezug auf das seelische Leben der Menschen, da verfolgen sie durch ihre Bilder, die sie dem astralischen Leibe einprägen, das Ziel, daß in der Zukunft jeder Mensch in jedem Menschen ein verborgenes Göttliches sehen soll.

Also wohlgemerkt: Anders soll es werden nach der Absicht, die in der Arbeit der Angeloi liegt. Es soll werden so, daß wir nicht den Menschen gewissermaßen wie ein höherentwickeltes Tier nur seinen physischen Qualitäten nach betrachten, weder in der Theorie noch in der Praxis, sondern daß wir jedem Menschen entgegentreten mit dem voll ausgebildeten Gefühl: In dem Menschen erscheint etwas, was aus den göttlichen Weltengründen heraus sich offenbart, durch Fleisch und Blut sich offenbart. – Den Menschen zu erfassen als Bild, das sich aus der geistigen Welt heraus offenbart, so ernst als möglich, so stark als möglich, so verständnisvoll als möglich, das wird in die Bilder durch die Angeloi gelegt.

Das wird einmal, wenn es verwirklicht wird, eine ganz bestimmte Folge haben. Alle freie Religiosität, die sich in der Zukunft innerhalb der Menschheit entwickeln wird, wird darauf beruhen, daß in jedem Menschen das Ebenbild der Gottheit wirklich in unmittelbarer Lebenspraxis, nicht bloß in der Theorie, anerkannt werde. Dann wird es keinen Religionszwang geben können, dann wird es keinen Religionszwang zu geben brauchen, denn dann wird die Begegnung jedes Menschen mit jedem Menschen von vornherein eine religiöse Handlung, ein Sakrament sein, und niemand wird durch eine besondere Kirche, die äußere Einrichtungen auf dem physischen Plan hat, nötig haben, das religiöse Leben aufrechtzuerhalten. Die Kirche kann, wenn sie sich selber richtig versteht, nur die eine Absicht haben, sich unnötig zu machen auf dem physischen Plane, indem das ganze Leben zum Ausdruck des Übersinnlichen gemacht wird.

Das liegt wenigstens den Impulsen der Arbeit der Engel zugrunde: vollständige Freiheit des religiösen Lebens über die Menschen hin auszugießen. Und ein drittes liegt zugrunde: den Menschen die Möglichkeit zu geben, durch das Denken zum Geist zu gelangen, durch das Denken über den Abgrund hinweg zum Erleben im Geistigen zu kommen. Geisteswissenschaft für den Geist, Religionsfreiheit für die Seele, Brüderlichkeit für die Leiber, das tönt wie eine Weltenmusik durch die Arbeit der Engel in den menschlichen astralischen Leibern. Man braucht, möchte ich sagen, nur sein Bewußtsein bis zu einer gewissen anderen Schichte hinaufzuheben, dann fühlt man sich hineinversetzt in diese wunderbare Arbeitsstätte der Angeloi in dem menschlichen astralischen Leibe.

Nun ist es so, daß wir im Zeitalter der Bewußtseinsseele leben, und in diesem Zeitalter der Bewußtseinsseele tun die Angeloi im menschlichen astralischen Leibe das, was ich eben erzählt habe. Die Menschen sollen nach und nach bewußt zum Erfassen dessen kommen, was ich eben erzählt habe. Das gehört in die menschliche Entwickelung hinein. Wie kommt man denn überhaupt dazu, so etwas zu sagen, wie das, was ich jetzt eben ausgesprochen habe? Wo findet man gewissermaßen diese Arbeit? Nun, heute findet man sie noch in dem schlafenden Menschen. Man findet sie in den Schlafzuständen der Menschen vom Einschlafen bis zum Aufwachen. Man findet sie auch in den wachenden Schlafzuständen. Ich habe oft davon gesprochen, wie die Menschen, trotzdem sie wach sind, in den wichtigsten Angelegenheiten eigentlich ihr Leben verschlafen. Und ich kann Ihnen die allerdings nicht sehr erfreuliche Versicherung geben, daß man wirklich, wenn man bewußt durchs Leben geht, heute viele, viele schlafende Menschen findet. Sie lassen geschehen, was in der Welt geschieht, ohne sich dafür zu interessieren, ohne sich darum zu bekümmern, ohne sich damit zu verbinden. Dasjenige, was vorbeigeht an großen Weltereignissen, das geht an den Menschen oftmals so vorbei, wie dasjenige, was sich in der Stadt abspielt, vor einem Schlafenden vorbeigeht, trotzdem die Leute scheinbar wach sind. Dann aber, wenn die Menschen gerade wachend so etwas Besonderes verschlafen, dann zeigt sich, wie in ihren astralischen Leibern – ganz unabhängig von dem, was sie wissen wollen oder nicht wissen wollen – diese wichtige Arbeit der Angeloi sich abspielt, von der ich gesprochen habe.

Solche Dinge spielen sich vielfach ab in einer Weise, die den Menschen recht rätselvoll, recht paradox erscheinen muß. Da hält man manchen für ganz unwürdig, das oder jenes an Verbindungen mit der geistigen Welt einzugehen. Aber in Wahrheit ist der Betreffende nichts anderes als zunächst in dieser Inkarnation eine furchtbare Schlafmütze, die alles verschläft, was um ihn herum vorgeht; in seinem astralischen Leib aber arbeitet der Engel aus der Gemeinschaft der Engel heraus an der Zukunft der Menschheit. Der astralische Leib wird trotzdem benutzt, und man kann an seinem astralischen Leib so etwas beobachten. Aber darauf kommt es an, daß so etwas sich gerade hereindrängt in das menschliche Bewußtsein. Die Bewußtseinsseele muß erhoben werden zu der Anerkennung desjenigen, was nur auf diese Weise gefunden werden kann.

Indem wir diese Voraussetzungen gemacht haben, werden Sie begreifen, wenn ich Sie nun aufmerksam mache darauf, daß eben dieses Zeitalter der Bewußtseinsseele zudrängt einem ganz bestimmten Ereignisse, und daß es, weil wir es mit der Bewußtseinsseele zu tun haben, von den Menschen abhängen wird, wie dieses Ereignis sich in der Menschheitsentwickelung vollzieht. Das Ereignis kann um ein Jahrhundert früher oder später kommen, aber eigentlich müßte es in das Gebiet der Menschheitsentwickelung hereinkommen. Und dieses Ereignis kann man eben so charakterisieren, daß man sagt: Die Menschen müssen rein durch ihre Bewußtseinsseele, durch ihr bewußtes Denken dazu kommen, daß sie schauen, wie es die Engel machen, um die Zukunft der Menschheit vorzubereiten. – Dasjenige, was Geisteswissenschaft auf diesem Gebiete lehrt, muß praktische Lebensweisheit der Menschheit werden, solche praktische Lebensweisheit, daß die Menschen die feste Überzeugung haben können: es ist ihr eigenes Weisheitsgut, indem sie anerkennen, daß die Engel dies wollen, was ich charakterisiert habe.

Nun ist aber das Menschengeschlecht in bezug auf die Annäherung zu seiner Freiheit so weit fortgeschritten, daß es von dem Menschengeschlecht schon selber abhängt, ob es das betreffende Ereignis verschlafen oder mit voller Bewußtheit ihm entgegengehen will. Was würde es heißen: ihm mit voller Bewußtheit entgegengehen? Mit voller Bewußtheit ihm entgegengehen, heißt das Folgende: Man kann heute Geisteswissenschaft studieren, sie ist da, man braucht wahrhaftig nicht einmal etwas anderes zu tun als Geisteswissenschaft zu studieren. Wenn man außerdem noch allerlei Meditationen macht, wenn man berücksichtigt dasjenige, was an praktischen Anleitungen durch so etwas gegeben ist wie in «Wie erlangt man Erkenntnisse der höheren Welten?», so unterstützt man die Sache weiter. Aber das Nötige geschieht schon, wenn man nur Geisteswissenschaft studiert und richtig bewußt versteht. Man kann, ohne hellseherische Fähigkeiten sich anzueignen, Geisteswissenschaft heute studieren; jeder Mensch kann es, der sich nicht selber Vorurteile in den Weg legt. Und wenn die Menschen immer mehr und mehr Geisteswissenschaft studieren, wenn sie sich die Begriffe und Ideen aneignen, die in der Geisteswissenschaft gegeben sind, dann werden sie in ihrem Bewußtsein so weit erwachen, daß gewisse Ereignisse eben nicht verschlafen werden, sondern bewußt vorübergehen.

Und diese Ereignisse, wir können sie noch genauer charakterisieren. Denn im Grunde ist, daß wir wissen, was der Engel tut, nur die Vorbereitung. Die Hauptsache ist, daß eben in einem bestimmten Zeitpunkte ein Dreifaches eintreten wird. Wie gesagt, je nachdem sich die Menschen verhalten, wird der Zeitpunkt früher oder später oder im allerschlimmsten Falle gar nicht eintreten. Aber dasjenige, was eintreten soll, ist eben das, daß der Menschheit durch ihre Engelwelt ein Dreifaches gezeigt wird. Erstens wird gezeigt, wie man wirklich die tiefere Seite der Menschennatur mit seinem unmittelbarsten menschlichen Interesse erfassen kann. Ja, es wird ein Zeitpunkt kommen, den die Menschen nicht verschlafen sollen, wo die Menschen einen anregenden Impuls aus der geistigen Welt heraus durch ihren Engel empfangen werden, der dahin gehen wird, daß wir ein viel tieferes Interesse an jedem Menschen haben werden, als wir geneigt sind, heute zu haben. Diese Erhöhung des Interesses an unserem Mitmenschen soll sich nicht bloß etwa so subjektiv entwickeln, wie dies die Menschen so bequem in sich entwickeln, sondern mit einem Ruck, indem tatsächlich dem Menschen eingeflößt wird von spiritueller Seite ein gewisses Geheimnis, was der andere Mensch ist. Ich meine damit etwas ganz, ganz Konkretes, nicht irgendwelche theoretische Erwägung, sondern: Die Menschen erfahren etwas, was sie an jedem Menschen interessieren kann.

Das ist das eine, und das wird das soziale Leben ganz besonders erringen. Und das zweite wird sein, daß von der geistigen Welt aus der Engel unwiderleglich dem Menschen zeigen wird, daß der Christus-Impuls außer allem übrigen auch völlige Religionsfreiheit für die Menschen bedingt, daß nur das das rechte Christentum ist, welches absolute Religionsfreiheit möglich macht. Und das dritte ist eben die unwiderlegliche Einsicht in die geistige Natur der Welt.

Dieses Ereignis, wie gesagt, es soll so eintreten, daß die Bewußtseinsseele des Menschen ein gewisses Verhältnis dazu erhält. Das steht einmal der Menschheit in ihrer Entwickelung bevor. Denn darauf arbeitet der Engel durch seine Bilder im menschlichen astralischen Leibe hin. Nun mache ich Sie aber darauf aufmerksam, daß dieses Ereignis, das da bevorsteht, schon in den menschlichen Willen gestellt ist. Die Menschen können ja manches unterlassen. Und viele unterlassen heute noch vieles, was hinführen soll zum wachenden Erleben des angedeuteten Zeitpunktes.

Nun gibt es aber, wie Sie wissen, andere Wesen in der Weltentwickelung, die ein Interesse daran haben, den Menschen aus seiner Bahn hinauszubringen: das sind die ahrimanischen und die luziferischen Wesenheiten. Das, was ich eben gesagt habe, liegt in der göttlichen Entwickelung des Menschen. Es müßte eigentlich der Mensch, wenn er sich so recht seiner eigenen Natur überließe, zu der Anschauung desjenigen kommen, was der Engel in seinem astralischen Leibe entfaltet. Aber die luziferische Entwickelung, sie geht dahin, den Menschen abzudrängen von der Einsicht in die Arbeit der Angelos-Hierarchie. Und diese luziferischen Wesen, sie machen es in folgender Weise, um den Menschen abzudrängen: sie machen es so, daß sie den freien Willen des Menschen hemmen. Sie versuchen, dem Menschen Dunkelheit zu geben über die Praxis seines freien Willens, indem sie ihn zwar zu einem guten Wesen machen – Luzifer will von diesem Gesichtspunkte aus, den ich jetzt berühre, beim Menschen eigentlich das Gute, das Geistige –, aber er will ihn automatisch machen, ohne freien Willen; es soll der Mensch ins Hellsehen nach guten Prinzipien hineinversetzt werden, aber gewissermaßen automatisch; die luziferischen Wesenheiten wollen dem Menschen seinen freien Willen, die Möglichkeit zum Bösen, nehmen. Sie wollen ihn so machen, daß er zwar aus dem Geiste heraus, aber wie ein geistiges Abbild handelt, nämlich ohne freien Willen. Automatisch wollen sie ihn machen, die luziferischen Wesen.

Das hängt mit ganz gewissen Geheimnissen der Entwickelung zusammen. Die luziferischen Wesen, Sie wissen es, sind auf anderen Entwickelungsstufen stehengebliebene Wesenheiten, die Fremdartiges in die normale Entwickelung hereinbringen. Diese luziferischen Wesen haben ein hohes Interesse daran, den Menschen so zu ergreifen, daß er nicht zum freien Willen kommt, weil sie selbst den freien Willen sich nicht errungen haben. Der freie Wille kann nur auf der Erde errungen werden. Aber sie wollen mit der Erde nichts zu tun haben, sie wollen nur Saturn-, Sonnen-, Mondenentwickelung, und da stehenbleiben, nichts mit der Erdenentwickelung zu tun haben. Sie hassen gewissermaßen den freien Willen des Menschen. Sie handeln hoch-geistig, aber sie handeln automatisch – das ist außerordentlich bedeutsam –, und sie wollen zu ihrer Höhe, zu ihrer geistigen Höhe den Menschen erheben. Sie wollen ihn automatisch machen; geistig, aber automatisch. Dadurch würde auf der einen Seite die Gefahr erzeugt, daß der Mensch, wenn er zu früh, bevor seine volle Bewußtseinsseele funktioniert, zum geistig automatisch handelnden Wesen wird, jene Offenbarung verschläft, die kommen soll und die ich eben charakterisiert habe.

Aber auch die ahrimanischen Wesen arbeiten dieser Offenbarung entgegen. Sie streben nicht danach, den Menschen besonders geistig zu machen, aber sie streben danach, in dem Menschen das Bewußtsein seiner Geistigkeit zu ertöten. Sie streben danach, dem Menschen die Anschauung beizubringen, daß er eigentlich nur ein vollkommen ausgebildetes Tier ist. Ahriman ist in Wahrheit der große Lehrer des materialistischen Darwinismus. Ahriman ist auch der große Lehrer all derjenigen technischen und praktischen Betätigung innerhalb der Erdenentwickelung, die nichts gelten lassen will als das äußere sinnenfällige menschliche Leben, die nur eine ausgebreitete Technik haben will, damit in raffinierterer Weise der Mensch dieselben Eß- und Trinkbedürfnisse und sonstigen Bedürfnisse befriedigt, die auch das Tier befriedigt. In dem Menschen ertöten, verdunkeln das Bewußtsein, daß er ein Abbild der Gottheit ist, das streben für die Bewußtseinsseele durch allerlei raffinierte wissenschaftliche Mittel die ahrimanischen Geister in unserer Zeit an.

In früheren Zeitaltern würde es den ahrimanischen Geistern nichts genutzt haben, durch Theorien den Menschen die Wahrheit in dieser Weise zu verdunkeln. Warum? Noch während des griechisch-lateinischen Zeitalters, aber noch mehr in dem älteren Zeitalter, in dem der Mensch noch das atavistische Hellsehen, die Bilder hatte, da war es ganz gleichgültig, wie der Mensch dachte. Da hatte er seine Bilder. Durch seine Bilder sah er in die geistige Welt hinein. Was ihm Ahriman beigebracht hätte über seine Beziehung zu den Tieren, das würde gar keine Bedeutung gehabt haben für seine Lebenshaltung. Das Denken ist erst mächtig geworden – in seiner Ohnmacht mächtig geworden, könnte man sagen – in unserem fünften nachatlantischen Zeitalter, seit dem 15. Jahrhundert. Erst seit jener Zeit ist das Denken geeignet, die

Bewußtseinsseele hineinzubringen in das geistige Gebiet, damit aber auch, sie zu verhindern, hineinzukommen in die geistige Welt. Erst jetzt erleben wir die Zeit, wo eine Theorie durch Wissenschaft auf bewußte Weise dem Menschen seine Göttlichkeit und die Erfahrungen über das Göttliche raubt. Das ist eben nur im Zeitalter der Bewußtseinsseele möglich. Daher streben die ahrimanischen Geister an, solche Lehren über den Menschen zu verbreiten, die den göttlichen Ursprung des Menschen verdunkeln.

Aus der Anführung dieser der normal-göttlichen Entwickelung des Menschen entgegenstrebenden Strömungen kann man entnehmen, wie man sich einrichten muß im Leben, damit man eben das, wovon gesprochen worden ist, was da kommen soll als eine Offenbarung in die Menschenentwickelung, nicht verschlafe. Sonst entsteht eine große Gefahr. Und der Mensch muß aufmerksam sein auf diese Gefahr, sonst wird statt des bedeutungsvollen Ereignisses, das mächtig eingreifen soll in die zukünftige Gestaltung der Erdenentwickelung, dasjenige eintreten, was recht gefährlich werden kann dieser Erdenentwickelung.

Sehen Sie, gewisse geistige Wesenheiten erlangen ja ihre Entwickelung durch den Menschen, indem sich der Mensch mitentwickelt. Die Engel, die in dem menschlichen astralischen Leibe ihre Bilder entwickeln, entwickeln diese Bilder natürlich nicht als Spiel, sondern damit etwas erreicht wird. Da aber das, was erreicht werden soll, gerade innerhalb der Erdenmenschheit erreicht werden soll, so würde ja die ganze Geschichte zum Spiel, wenn die Menschen, nachdem sie die Bewußtseinsseele erlangt haben, bewußt die ganze Sache außer acht ließen. Es würde das Ganze zum Spiel! Die Engel würden nur ein Spiel treiben in der Entwickelung des astralischen Leibes des Menschen. Nur dadurch, daß das sich in der Menschheit verwirklicht, dadurch ist es kein Spiel, sondern Ernst. Daraus aber werden Sie entnehmen können, daß die Arbeit der Engel unter allen Umständen ernst bleiben muß. Bedenken Sie, was das wäre hinter den Kulissen des Daseins, wenn die Menschen einfach durch ihre Schlafmützigkeit die Arbeit der Engel zum Spiel machen könnten!

Und wenn das nun doch geschähe, wenn doch die Erdenmenschheit dabei beharren würde, das wichtige geistige Offenbarungsereignis der Zukunft zu verschlafen? Wenn die Menschen zum Beispiel den mittleren Teil – die auf die Religionsfreiheit bezügliche Sache – verschlafen würden, wenn sie die Wiederholung des Mysteriums von Golgatha auf dem Ätherplane, von der ich oft gesprochen habe, die Wiedererscheinung des ätherischen Christus, wenn sie das verschlafen würden, oder die anderen Dinge verschlafen würden, dann müßte dasjenige, was mit den Bildern im astralischen Leibe des Menschen erreicht werden soll, auf einem anderen Wege von den Engeln angestrebt werden. Und das, was die Menschen in ihrem Astralleibe nicht erreichen lassen, indem sie wach werden, das würde in diesem Falle angestrebt dadurch, daß die Engel ihre Absichten verwirklichen durch die schlafenden Menschenleiber. Also dasjenige, was die Menschen verschlafen würden im Wachzustande und die Engel dadurch nicht erreichen können, das würde erreicht werden mit Hilfe der in dem Bette liegenbleibenden menschlichen physischen Leiber und Ätherleiber während des Schlafens. Dort würden die Kräfte gesucht werden, um das zu erreichen. Was mit den wachen Menschen, wenn die wachen Seelen in dem Ätherleib und in dem physischen Leib drinnen sind, sich nicht erreichen läßt, das wird mit den schlafenden Ätherleibern und physischen Leibern erreicht, wenn die Menschen, die wachen sollten, dann schlafend heraußen sind mit ihrem Ich und ihrem astralischen Leibe.

Das ist die große Gefahr für das Bewußtseinszeitalter. Das ist dasjenige Ereignis, welches sich noch vollziehen könnte, wenn die Menschen sich nicht zu dem geistigen Leben hinwenden wollten, vor dem Beginne des 3. Jahrtausends. Wir stehen nur noch eine kurze Zeit entfernt vor dem Beginne des 3. Jahrtausends. Es beginnt ja das 3. Jahrtausend bekanntlich mit dem Jahre 2000. Es könnte sich noch vollziehen, daß, statt mit dem wachenden Menschen, mit den schlafenden Leibern der Menschen das erreicht werden müßte, was erreicht werden soll für die Engel durch ihre Arbeit; daß die Engel ihre ganze Arbeit aus dem astralischen Leib des Menschen herausholen müßten, um sie unterzutauchen in den Ätherleib, damit sie sich verwirklichen könne. Aber der Mensch würde nicht drinnen sein! So müßte es sich im Ätherleib verwirklichen, wenn der Mensch nicht dabei ist, denn wenn der Mensch dabei wäre im wachen Zustande, so würde er das hindern.

Jetzt habe ich Ihnen die allgemeine Idee von der Sache entwikkelt. Aber was würde denn damit eintreten, daß die Engel eine solche Arbeit, ohne daß der Mensch dabei ist, in den Ätherleibern und in den physischen Leibern der Menschen, während sie schlafen, verrichten müßten? Dadurch würde unweigerlich ein Dreifaches in der Menschenentwickelung eintreten. Erstens würde in den schlafenden Menschenleibern, während der Mensch eben schläft, ohne daß er mit seinem Ich und seinem astralischen Leib dabei ist, etwas erzeugt, was er dann findet nicht durch Freiheit, sondern was er vorfindet, wenn er morgens aufwacht. Immer findet er es dann vor. Es wird Instinkt statt Freiheitsbewußtsein, aber es wird dadurch schädlich. Und zwar drohen schädlich zu werden gewisse instinktive Erkenntnisse, die in die Menschennatur kommen sollen und die zusammenhängen mit dem Mysterium der Geburt und der Empfängnis, der Konzeption, mit dem ganzen sexuellen Leben, wenn die Gefahr eintreten sollte, von der ich gesprochen habe, durch gewisse Engel, die dann selber eine gewisse Veränderung durchmachen würden, von der ich nicht sprechen kann, weil diese Veränderung zu jenen höheren Geheimnissen der Initiationswissenschaft gehört, von denen heute noch nicht gesprochen werden darf. Wohl aber kann man sagen: Was innerhalb der Menschheitsentwickelung geschieht, das würde darin bestehen, daß, statt in hellem, wachem Bewußtsein in nützlicher Weise, dann in schädlicher Weise, in zerstörerischer Weise gewisse Instinkte aus dem Sexualleben und Sexualwesen auftreten würden, Instinkte, die nicht bloß Verirrungen bedeuten würden, sondern die übergehen würden ins soziale Leben, die Gestaltungen hervorbringen würden im sozialen Leben; vor allen Dingen die Menschen veranlassen würden durch das, was dann in ihr Blut kommen würde infolge des Sexuallebens, jedenfalls nicht irgendwelche Brüderlichkeit auf der Erde zu entfalten, sondern sich immer aufzulehnen gegen die Brüderlichkeit. Das aber würde Instinkt sein.

Also es kommt der entscheidende Punkt, wo gewissermaßen nach rechts gegangen werden kann: dann aber muß gewacht werden; oder nach links gegangen wird: dann kann geschlafen werden; aber Instinkte treten dann auf, Instinkte, die grauenvoll sein werden.

Was werden die Naturgelehrten dann sagen, wenn solche Instinkte auftauchen? Die Naturgelehrten werden sagen: Das ist eine Naturnotwendigkeit. Das mußte so kommen, das liegt eben in der Menschheitsentwickelung.

Man kann durch Naturwissenschaft auf solche Dinge nicht aufmerksam machen, denn naturwissenschaftlich würde erklärbar sein, wenn die Menschen Engel werden, und würde es auch sein, wenn die Menschen Teufel werden. Über beides hat die Naturwissenschaft dasselbe zu sagen: Es ist das Folgende aus dem Früheren hervorgegangen – die große Weisheit der Kausal-Naturerklärungen! Die Naturwissenschaft wird nichts bemerken von dem Ereignis, von dem ich Ihnen gesagt habe, denn sie wird selbstverständlich, wenn die Menschen zu halben

Teufeln werden durch ihre sexuellen Instinkte, das als eine Naturnotwendigkeit ansehen. Also naturwissenschaftlich kann die Sache gar nicht erklärt werden, denn, wie es auch kommt: alles ist nach der Naturwissenschaft erklärlich. Solche Dinge sind eben nur im geistigen Erkennen, im übersinnlichen Erkennen durchschaubar.

Das ist das eine. Das zweite ist, daß aus dieser Arbeit, aus dieser für die Engel Veränderungen hervorrufenden Arbeit noch ein zweites für die Menschheit erfolgen wird: die instinktive Erkenntnis gewisser Heilmittel, aber eine schädliche Erkenntnis gewisser Heilmittel. Alles dasjenige, was mit Medizin zusammenhängt, wird eine ungeheure, im materialistischen Sinne ungeheure Förderung erfahren. Man wird instinktiv Einsichten bekommen in die Heilkraft gewisser Substanzen und gewisser Verrichtungen, und man wird ungeheuren Schaden anrichten dadurch, aber man wird den Schaden nützlich nennen. Man wird das Kranke gesund nennen, denn man wird sehen, daß man da in eine gewisse Verrichtung hineinkommt, die einem dann gefallen wird. Es wird einem einfach gefallen, was die Menschen nach einer gewissen Richtung hin ins Ungesunde hineinführt. Also gerade die Erkenntnis der Heilkraft gewisser Vorgänge, gewisser Verrichtungen, die wird erhöht werden, aber sie wird in ganz schädliches Fahrwasser gelangen. Denn vor allen Dingen wird man erfahren durch gewisse Instinkte, was gewisse Substanzen und was gewisse Verrichtungen für Krankheiten hervorrufen, und man wird ganz nach egoistischen Motiven einrichten können, Krankheiten hervorzubringen oder sie nicht hervorzubringen.

Das dritte, was sich ergeben wird, das wird sein, daß man ganz bestimmte Kräfte kennenlernen wird, durch die man, ich möchte sagen, nur durch ganz leichte Veranlassungen, durch Harmonisierung von gewissen Schwingungen, in der Welt große Maschinenkräfte wird entfesseln können. Eine gewisse geistige Lenkung des maschinellen, des mechanischen Wesens wird man gerade auf diese Weise instinktiv erkennen lernen, und die ganze Technik wird in ein wüstes Fahrwasser kommen. Aber dem Egoismus der Menschen wird dieses wüste Fahrwasser außerordentlich gut dienen und gefallen.

Das ist ein Stück konkreter Erfassung der Entwickelung des Daseins, ein Stück Lebensauffassung, das im Grunde genommen nur derjenige recht würdigen kann, der durchschaut, wie eine ungeistige Lebensauffassung gar nicht zur Klarheit über die Sache kommen kann. Eine ungeistige Lebensauffassung würde, wenn einmal kommen würde eine menschheitsschädigende Medizin, eine furchtbare Verirrung der sexuellen Instinkte, ein furchtbares Getriebe im reinen Weltmechanismus in der Verwertung der Naturkräfte durch Geisteskräfte, eine ungeistige Weltanschauung würde ja das alles nicht durchschauen, würde nicht sehen, wie sie abirrt vom wahren Pfade, geradesowenig wie der Schlafende, solange er schläft, sehen kann, wenn ihm der Räuber nahekommt, der ihn bestehlen will, sondern das geht an ihm vorüber. Er sieht höchstens später, wenn er aufwacht, was angerichtet worden ist. Aber das würde ein sehr schlimmes Aufwachen sein für den Menschen: Er würde sich ergötzen an einer instinktiven Erweiterung in der Kenntnis der Heilkräfte gewisser Vorgänge und gewisser Substanzen, würde ein solches Wohlgefühl empfinden in dem Verfolgen gewisser Verirrungen sexueller Instinkte, er würde preisen diese Verirrung als eine besonders hohe Ausgestaltung der Übermenschlichkeit, der Vorurteilslosigkeit, der Unbefangenheit. Häßlich würde schön und schön häßlich in gewisser Beziehung, und man würde nichts davon merken, weil man alles als eine Naturnotwendigkeit ansehen würde. Aber es würde eine Abirrung sein von demjenigen Wege, der in der Menschheit selbst der Eigenwesenheit des Menschen vorgeschrieben ist.

Ich glaube, man kann, wenn man sich ein Gefühl dafür erworben hat, wie Geisteswissenschaft in die Gesinnung hereindringt, auch den Ernst aufbringen für solche Wahrheiten wie die heute angeführten, und man kann daraus das schöpfen, was eigentlich aus aller Geisteswissenschaft geschöpft werden soll: in dieser Geisteswissenschaft anzuerkennen eine gewisse Verpflichtung, eine gewisse Lebensverpflichtung. Wo wir auch stehen, was wir auch zu tun haben in der Welt, darauf kommt es an, daß wir den Gedanken hegen können: unser Tun muß durchtränkt und durchleuchtet sein von unserem anthroposophischen Bewußtsein. Dann tragen wir etwas dazu bei, daß die Menschheit in richtigem Sinne in ihrer Entwickelung vorwärtskommt.

Der Mensch geht ganz irre, wenn er glaubt, wahre Geisteswissenschaft, ernst und würdig erfaßt, könne ihn jemals von der praktischen, intensiven Arbeit im Leben abbringen. Wahre Geisteswissenschaft macht eben erwachen, erwachen über solche Dinge, die ich heute angeführt habe. Meine lieben Freunde, man kann fragen: Ist denn eigentlich das wache Leben dem Schlafe schädlich? – Wenn wir den Vergleich wählen wollen, daß das Hineinschauen in die geistige Welt gegenüber dem gewöhnlichen Wachen ein weiteres Aufwachen ist, wie das gewöhnliche Aufwachen ein Aufwachen aus dem Schlafe ist, dann können wir auch, um den Vergleich zu verstehen, die Frage aufwerfen: Kann denn jemals das Wachleben dem Schlafe schädlich sein? – Ja, wenn es nicht ordentlich ist! Wenn einer das Wachleben ordentlich zubringt, dann wird er auch einen gesunden Schlaf haben, und wenn einer das wache Leben dösend oder faul oder bequem, ohne Arbeit zubringt, dann wird auch sein Schlaf ungesund sein. Und so ist es auch mit Bezug auf das Leben, das wir durch die Geisteswissenschaft als waches Leben uns aneignen. Begründen wir durch Geisteswissenschaft in uns ein ordentliches Verhältnis zur geistigen Welt, so wird ebenso, wie durch ein gesundes Wachleben der Schlaf geregelt wird, durch dieses rechte Verhältnis zur geistigen Welt auch unser Interesse an dem gewöhnlichen sinnenfälligen Leben in richtige Bahnen gelenkt.

Wer das Leben gerade in unserer Zeit betrachtet, der muß selber schlafen, wenn er nicht auf verschiedenes aufmerksam wird. Wie haben sich die Menschen gebrüstet, besonders in den letzten Jahrzehnten, mit ihrer «Lebenspraxis»! Man hat es endlich dahin gebracht in den letzten Jahrzehnten, daß diejenigen, die das Ideelle, das Geistige, das Spirituelle am meisten verachten, überall gerade in die führenden Stellen hineingekommen sind. Und man konnte so lange deklamieren von der Praxis dieses Lebens, solange man nicht die Menschheit in den Abgrund hineingezerrt hatte. Jetzt eben fangen einige – aber die meisten, die es tun, ganz instinktiv – an zu krächzen: Es muß eine neue Zeit kommen, es müssen allerlei neue Ideale auftreten! – Aber es ist ein Krächzen. Und würden die Dinge instinktiv auftreten, ohne bewußtes Sich-Hineinleben in die Geisteswissenschaft, dann würden sie eher zum Verfall dessen, was im Wachzustande erlebt werden soll, hinführen, denn zu irgendeinem gedeihlichen Entwickelungsübergang. Wer den Menschen heute vordeklamiert mit denselben Worten, die sie seit langer Zeit gewöhnt sind, der findet manchmal noch einigen Beifall. Aber die Menschen werden sich dazu bequemen müssen, andere Worte, andere Wendungen zu hören, damit aus dem Chaos wiederum ein sozialer Kosmos komme.

Wenn nämlich in irgendeinem Zeitalter die Menschen, die wachen sollten, versäumen zu wachen und nicht herausfinden, was wirklich geschehen sollte, dann geschieht überhaupt nichts Wirkliches, sondern das Gespenst der vorhergehenden Epoche geht dann herum, so wie in vielen religiösen Gemeinschaften heute einfach die Gespenster der Vergangenheit herumgehen, und so wie zum Beispiel in unserem juristischen Leben vielfach das Gespenst vom alten Rom noch herumgeht. Geisteswissenschaft soll gerade in dieser Beziehung im Zeitalter der Bewußtseinsseele den Menschen frei machen, wirklich hineinführen in die Beobachtung einer geistigen Tatsache: Was tut der Engel in unserem astralischen Leib? – Abstrakt zu reden über Angeloi und so weiter, das kann höchstens der Anfang sein; der Fortschritt muß dadurch erzielt werden, daß wir konkret reden, das heißt, mit Bezug auf unser bestimmtes Zeitalter uns die nächste Frage beantworten, die uns angeht. Sie geht uns an, weil einfach in unserem astralischen Leib der Engel Bilder webt, diese Bilder unsere Gestaltung in der Zukunft bringen sollen und diese Gestaltung durch die Bewußtseinsseele herbeigeführt werden soll. Hätten wir nicht die Bewußtseinsseele, dann brauchten wir uns nicht zu kümmern, dann würden schon andere Geister, andere Hierarchien eintreten, um das zu bewirken, was der Engel webt. Aber da wir die Bewußtseinsseele entwickeln sollen, so treten keine anderen Geister ein, um das zu verwirklichen, was der Engel webt.

Natürlich haben auch Engel gewoben im ägyptischen Zeitalter. Aber bald traten andere Geister ein, und dem Menschen verdunkelte sich gerade dadurch sein atavistisch-hellseherisches Bewußtsein. Also die Menschen woben, weil sie das sahen in ihrem atavistischen Hellsehen, einen Schleier, einen dunklen Schleier über die Taten der Engel. Aber jetzt soll der Mensch sie enthüllen. Deshalb soll er nicht verschlafen, was in sein bewußtes Leben hereingetragen wird in dem Zeitalter, das noch schließen wird vor dem 3. Jahrtausend. Nehmen wir aus der anthroposophisch orientierten Geisteswissenschaft nicht nur allerlei Lehren, nehmen wir auch Vorsätze! Und die werden uns Stärke geben, wachende Menschen zu sein.[3]

Wir können uns angewöhnen, wachende Menschen zu sein. Wir können mancherlei beachten. Wir können gleich einmal anfangen mit der Wachsamkeit, können finden, daß eigentlich im Grunde genommen kein Tag vergeht, in dem nicht in unserem

Leben ein Wunder geschieht. Wir können diesen Satz, den ich jetzt sprach, umkehren, wir können sagen: Wenn wir an irgendeinem Tag kein Wunder finden in unserem Leben, so haben wir es nur aus dem Auge verloren. – Versuchen Sie einmal, Ihr Leben am Abend zu überblicken; Sie werden ein kleines oder ein großes oder ein mittleres Ereignis darinnen finden, von dem Sie sich werden sagen können: Es ist ja ganz merkwürdig in mein Leben hereingetreten, es hat sich ganz merkwürdig vollzogen. – Sie können dies erreichen, wenn Sie nur umfassend genug denken, wenn Sie nur Zusammenhänge des Lebens umfassend genug ins seelische Auge fassen. Aber das tut man im gewöhnlichen Leben gar nicht, weil man sich gewöhnlich nicht fragt: Was ist zum Beispiel durch irgend etwas verhindert worden?

Wir kümmern uns meistens nicht um die Dinge, die verhindert worden sind, die, wenn sie eingetreten wären, unser Leben gründlich verändert hätten. Hinter diesen Dingen, die aus unserem Leben fortgeschafft werden auf irgendeine Weise, sitzt ungeheuer viel von dem, was uns zu wachsamen Menschen erzieht. Was hätte mir heute alles passieren können? – Wenn ich diese Frage mir an jedem Abend stelle und dann einzelne Ereignisse betrachte, die dies oder jenes hätten herbeiführen können, so knüpfen sich an solche Fragen Lebensbetrachtungen, die Wachsamkeit in die Selbstzucht hereinbringen. Das ist etwas, was einen Anfang machen kann und was schon von selbst immer weiter und weiter führt, endlich dazu führt, daß wir nicht nur auskundschaften, was es in unserem Leben bedeutet, daß wir zum Beispiel um halb elf Uhr vormittags einmal ausgehen wollten und daß gerade im letzten Augenblicke noch irgendein Mensch kam, der uns aufhielt; wir sind ärgerlich, daß er uns aufhielt, aber wir fragen nicht nach, was hätte geschehen können, wenn wir wirklich zur rechten Zeit ausgegangen wären, wie wir es geplant haben. Wir fragen nicht: Was hat sich da verändert?

Ich habe über solche Dinge auch hier einmal schon ausführlicher gesprochen. Von der Beobachtung des Negativen in unserem Leben, das aber von der weisheitsvollen Führung unseres Lebens Zeugnis ablegen kann, bis zu der Beobachtung des webenden und wirkenden Engels in unserem astralischen Leibe ist ein gerader Weg, ein recht gerader Weg und ein sicherer Weg, den wir einschlagen können. Davon wollen wir dann heute in acht Tagen, wenn wir den zweiten Zweigvortrag haben, weitersprechen.

Die drei Begegnungen der Menschenseele mit dem Wesen des Universums

Berlin, 20. Februar, 1917

So recht praktisch gestalten im edelsten Sinne, was wir als Frucht der Geisteswissenschaft haben können, das kann dazu führen, zu empfinden, wie der Mensch in seinem gewöhnlichen äußeren Menschen den inneren Menschen, für die gewöhnliche Vorstellung einen durchaus zweiten Menschen, trägt. In dieser Beziehung bestehen wir wirklich alle als Menschen aus zwei Wesenheiten, wovon die eine Wesenheit, welche sich zusammensetzt mehr aus unserem physischen Leib und aus unserem ätherischen Leib, demjenigen angehört, was Außenwelt ist; Außenwelt in dem Sinne, daß dieser physische Leib und in gewissem Sinne auch der ätherische Leib Ausgestaltungen und Abbilder, Offenbarungen sind der uns immer umgebenden göttlich-geistigen Wesenheiten. Unser physischer Leib und unser Ätherleib in ihrer wahren Wesenheit, nicht wie wir sie als Menschen zunächst kennen, sind Bilder, nicht von uns, nicht von unserer Wirklichkeit, sondern Bilder, können wir sagen, der Götter, die sich ausleben, indem sie so, wie wir Menschen unsere Handlungen hervorbringen, hervorbringen unseren physischen Leib und unseren Ätherleib und diese beiden zur Entwickelung bringen. Der innere Mensch ist so, daß ihm näherliegt der astralische Leib und das Ich. Dieses Ich und der Astralleib sind für das Weltenall jünger als der physische Leib und Ätherleib. Das wissen wir ja aus den Mitteilungen, die auch in der *Geheimwissenschaft*[4] verzeichnet sind. Dieses Ich und der Astralleib, sie sind dasjenige, was gleichsam ruht in dem Bette, das uns zubereitet wird von den göttlich-geistigen Wesenheiten, die das äußere Universum durchdringen und offenbaren. Und dieses Ich und der Astralleib sollen durch die Erfahrungen, durch die Erlebnisse, durch die Prüfungen, durch die Schicksalswendungen, die sie durchmachen durch den physischen und ätherischen Leib, allmählich aufsteigen zu den Entwickelungsstufen, die wir ja auch schon kennengelernt haben.

Nun stehen wir, wie ich Ihnen schon angedeutet habe das letzte Mal, in innigsten Beziehungen zu dem ganzen Universum, zu dem ganzen Kosmos; in solchen Beziehungen, die, wie wir aus einer flüchtigen Rechnungsskizze das letzte Mal gesehen haben, sogar berechnet werden können, in Zahlen ausgedrückt werden können; die sich natürlich in vielem, vielem anderen noch äußern, aber, ich möchte sagen, zu unserer Überraschung in solchen Zahlen sich ausdrücken lassen, wie diese ist, daß die Zahl der Atemzüge, die der Mensch in einem Tage macht, gleichkommt der Zahl, welche der Frühlingspunkt der Sonne braucht an Jahren, um wiederum an seine alte Stelle zurückzukommen. Solche zahlenmäßigen Entdeckungen, wenn wir sie gefühlsmäßig durchdringen, können uns erfüllen mit einem Schauer, mit einem heiligen Schauer über unsere Zusammengehörigkeit mit dem göttlich-geistigen Universum, wie es sich in allen äußeren Erscheinungen offenbart.

Viel tiefer aber zeigt sich aus dieser Tatsache, daß wir der Mikrokosmos, die kleine Welt sind, die herausgestaltet, herausgeoffenbart ist aus dem Makrokosmos, aus der großen Welt, wenn wir solche Tatsachen ins Auge fassen, wie wir sie heute vor unsere Seele rücken wollen, solche Tatsachen, die ich nennen möchte die drei Begegnungen der Menschenseele mit den Wesen des Universums. Also sprechen möchte ich Ihnen heute von den drei Begegnungen der Menschenseele mit den Wesen des Universums.

Wir wissen ja alle, daß wir zunächst, so wie wir als Erdenmenschen wandeln, an uns tragen den physischen Leib und den

Ätherleib, den Astralleib und das Ich. Jede von diesen zwei Wesenheiten, die wir angeführt haben, trägt wiederum, ich möchte sagen, zwei Unterwesenheiten in sich: der mehr äußere Mensch den physischen Leib und Ätherleib, der mehr innere Mensch das Ich und den Astralleib. Nun wissen wir aber, daß der Mensch sich weiterentwickeln wird. Die Erde wird einen Abschluß erlangen. Die Erde wird sich weiterentwickeln durch eine Jupiter-, Venus-, durch eine Vulkan-Planetenentwickelung. Da wird der Mensch von Stufe zu Stufe aufsteigen. Zu seinem Ich, wissen wir, wird sich hinzuentwickeln eine höhere Wesenheit, die sich in ihm offenbaren wird: das Geistselbst, das so recht sich offenbaren wird während der Jupiterentwickelung, die auf unsere Erdenentwickelung folgen wird. Der Lebensgeist wird sich voll offenbaren im Menschen während der Venuszeit, und der eigentliche Geistesmensch wird sich offenbaren während der Vulkanzeit. Wir sehen also, indem wir der großen kosmischen Menschenzukunft entgegenblicken, auf diese dreistufige Entwikkelung des Geistselbst, des Lebensgeistes, des Geistesmenschen. Aber diese drei, die uns gewissermaßen erwarten in unserer Zukunftsentwickelung, sie stehen heute schon in einer gewissen Beziehung zu uns, wenn sie auch noch gar nicht entwickelt sind; denn sie liegen beschlossen im Schoße der göttlich-geistigen Wesenheiten, die wir als höhere Hierarchien kennen gelernt haben. Sie werden uns herausgespendet aus diesen höheren Hierarchien. Und heute schon stehen wir in Beziehung zu diesen höheren Hierarchien, die uns in der Zukunft das Geistselbst, den Lebensgeist, den Geistesmenschen bescheren werden. So daß wir einfach sagen können, statt daß wir den komplizierten Ausdruck gebrauchen «Wir stehen in Beziehung zur Hierarchie der Angeloi»: «Wir stehen in Beziehung zu dem, was da kommen soll in der Zukunft, zu unserem Geistselbst.» Und statt daß wir sagen: «Wir stehen in Beziehung zu den Archangeloi», sagen wir: «Wir stehen in Beziehung zu dem in der Zukunft kommenden Lebensgeist» und so weiter.

Und in der Tat, wir Menschen sind in einer gewissen Beziehung mehr, jetzt schon der Anlage nach mehr – und in der geistigen Welt bedeuten Anlagen etwas weit Höheres als in der physischen Welt –, als bloß dieser viergliedrige Mensch: physischer Leib, Ätherleib, Astralleib und Ich. Wir tragen als Keim schon das Geistselbst in uns, auch den Lebensgeist, auch den Geistesmenschen. Entwickeln aus uns werden sie sich später, aber wir tragen sie als Keim in uns. Und nicht nur so abstrakt, daß wir sie als Keim in uns tragen, ist das zu sagen, sondern dieses In-uns-Tragen ist ganz konkret gemeint, denn wir haben mit diesen höheren Gliedern unserer Wesenheit Begegnungen, wirkliche Begegnungen. Und diese Begegnungen, die liegen in der folgenden Weise: Wir würden als Menschen immer mehr und mehr dahin kommen, eine gewisse für die gegenwärtige Entwickelung des Menschen schwer erträgliche Entfremdung von allem Geistigen zu fühlen, wenn wir nicht von Zeit zu Zeit begegnen könnten unserem Geistselbst. Unser Ich muß jenem Höheren, jenem Geistselbst begegnen, das wir erst entwickeln werden und das in einer gewissen Beziehung gleichartig ist mit Wesenheiten aus der Hierarchie der Angeloi. So daß man in der populären Sprache auch sagen kann, wenn wir christlich sprechen: Wir müssen von Zeit zu Zeit begegnen einem Wesen aus der Hierarchie der Angeloi, das uns besonders nahesteht, weil dieses Wesen, indem es uns begegnet, an uns geistig dasjenige vornimmt, was uns in die Lage versetzt, einstmals ein Geistselbst aufzunehmen. Und wir müssen eine Begegnung haben mit einem Wesen aus der Hierarchie der Archangeloi, weil dieses Wesen dann mit uns etwas vornimmt, was dazu führt, daß der Lebensgeist einstmals entwickelt wird und so weiter.

Ob wir im christlichen Sinne dieses Wesen versetzen in die Hierarchie der Angeloi, oder ob wir mehr im antiken Sinne sprechen von dem, was die älteren Völker gemeint haben, wenn sie von dem Genius, von dem führenden Genius des Menschen sprachen, das ist im Grunde genommen ganz gleich. Wir wissen, wir leben in einer Zeit, wo es nicht vielen, sondern nur wenigen Menschen gestattet ist – aber diese Zeit wird bald anders werden –, hineinzuschauen in die geistige Welt, die Dinge und Wesenheiten der geistigen Welt zu schauen. Die Zeit ist vorbei, aber sie war da, wo man in einem viel umfänglicheren Sinne allgemein die Wesenheiten der geistigen Welt und auch die verschiedenen Entwickelungsvorgänge der geistigen Welt geschaut hat. Und in der Zeit, in der man gesprochen hat von dem Genius eines jeden Menschen, da hat man auch ein unmittelbar konkretes Anschauen von diesem Genius gehabt. Dieses konkrete Anschauen war in einer nicht so fern zurückliegenden Vergangenheit so stark noch, daß die Menschen es beschreiben konnten in aller Konkretheit, in aller Sachlichkeit; in einer Sachlichkeit, die die gegenwärtige Menschheit für Dichtung hält, die aber nicht als Dichtung gemeint ist. So schildert Plutarch[5] – und ich möchte die Stelle wörtlich mitteilen – das Verhältnis des Menschen zu seinem Genius in der folgenden Art [Siehe Hinweise]. Plutarch, der griechische Schriftsteller, sagt, daß außer dem in den irdischen Leib versenkten Teil der Seele ein anderer, reiner Teil derselben außerhalb, über dem Haupte des Menschen schwebend bleibt, als ein Stern sich darstellend, der mit Recht sein Dämon, sein Genius, genannt wird, welcher ihn leitet, und dem der Weise willig folgt. – Also so konkret schildert Plutarch das, was er nicht als eine Dichtung, sondern als eine konkrete äußere Wirklichkeit meint, daß er ausdrücklich darauf hinweist: Für das übrige ist der geistige Teil des Menschen gewissermaßen mit dem physischen Leibe zugleich zu schauen, so daß der geistige Teil den physischen in demselben Raume normalerweise ausfüllt; aber, was den Genius betrifft, den leitenden, führenden Geist des Menschen, der ist noch als etwas Besonderes außerhalb des Hauptes für jeden Menschen zu sehen. – Und Paracelsus,[6] einer der letzten, die ohne besondere Anleitung oder ohne besondere Veranlagung kräftige Kunde von diesen Dingen hatten, sagte aus sich heraus ungefähr das gleiche über diese Erscheinung. Und viele andere. Dieser Genius ist nichts anderes als das werdende Geistselbst, getragen allerdings von einem Wesen aus der Hierarchie der Angeloi.

Es ist sehr bedeutsam, sich ein wenig in diese Dinge zu vertiefen; denn mit dem Sichtbarwerden dieses Genius hat es seine besondere Bewandtnis, und die lernt man verstehen, wenn man unter anderem – es könnte auch von einem ganz anderen Gesichtspunkte zu der Sache geführt werden, aber nehmen wir den einen Gesichtspunkt – das Verhältnis der Menschen in ihrem gegenseitigen Verkehr untereinander auffaßt. Dieses Verhältnis der Menschen in ihrem gegenseitigen Verkehr untereinander, das lehrt uns etwas. Es lehrt uns etwas keineswegs Unbedeutsames im Hinblick auf die geistigen Glieder der menschlichen Wesenheit. Wenn zwei Menschen sich begegnen, und der Mensch nur imstande ist, mit seinem physisch-sinnlichen Auge diese Begegnung zu beobachten – nun, da merkt er, daß sie aufeinander loskommen, daß sie sich vielleicht begrüßen und dergleichen. Wenn der Mensch aber in der Lage ist, den Vorgang geistig zu beobachten, so findet er, daß mit jeder menschlichen Begegnung wirklich verknüpft ist ein geistiger Vorgang, der sich unter anderem darin äußert, daß der Teil des Ätherleibes, der den Kopf bildet, so lange als zwei Menschen nebeneinander stehen, ein Ausdruck wird für die auch feinste Sympathie und Antipathie, welche diese zwei Menschen, die zusammenkommen, einander entgegenbringen. Nehmen wir an, zwei Menschen begegnen einander, die einander nicht ausstehen können. Nehmen wir den extremen Fall, aber er kommt ja vor im Leben: Zwei Menschen begegnen einander, die sich nicht ausstehen können, und zwar sei dieses Gefühl der hervorragenden Antipathie gegenseitig. Da tritt das ein, daß der Teil des Ätherleibes, der den Kopf bildet, bei beiden Menschen sich aus dem Kopf herausneigt, und die Ätherleiber des Kopfes sich zusammenneigen. Gleichsam wie ein fortdauerndes Kopfneigen mit Bezug auf den ätherischen Menschen, so stellt sich die Antipathie heraus, wenn zwei Menschen sich begegnen, die sich eben nicht ausstehen können. – Wenn zwei Menschen zusammenkommen, die sich lieben, so merkt man einen ähnlichen Vorgang. Dann tritt nur der Ätherkopf zurück, beugt sich ab nach rückwärts. Und auf diese Weise entsteht in beiden Fällen – ob sich dann, wenn man sich nicht ausstehen kann, der Ätherleib gleichsam grußartig nach vorne neigt, oder ob er sich nach rückwärts neigt, wenn man sich liebt –, in beiden Fällen entsteht gewissermaßen das, daß durch das Herausneigen des Ätherleibes des Kopfes der physische Kopf freier wird, als er sonst ist. Es ist immer nur relativ; es geht der Ätherleib nicht ganz heraus, aber er verlagert sich und geht zurück, so daß man eine Fortsetzung erblickt. Aber dadurch füllt jetzt ein dünnerer Ätherleib das Haupt aus, als wenn man allein steht. Das hat zur Folge, daß durch diesen dünneren Ätherleib, der den Kopf ausfüllt, im Haupte der Astralleib, der dableibt, deutlicher sichtbar wird für das hellsichtige Anschauen. So daß nicht nur diese Bewegung des Ätherleibes eintritt, sondern daß tatsächlich mit dem Haupte des Menschen eine astralische Lichtveränderung vor sich geht. Darauf, wiederum nicht auf einer Dichtung, sondern auf einer tatsächlichen Wahrheit, beruht das, daß man, wo man von den Dingen etwas versteht, Menschen, die in der Lage sind, vieles selbstlos zu lieben, abbilden muß mit einer Kopfaura, was man einen Heiligenschein nennt. Denn wenn zwei Menschen einander einfach begegnen, wobei in der Liebe immer ein starker Einschlag von Egoismus ist, so ist die Erscheinung nicht so auffällig. Wenn aber ein Mensch der Menschheit sich gegenüberstellt in

Augenblicken, wo er es nicht mit sich und seiner persönlichen Beziehung zu einem anderen Menschen zu tun hat, sondern mit etwas allgemein Menschlichem, mit etwas, das mit allgemeiner Menschenliebe zusammenhängt, so treten auch die Dinge ein. Dann aber wird der Astralleib in der Hauptesgegend mächtig sichtbar. Und sind Leute da, die imstande sind, selbstlose Liebe an einem Menschen hellsichtig zu schauen, dann sehen sie den Heiligenschein und sind gedrängt, den Heiligenschein als eine Realität zu malen, oder wie man es eben dann macht. Diese Dinge hängen durchaus mit objektiven Tatsachen der geistigen Welt zusammen. Was da objektiv vorhanden ist, was als fortdauernde Wirklichkeit der Menschheitsentwickelung vorhanden ist, das ist aber noch mit etwas anderem verbunden.

Der Mensch muß wirklich von Zeit zu Zeit eine innigere Gemeinschaft mit seinem Geistselbst eingehen, mit dem Geistselbst, das nun auch in der astralischen Aura, die so sichtbar wird in dem, was ich Ihnen angedeutet habe, veranlagt, nicht entwickelt ist, die gleichsam von oben, von dem Zukünftigen überstrahlt wird, der Mensch muß mit seinem Geistselbst von Zeit zu Zeit zusammentreffen. Und wann geschieht dieses?

Da kommen wir auf die erste Begegnung, von der wir zu sprechen haben. Wann geschieht dies? Es geschieht einfach jedesmal ungefähr beim normalen Schlafe in der Mitte zwischen Einschlafen und Aufwachen. Bei den Menschen, die dem Naturleben näherstehen, bei den einfachen Landleuten, die mit der sinkenden Sonne schlafen gehen und entsprechend mit der aufgehenden Sonne aufstehen, fällt diese Mitte der Schlafenszeit auch wiederum mit der Mitte der Nacht mehr oder weniger zusammen. Bei dem Menschen, der sich herausreißt aus den Naturzusammenhängen, ist das weniger der Fall. Aber darauf beruht ja die menschliche Freiheit, daß dies möglich ist. Der Mensch der modernen Kultur kann sich sein Leben einrichten, wie er will; zwar nicht, ohne daß das von einem gewissen Einfluß ist auf dieses Leben, aber er kann es sich in gewissen Grenzen einrichten, wie er will. Dann kann er doch in der Mitte einer längeren Schlafenszeit das erleben, was man nennt ein innigeres Zusammensein mit dem Geistselbst, also mit den geistigen Qualitäten, aus denen das Geistselbst genommen sein wird, eine Begegnung mit dem Genius. Diese Begegnung mit dem Genius findet also beim Menschen, cum grano salis gesprochen, jede Nacht, das heißt jede Schlafenszeit, statt. Und dies ist wichtig für den Menschen. Denn was wir auch haben können an einem die Seele befriedigenden Gefühl über den Zusammenhang des Menschen mit der geistigen Welt, es beruht darauf, daß diese Begegnung während der Schlafenszeit mit dem Genius nachwirkt. Das Gefühl, das wir im wachen Zustand bekommen können von unserem Zusammenhang mit der geistigen Welt, ist eine Nachwirkung dieser Begegnung mit dem Genius. Das ist die erste Begegnung mit der höheren Welt, von der man als zunächst etwas Unbewußtem für die meisten Menschen heute sprechen kann, das aber immer bewußter und bewußter werden wird, je mehr die Menschen die Nachwirkung gewahr werden dadurch, daß sie ihr waches Bewußtseinsleben in den Empfindungen durch Aufnahme der Ideen und Vorstellungen der Geisteswissenschaft so verfeinern, daß die Seele eben nicht zu grob ist, um die Nachwirkung aufmerksam zu betrachten. Denn nur darauf kommt es an, daß die Seele fein genug ist, in ihrem inneren Leben intim genug ist, um diese Nachwirkungen zu betrachten. In irgendeiner Form kommt diese Begegnung mit dem Genius bei jedem Menschen oftmals zum Bewußtsein, nur ist die heutige materialistische Umgebung, das Erfülltsein mit den Begriffen, die aus der materialistischen Weltanschauung kommen, namentlich das von der materialistischen Gesinnung durchzogene Leben, nicht geeignet, die Seele aufmerksam sein zu lassen auf dasjenige, was durch diese Begegnung mit dem Genius hergestellt wird. Es wird einfach dadurch, daß die Menschen sich mit geistigeren Begriffen, als der Materialismus ihnen liefern kann, vertiefen, die Anschauung von dieser Begegnung mit dem Genius in jeder Nacht etwas mehr und mehr Selbstverständliches für den Menschen.

Eine höhere Begegnung ist die zweite, von der wir nun zu sprechen haben.

Sehen Sie, schon aus der Andeutung, die ich gegeben habe, können Sie entnehmen, daß diese erste Begegnung mit dem Genius zusammenhängt mit dem Tageslauf. Sie würde, wenn wir unser äußeres Leben ganz anpassen würden als mehr unfreie Menschen, als wie wir sie sind während der modernen Kultur, zusammenfallen mit der Mitternachtsstunde. In jeder Mitternachtsstunde würde der Mensch diese Begegnung mit dem Genius haben. Aber darauf beruht die Freiheit des Menschen, daß sich das verschiebt. Also das, wo das Ich sich mit dem Genius begegnet, das verschiebt sich. Dagegen kann sich viel weniger verschieben die zweite Begegnung. Denn dasjenige, was mehr an den astralischen Leib und Ätherleib gebunden ist, das verschiebt sich weniger gegenüber der makrokosmischen Ordnung. Was mit dem Ich und physischen Leib verbunden ist, das verschiebt sich für den heutigen Menschen sehr stark. Die zweite Begegnung ist daher schon mehr an die große makrokosmische Ordnung gebunden. Diese zweite Begegnung ist nun ebenso an den Jahreslauf gebunden, wie die erste an den Tageslauf gebunden ist. Und da muß ich aufmerksam machen auf manches, was ich ja über diese Sache schon von anderen Gesichtspunkten aus angedeutet habe.

Das Leben des Menschen in seiner Ganzheit verläuft tatsächlich nicht im ganzen Jahreslauf in gleichmäßiger Art, sondern der Mensch macht Veränderungen durch während des Jahreslaufes.

In der Sommerzeit, wenn die Sonne ihre höchste Wärmeentfaltung hat, da ist der Mensch viel mehr seinem physischen Leben anheimgegeben, und damit auch dem physischen Leben der Umgebung, als während der Winterzeit, wo der Mensch gewissermaßen kämpfen muß gegen die äußeren elementarischen Erscheinungen, wo er mehr auf sich angewiesen ist. Da reißt sich auch mehr sein Geistiges los – von sich und auch von der Erde –, und er ist mit der geistigen Welt, mit der ganzen geistigen Umgebung verbunden.

Daher ist die eigentümliche Empfindung, die wir mit dem Weihnachtsmysterium und dem Weihnachtsfest verbinden, keineswegs etwas Willkürliches, sondern sie hängt zusammen mit der Festsetzung des Weihnachtsfestes. In jenen Wintertagen, an denen das Fest angesetzt ist, da ist der Mensch in der Tat, wie die ganze Erde, dem Geiste hingegeben. Da durchlebt der Mensch gewissermaßen ein Reich, wo der Geist ihm nahesteht. Und die Folge davon ist eben das, daß um die Weihnachtszeit, so bis zu unserem heutigen Neujahr hin, der Mensch ebenso eine Begegnung seines Astralleibes mit dem Lebensgeist durchmacht, wie er für die erste Begegnung die Begegnung des Ich mit dem Geistselbst durchmacht. Und auf dieser Begegnung mit dem Lebensgeist beruht das Nahesein dem Christus Jesus. Denn durch den Lebensgeist offenbart sich der Christus Jesus. Er offenbart sich durch ein Wesen aus dem Reiche der Archangeloi. Selbstverständlich ist er ein unendlich viel höheres Wesen, aber nicht darauf kommt es jetzt an, sondern darauf, daß er sich offenbart durch ein Wesen aus dem Reiche der Archangeloi. So daß wir durch diese Begegnung für die heutige Entwickelung, für die Entwickelung seit dem Mysterium von Golgatha, eben dem Christus Jesus besonders nahestehen, und daß wir die Begegnung mit dem Lebensgeist in gewisser Beziehung auch die in den tiefen Untergründen der Seele vor sich gehende Begegnung mit dem Christus Jesus nennen können. Wenn nun der Mensch – sei es durch die Entwickelung des Geistesbewußtseins im Bereiche der religiösen

Vertiefung und der religiösen Übung, oder sei es, diese religiöse Übung und religiöse Empfindung ergänzend, auch noch durch Aufnahme von Vorstellungen der Geisteswissenschaft –, wenn nun der Mensch sein Empfindungsleben vertieft, vergeistigt auf die geschilderte Weise, dann wird er ebenso, wie er im wachen Leben die Nachwirkung der Begegnung mit dem Genius erleben kann, erleben die Nachwirkung der Begegnung mit dem Lebensgeist, beziehungsweise mit dem Christus. Und es ist tatsächlich so, daß in der Zeit, die nun auf die angedeutete Weihnachtszeit folgt, bis zur Osterzeit hin, die Verhältnisse ganz besonders günstig liegen, um sich zum Bewußtsein zu bringen die Begegnung des Menschen mit dem Christus Jesus.

In tiefsinniger Weise – und man sollte das nicht durch eine abstrakte materialistische Kultur heute verwischen – ist die Weihnachtszeit gebunden an Vorgänge der Erde, weil der Mensch mit der Erde die Weihnachtsveränderung der Erde durchmacht. Die Osterzeit ist bestimmt nach den Vorgängen am Himmel. Der Ostersonntag soll festgesetzt werden auf den ersten Sonntag, der folgt auf den ersten Vollmond nach der Frühlingstagundnachtgleiche-Zeit. Während also die Weihnachtszeit durch Verhältnisse der Erde festgesetzt ist, ist von oben herunter bestimmt die Festsetzung der Osterzeit. Denn ebenso wahr, wie wir durch all dasjenige, was wir geschildert haben, mit den Erdenverhältnissen zusammenhängen, ebenso wahr hängen wir zusammen durch dasjenige, was ich jetzt zu schildern habe, mit den Himmelsverhältnissen, mit den großen, kosmisch-geistigen Verhältnissen. Denn die Osterzeit, das ist diejenige Zeit im konkreten Jahresablauf, in der alles dasjenige, was durch die Begegnung mit dem Christus in der Weihnachtszeit in uns veranlaßt worden ist, wiederum sich mit unserem physischen Erdenmenschen so recht verbindet. Und das große Mysterium, das Karfreitagsmysterium, das dem Menschen das Mysterium von Golgatha zur Osterzeit vergegenwärtigt, hat neben allem anderen auch noch diese Bedeutung, daß der Christus, der gleichsam neben uns einherwandelt, in der Zeit, die ich beschrieben habe, sich nun uns am meisten nähert, gewissermaßen, grob gesprochen, in uns selber verschwindet, uns durchdringt, so daß er bei uns bleiben kann für die Zeit nach dem Mysterium von Golgatha, in der Zeit, die jetzt kommt als Sommerzeit, in der sich in alten Mysterien zu Johanni die Menschen mit dem Makrokosmos haben verbinden wollen auf eine andere Weise, als das nach dem Mysterium von Golgatha sein muß.

Sie sehen, wir sind in dieser Beziehung der Mikrokosmos, der eingegliedert ist in den Makrokosmos in einer tief bedeutsamen Weise. Und es ist jedesmal ein Zusammengehen mit dem Makrokosmos im Jahreslebenslauf da, das aber gebunden ist, weil es mehr innerlich ist im Menschen, an den Jahreslebenslauf. So versucht uns nach und nach die Geisteswissenschaft zu enthüllen, was der Mensch an Vorstellungen, an geisteswissenschaftlichen Vorstellungen sich aneignen kann über den seit dem Mysterium von Golgatha unser Erdenleben durchsetzenden und durchdringenden Christus.

Und ich glaube an dieser Stelle eine Einschaltung machen zu sollen, die wichtig ist und die gerade von den Freunden unserer Geisteswissenschaft recht gut verstanden werden sollte.

Man sollte nicht die Sache so darstellen, als ob geisteswissenschaftliche Bestrebungen ein Ersatz sein sollten für die religiöse Übung und das religiöse Leben. Geisteswissenschaft kann im höchsten Maße und insbesondere auch mit Bezug auf das Christus-Mysterium eine Stütze, eine Unterbauung des religiösen Lebens und der religiösen Übung sein; aber man sollte Geisteswissenschaft nicht geradezu zur Religion machen, sondern man sollte sich klar sein darüber, daß Religion in ihrem lebendigen Leben, in ihrem lebendigen Geübtwerden innerhalb der menschlichen Gemeinschaft das Geistbewußtsein der Seele entfacht. Soll dieses Geistbewußtsein im Menschen lebendig werden, so kann der Mensch nicht bei abstrakten Vorstellungen von Gott oder Christus stehen bleiben, sondern er muß immer erneut in der religiösen Übung, in der religiösen Betätigung, die ja für die verschiedenen Menschen die verschiedensten Formen annehmen kann, darinnenstehen als in etwas, wo ihn als ein religiöses Milieu umgibt, was als ein religiöses Milieu zu ihm spricht. Und ist dieses religiöse Milieu tief genug, findet dieses religiöse Milieu die Mittel, die Seele genügend anzuregen, so wird diese Seele schon Sehnsucht empfinden, gerade dann Sehnsucht empfinden auch zu jenen Vorstellungen hin, welche in der Geisteswissenschaft entwickelt werden. Ist in objektiver Beziehung Geisteswissenschaft ganz sicherlich eine Stütze der religiösen Erbauung, so ist in subjektiver Beziehung heute die Zeit gekommen, von der wir sagen müssen, daß ein recht religiös empfindender Mensch gerade durch das religiöse Empfinden hingetrieben wird, auch zu erkennen. Denn im religiösen Empfinden wird das Geistbewußtsein, in der Geisteswissenschaft die Geist-Erkenntnis, so wie in der Naturwissenschaft die Naturerkenntnis, errungen; und das Geistbewußtsein führt zu dem Drange, Geist-Erkenntnis sich zu erwerben. Subjektiv kann man sagen, daß gerade ein inniges religiöses Leben den heutigen Menschen zur Geisteswissenschaft treiben kann.

Eine dritte Begegnung ist diejenige, in welcher der Mensch herankommt, nahekommt dem ganz spät in der Zukunft zu entwickelnden eigentlichen Geistesmenschen, vermittelt durch ein Wesen der Hierarchie der Archai. Wir können sagen: Die Alten, und auch noch die Menschen der Gegenwart – nur daß die Menschen der Gegenwart meist, wenn sie von diesen Dingen sprechen, nicht mehr ein Bewußtsein von der tieferen Wahrheit der Sache haben –, sie empfanden und empfinden diese Begegnung als die Begegnung mit dem, was die Welt durchdringt, was wir kaum mehr unterscheiden können in uns selbst und in der Welt, sondern wo wir aufgehen mit unserem Selbst in der Welt als in einer Einheit. Und so wie man bei der zweiten Begegnung zugleich sprechen kann von einer Begegnung mit dem Christus Jesus, so kann man bei der dritten Begegnung sprechen von der Begegnung mit dem Vater-Prinzip, mit dem «Vater» als dem der Welt zugrunde Liegenden; mit dem, was man empfindet, wenn man richtig empfindet, als das, was in den Religionen mit dem «Vater» gemeint ist. Diese Begegnung, die ist nun wiederum so, daß sie unser intimes Verhältnis zum Makrokosmos, zum göttlich-geistigen Universum offenbart. Der tägliche Verlauf der universellen Vorgänge, der Weltenvorgänge, schließt ein für uns die Begegnung mit dem Genius. Der jährliche Verlauf schließt ein für uns die Begegnung mit dem Christus Jesus. Und der Verlauf des ganzen Menschenlebens, dieses Menschenlebens, das normalerweise eben als das Patriarchenleben von 70 Jahren bezeichnet werden kann, schließt sich zusammen mit der Begegnung mit dem Vater-Prinzip. Wir werden eine gewisse Zeit unseres physischen Erdenlebens, mit Recht durch die Erziehung heute vielfach unbewußt, aber doch eben darauf vorbereitet und erleben dann – zumeist für die Menschen zwischen dem 28. und 42. Jahre unbewußt, aber in den intimen Tiefen der Seele vollwertig – die Begegnung mit diesem Vater-Prinzip. Dann kann die Nachwirkung in das spätere Leben hineinragen, wenn wir feine Empfindungen genug entwickeln, um auf das zu achten, was so in unser Leben aus uns selber kommend als Nachwirkung der Begegnung mit dem Vater-Prinzip hereinspielt.

Eine gewisse Zeit unseres Lebens, wo wir vorbereitet werden, sollte daher die Erziehung dahin wirken – durch die mannigfaltigsten Mittel kann das geschehen –, dem Menschen recht tief möglich zu machen diese Begegnung mit dem Vater-Prinzip. Es kann dadurch geschehen, wenn der Mensch während seiner

Erziehungszeit angetrieben wird, so recht das Gefühl zu entwikkeln von der Herrlichkeit der Welt, der Größe der Welt, der Erhabenheit der Weltvorgänge. Wir entziehen dem heranwachsenden Menschen viel, wenn wir ihn zu wenig merken lassen, so daß es auf ihn übergeht, daß wir für all das, was sich offenbart an Schönheit und Größe in der Welt, die hingebungsvollste Ehrfurcht und Ehrerbietung haben. Und indem wir so recht den Gefühlszusammenhang des menschlichen Herzens mit der Schönheit, mit der Größe der Welt den heranwachsenden Menschen fühlen lassen, bereiten wir ihn vor für eine rechte Begegnung mit dem Vater-Prinzip. Denn diese Begegnung mit dem Vater-Prinzip bedeutet viel für das Leben, das zwischen dem Tode und einer neuen Geburt verläuft. Dieses Begegnen mit dem Vater-Prinzip, das in den angedeuteten Jahren normalerweise eintritt, bedeutet, daß der Mensch eine starke Kraft und Stütze hat, wenn er, wie wir wissen, zurückzuleben hat, nachdem er durch die Todespforte geschritten ist, im Rücklauf seelisch seinen Lebensgang, sein Erdenleben, indem er durch die Seelenwelt geht. Und stark und kräftig, wie es eigentlich der Mensch soll, kann er diese Rückwanderung – die, wie wir wissen, einen dritten Teil der Zeit bedeutet, die wir zubringen zwischen der Geburt und dem Tode – erleben, wenn er immer wieder schaut: Da, an dieser Stelle bist du begegnet demjenigen Wesen, das der Mensch stammelnd, ahnend ausdrückt, wenn er von dem Vater der Weltenordnung spricht. Das ist eine wichtige Vorstellung, die neben der Vorstellung des Todes selber der Mensch, nachdem er durch die Todespforte geschritten ist, immer haben soll.

Natürlich entsteht in Anbetracht dessen, was wir gerade besprochen haben, eine wichtige Frage. Es gibt Menschen, welche, bevor sie des Lebens Mitte, wo normalerweise die Begegnung mit dem Vater-Prinzip geschieht, durchlaufen haben, sterben. Wir müssen den Fall ins Auge fassen, daß der Mensch eben dann durch Veranlassung von außen, durch Krankheit – die ja auch eine Veranlassung von außen ist –, durch Schwäche stirbt. Wenn durch dieses frühe Sterben die Begegnung mit dem Vater-Prinzip in den tiefen unterbewußten Seelengründen noch nicht hat stattfinden können, dann findet sie in der Todesstunde statt. Mit dem Tode wird diese Begegnung zugleich erlebt. Und hier ist es, wo wir anders ausdrücken können etwas, was ja, eben wieder anders, im entsprechenden Zusammenhang schon ausgedrückt ist zum Beispiel in meiner *Theosophie*,[7] wo von der ja immer im höchsten Grade betrüblichen Erscheinung gesprochen ist, daß Menschen durch ihren eigenen Willen ihrem Leben ein Ende machen. Das würde keiner tun, der die Bedeutung einer solchen Tat einsieht. Und wenn einmal Geisteswissenschaft wirklich in die Empfindungen der Menschen übergegangen sein wird, wird es keinen Selbstmord mehr geben. Denn daß der Mensch in der Todesstunde, wenn dieser Tod vor der Lebensmitte eintritt, zugleich wahrnehmen kann das Vater-Prinzip, das hängt davon ab, daß eben der Tod von außen an ihn herankommt, nicht daß er ihn sich selbst gibt. Und die Schwierigkeit, die die Menschenseele hat, die von einem anderen Gesichtspunkt in meiner *Theosophie* geschildert wird, könnte nun von dem Gesichtspunkt, von dem wir heute sprechen, auch so geschildert werden, daß wir sagen könnten: Der Mensch entzieht sich durch den eigenwilligen Tod eventuell der Begegnung mit dem Vater-Prinzip in der entsprechenden Inkarnation.

Deshalb, weil sie so intim in das Leben eingreifen, sind die Wahrheiten, welche uns die Geisteswissenschaft über das Menschenleben selbst zu sagen hat, so unendlich ernst in besonders wichtigen Fällen. Sie klären uns in ernster Weise über das Leben auf, und dieses ernste Aufklären über das Leben, das braucht der Mensch in der Zeit, in der er sich wiederum wird herauswinden müssen aus dem Materialismus, der die heutige Weltordnung und Weltanschauung, insofern sie von Menschen abhängt, beherrscht. Es wird starker Kräfte bedürfen, um die starke Verbindung mit den bloß materiellen Mächten, die in der Gegenwart die Menschen ergriffen hat, zu überwinden, um dem Menschen wieder die Möglichkeit zu geben, aus der unmittelbaren Lebenserfahrung heraus seinen Zusammenhang mit der geistigen Welt zu erkennen.

Und wenn man in mehr abstrakter Weise von den Wesen der höheren Hierarchien spricht, so kann man in konkreterer Weise sprechen davon, daß der Mensch selber, in zunächst unbewußten, aber zum Bewußtsein zu bringenden Erlebnissen schon während seines Lebens zwischen Geburt und Tod aufsteigen, drei Stufen hinaufschreiten kann: durch die Begegnung mit dem Genius, durch die Begegnung mit dem Christus Jesus, durch die Begegnung mit dem Vater. Natürlich hängt sehr viel davon ab, daß wir möglichst viele zur Empfindung drängende Vorstellungen gewinnen, die unser Leben, unser inneres Seelenleben so verfeinern, daß wir nicht achtlos und unaufmerksam an diesen Dingen vorbeigehen, die einfach als Realität, wenn wir aufmerksam sind, in unser Leben hereinspielen. In dieser Beziehung wird insbesondere die Erziehung viel, viel, gerade in der nächsten Zeit zu tun haben.

Eine Vorstellung möchte ich noch erwähnen. Denken Sie, wie unendlich das Leben vertieft wird, wenn man zu dem allgemeinen Wissen über das Karma solche Einzelheiten hinzufügen kann wie diese, daß bei einem verhältnismäßig frühen Lebensende der Mensch im Tode die Begegnung mit dem Vater-Prinzip hat. Denn dann zeigt sich, daß eben im Karma des Menschen es notwendig gewesen ist, den frühen Tod herbeizuführen, damit eine abnorme Begegnung mit dem Vater-Prinzip stattfindet. Denn was findet denn eigentlich statt, wenn eine solche anormale Begegnung mit dem Vater-Prinzip stattfindet? Der Mensch wird ja dann von außen zerstört; sein physisches Wesen wird von außen untergraben. Auch bei einer Krankheit ist das in Wahrheit der Fall. Dann ist der Schauplatz, auf dem sich die Begegnung mit dem Vater-Prinzip abspielt, hier noch die physische Welt. Dadurch, daß diese äußere physische Erdenwelt den Menschen zerstört hat, dadurch offenbart sich an der Zerstörungsstätte selbst, im Rückblick natürlich später immer wieder sichtbar, die Begegnung mit dem Vater-Prinzip. Dadurch aber auch gewinnt der Mensch die Möglichkeit, durch sein ganzes Leben, das er durchschreitet, nachdem er durch die Pforte des Todes gegangen ist, festzuhalten den Gedanken an die Stätte hin, das heißt an die Erde, von Himmelshöhen herunter, wo die Begegnung mit dem Vater-Prinzip stattgefunden hat. Das aber bringt den Menschen dazu, von der geistigen Welt viel hereinzuwirken in die physische Erdenwelt.

Betrachten wir von diesem Gesichtspunkte einmal unsere heutige Zeit und versuchen wir, eine solch wichtige Empfindung, wie wir sie heute auch wieder in der Erwähnung der Begegnung mit dem Vater-Prinzip entwickelt haben, als Empfindung zu erleben, nicht bloß als abstrakte Vorstellung, versuchen wir mit dieser Empfindung auf die zahlreichen frühzeitigen Tode hinzublicken, dann müssen wir sagen: In ihnen liegt die Prädestination, die Vorbereitung dazu, daß in der kommenden Zeit viel gewirkt werden kann von der geistigen Welt herunter in die physische Erdenwelt. Und da haben Sie von einem anderen Gesichtspunkte dasjenige, was ich jetzt unter den Eindrücken der traurigen Ereignisse schon seit Jahren gesagt habe, daß diejenigen Menschen, die frühzeitig heute durch die Pforte des Todes gehen, ganz besondere Helfer werden sollen für die künftige Entwickelung der Menschheit, die starke Kräfte braucht, um sich aus dem Materialismus herauszuwinden. Aber das alles muß uns zum Bewußtsein gebracht werden; das alles soll ja nicht im Unbewußten oder Unterbewußten vor sich gehen. Und es ist deshalb schon notwendig, daß hier auf der Erde die Seelen sich dafür empfänglich machen – ich habe es schon einmal angedeutet –, sonst gehen die Kräfte, die entwickelt werden aus der geistigen Welt, nach anderen Seiten hin. Damit der Erde fruchtbar werden können diese Kräfte, die prädestiniert sind, die da sein können, dazu ist notwendig, daß auf der Erde Seelen sind, welche sich mit Erkenntnis der geistigen Welt durchdringen. Und immer mehr und mehr müssen Seelen sein, die sich mit der Erkenntnis der geistigen Welt durchdringen. Versuchen wir deshalb fruchtbar zu machen dasjenige, was ja schon einmal durch Worte gesagt werden muß, nämlich den Inhalt der Geisteswissenschaft. Und versuchen wir mit Hilfe der Sprache – ich habe das Wort im vorletzten Vortrage hier gebraucht –, die wir durch die Geisteswissenschaft lernen, wieder zu beleben solche alten Vorstellungen, die nicht umsonst hereinverwoben werden in unser gegenwärtiges Leben – versuchen wir zu beleben, was wir hören von so einem Plutarch: daß der Mensch, sonst eben als physischer Mensch, durchdrungen ist von dem geistigen Menschen, daß aber noch im besonderen normalerweise ein höheres Glied außerhalb des Hauptes zum Menschen dazugehört geistig, das seinen Genius darstellt, dem der Weise willig folgt. Versuchen wir zu, ich möchte sagen, Hilfsempfindungen zu kommen, um nicht in Unaufmerksamkeit diesen Erscheinungen des Lebens gegenüberzustehen.

Und zum Schlusse lassen Sie uns heute eine Hilfsvorstellung, eine Hilfsempfindung unserer Seele besonders nahegelegt sein: Es ist leider schwierig für viele Menschen heute in unserem modernen materialistischen Leben, etwas zu empfinden, das ja die traurige Prüfungszeit mildert, aber die nicht nur gemildert bleiben sollte – was ja kaum zu hoffen ist, wenn der Materialismus in der Stärke andauern sollte, in der er da ist, das sehr, sehr erhöht und mehr und mehr erhöht werden sollte –, es ist für viele Menschen in unserer materialistischen Zeit sehr, sehr schwierig, dasjenige zu empfinden, was ich nennen möchte: die Heiligkeit des Schlafes. Wenn erlebt wird, daß geradezu die in der Menschheit geltende Intelligenz allen Respektes entbehrt für die Heiligkeit des Schlafes, so ist das eine weittragende Kulturerscheinung. Solche Dinge sollen ja nicht getadelt werden, sie sollen auch nicht in dem Sinne hier aufgezählt werden, daß sie zu einer nun einmal nicht durchzuführenden Asketik führen. Wir müssen mit der Welt leben, aber wir müssen sehend mit der Welt leben. Denn nur dadurch reißen wir unsere Körperlichkeit ... [Lücke im Stenogramm]. Man denke nur, wieviele Menschen, die mit rein dem Materiellen Zugewendeten die Abendstunden verbringen, sich dann dem Schlafe übergeben, ohne die Empfindung zu entwickeln – sie wird ja nicht recht lebendig aus der materialistischen Gesinnung heraus –, ohne die Empfindung zu entwickeln: Der Schlaf vereinigt uns mit der geistigen Welt, der Schlaf schickt uns hinüber in die geistige Welt. – Und wenigstens sollten die Menschen nach und nach dasjenige entwickeln, was sie sich mit den Worten sagen können: Ich schlafe ein. Bis zum Aufwachen wird meine Seele in der geistigen Welt sein. Da wird sie der führenden Wesensmacht meines Erdenlebens begegnen, die in der geistigen Welt vorhanden ist, die mein Haupt umschwebt, da wird sie dem Genius begegnen. Und wenn ich aufwachen werde, werde ich die Begegnung mit dem Genius gehabt haben. Die Flügel meines Genius werden herangeschlagen haben an meine Seele.

Ob man eine solche Empfindung lebendig macht, wenn man an sein Verhältnis zum Schlafe denkt, oder ob man es nicht tut, davon hängt sehr, sehr viel ab in bezug auf die Überwindung des materialistischen Lebens. Diese Überwindung des materialistischen Lebens kann nur durch die Erregung intimer, aber auch der geistigen Welt entsprechender Empfindungen geschehen. Nur wenn wir recht rege machen solche Empfindungen, dann wird das Leben im Schlafe so intensiv sein, daß anderseits die

Berührung mit der geistigen Welt so stark ist, daß nach und nach auch unser waches Leben sich erkraften kann, und wir da nicht bloß die sinnliche Welt, sondern die geistige Welt um uns haben, die doch die wirkliche, die wahrhaft wirkliche Welt ist. Denn diese Welt, die wir gewöhnlich die wirkliche nennen, ist ja, wie ich selbst in dem letzten öffentlichen Vortrage ausgeführt habe,[8] nur ein Abbild der wirklichen Welt. Die wirkliche Welt ist die des Geistes. Und die kleine Gemeinde, die sich heute der anthroposophisch orientierten Geisteswissenschaft widmet, die wird die ernsten Symptome unserer Zeit, die schweren Leiden unserer Zeit dann unter dem besten Eindruck empfangen, wenn sie zu allem übrigen, mit dem der Mensch heute geprüft werden kann, noch das hinzutut, daß sie diese Zeit als eine Prüfung empfindet, ob man mit genügender Seelenstärke und mit wahrem Herzensmut, mit seinem ganzen Menschen vereinigen kann dasjenige, was wir aufnehmen müssen durch unseren Verstand, durch unsere Vernunft, als Geisteswissenschaft.

Mit diesen Worten wollte ich heute noch einmal bekräftigen, was ich schon öfter hier gesagt habe: Geisteswissenschaft findet erst ihre rechte Stelle im Menschenherzen, wenn sie nicht bloß Theorie, nicht bloß Wissen ist, sondern wenn sie – symbolisch gesprochen – wie das Herzblut der Seele unser ganzes Wesen so innig durchdringt und lebendig macht, wie unser physisches Blut unser leibliches Wesen innig durchdringen und lebendig machen muß.

Schicksalsgestaltung in Schlafen und Wachen

Bern, 6. April 1923

Lassen Sie uns heute etwas betrachten, das vielleicht in gewissem Sinne wiederum eine Ergänzung zu dem gestrigen öffentlichen Vortrage[9] bilden kann. Näher ins Auge fassen möchte ich heute die Art, wie sich der Mensch hineinstellt in jenen Teil der Weltenordnung, der zusammenhängt mit seinem eigenen Schicksal, mit demjenigen, was wir in unserem Kreise gewohnt worden sind, das Karma zu nennen. Wie findet eigentlich diese Schicksalsgestaltung beim Menschen statt? Da müssen wir, um diese Frage lebensfähig, nicht theoriefähig zu beantworten, etwas näher eingehen auf die Wesenheit des Menschen.

Man spricht von dem menschlichen Leben oftmals so, daß man sagt: Das Menschenleben zerfällt in diese beiden voneinander unterschiedenen Bewußtseinszustände, in das Wachen und in das Schlafen. Aber man faßt dabei das Schlafen eigentlich nur in dem Sinne auf, daß man sich die Vorstellung bildet: Im Schlafe ruht sich der Mensch eben aus. Die naturwissenschaftliche Anschauung nimmt ja überhaupt an, daß die Bewußtseinstätigkeit aufhört mit dem Einschlafen, dann wiederum beginnt, daß also auch in bezug auf den Organismus das Schlafen nichts weiter sei als ein Aussetzen der menschlichen Tätigkeit zur Ruhe. Aber der Schlaf ist nicht ein bloßes Ruhen, sondern man muß sich klar darüber sein, daß vom Einschlafen bis zum Aufwachen zunächst das, was wir den astralischen Leib nennen, und dann das Ich als wirklich Wesenhaftes außer dem physischen und ätherischen Leibe sind.

Nun kann der Mensch zwar auf der Entwickelungsstufe, auf

der er gegenwärtig im Erdenleben steht, kein unmittelbares Bewußtsein davon erringen, was eigentlich dieses Ich und was der astralische Leib zwischen dem Einschlafen und Aufwachen tun. Aber dasjenige, was die beiden da tun, das ist für das menschliche Leben zum mindesten von einer ebenso großen Bedeutung wie das tagwachende Leben. Daß das Ich und der astralische Leib kein Bewußtsein entwickeln können von all den komplizierten Verhältnissen, die mit ihnen vorgehen im Schlafe, das rührt nur davon her, daß im Erdenstadium, so wie es heute ist, dieses Ich und dieser astralische Leib keine Organe haben, um die Ereignisse, in die sie verstrickt sind, wahrzunehmen. Aber diese Ereignisse sind da. Und diese Ereignisse werden vom Einschlafen bis zum Aufwachen durchgemacht, und sie wirken herein in das Tagesleben, in das bewußte Leben des Menschen.

Wir werden uns am besten richtige Vorstellungen verschaffen über die Art und Weise, wie hereinwirken die Erlebnisse von Ich und astralischem Leib in das tagwachende Leben, wenn wir auf den Anfang des Menschenlebens sehen. Wir haben das bei andern Betrachtungen schon öfter getan. Da schläft sich gewissermaßen in der allerersten Lebenszeit der Mensch als ganz kleines Kind in das Erdenleben herein. Man darf da nicht nur von derjenigen Zeit sprechen, in der das Kind vollständig schläft, so daß es auch äußerlich sichtbar ist, daß es schläft, sondern man muß eigentlich von der ganzen Zeit sprechen, an die man sich mit dem gewöhnlichen Bewußtsein gar nicht zurückerinnern kann. Das Kind mag allerdings auch für diese Zeit für die äußerliche Beobachtung einen wachen Eindruck machen, aber dasjenige, was im Bewußtsein vor sich geht, bildet sich ja nicht so aus, daß es später erinnert wird. Und alles dasjenige, was von dem Kinde erlebt wird, ohne daß es sich später daran erinnert, all das können wir so bezeichnen, daß wir sagen: Wir verweisen dabei auf die Zeit, in welcher sich der Mensch in das Erdenleben hereinschläft.

Aber was entwickelt sich alles gerade aus diesem Schlafenszustande im Beginne des menschlichen Erdenlebens? Drei Dinge müssen wir ganz besonders ins Auge fassen, wenn wir verstehen wollen, wie das wirkt, was da der Mensch heruntergetragen hat aus seinem vorirdischen Dasein, was er in einer ihm selbst dunklen, schlafdunklen Art nun hineinverwebt in sein physisches Dasein; drei Dinge sind es, die der Mensch in einer andern Weise als die Tiere sich aneignen muß. Die Tiere eignen sich das entweder gar nicht an, oder sie bringen es schon mehr oder weniger mit auf die Welt.

Diese drei Dinge sind dasjenige, was wir gewöhnlich im Leben so bezeichnen, daß es sehr einseitig aufgefaßt wird. Nur ein kleiner Teil von dem Ganzen wird eigentlich aufgefaßt. Das erste ist das Gehenlernen. Der Mensch kommt als ein Wesen in die irdische Welt, das nicht gehen kann, das sich erst das Gehen aneignen muß. Das zweite, was sich der Mensch aneignen muß, ist das Sprechen, und das dritte ist das Denken. Wir können beim Kinde genau unterscheiden, wie manchmal das eine vor dem andern kommt, aber wenn man die Menschheit im allgemeinen nimmt, so kann man im ganzen sagen: Der Mensch lernt gehen, sprechen, denken – jedenfalls das Denken erst nach dem Sprechen. Erst aus dem Sprechen heraus entsteht allmählich die Fähigkeit, dasjenige, was in Worte gefaßt wird, auch in Gedanken festzuhalten. Und es dauert eigentlich ziemlich lange, bis man wirklich sagen kann: Das Kind denkt.

Aber gerade das Gehen wird als etwas sehr Einseitiges aufgefaßt. Das Gehen besteht ja nicht bloß darin, daß das Kind sich aufrichten lernt und sozusagen seine Beine in pendelnde Bewegung setzen kann, sondern es besteht darin, daß das Kind überhaupt sich aneignet, das Gleichgewicht, das menschliche Gleichgewicht in der Welt durchaus zu beherrschen, ich möchte sagen: daß man sich überall hinstellen kann, ohne daß man umfällt; daß man also seinen Leib hineinstellen kann in die Welt, seine Muskeln, seine Gliedmaßen so beherrschen lernt, daß der Schwerpunkt des Leibes, ob wir stehen, oder ob wir gehen, an die richtige Stelle fällt. Aber das ist noch immer einseitig aufgefaßt, denn Sie müssen bedenken, daß etwas außerordentlich Wichtiges sich dabei noch vollzieht: das ist die Differenzierung der Beine und der Arme.

Die Tiere gebrauchen ihre vier Gliedmaßen in gleichförmiger Weise – in der Regel wenigstens, wenn Abweichungen da sind, läßt sich das sehr gut erklären –, der Mensch differenziert. Er braucht zum Ins-Gleichgewicht-Stellen, er braucht zum Gehen seine Beine, während die Arme und die Hände gerade wunderbare Ausdrucksmittel für sein Seelisches und die Träger seiner Weltenarbeit werden. Gerade auch in dieser Differenzierung zwischen Füßen und Händen, Armen und Beinen liegt dasjenige, was hinzugehört zu dem, was man gewöhnlich mit dem Gehenlernen nur einseitig bezeichnet. Damit ist man dann zu dem gekommen, was uns innerhalb der physischen Welt dasjenige bezeugt, was sich der Mensch erst während des physischen Erdenlebens aneignet.

Das zweite, was er sich aneignet, indem er – wie beim Gehen und Stehen, beim Gleichgewichtsuchen, beim Differenzieren der Hände von den Füßen – probiert, nachahmend probiert, das zweite, was er sich dadurch aneignet, ist das Sprechen. Und wir können sagen: Das Sprechen ist nicht ganz ohne Zusammenhang mit dem Gehen, namentlich nicht mit dem Gebrauche der differenzierten Hand. Denn man weiß ja, wie das Sprechen mit einer ganz bestimmten Ausbildung eines Gehirnorgans, der linken Schläfenwindung zusammenhängt. Aber das ist nur bei denjenigen Menschen der Fall, welche vorzugsweise die wichtigsten Angelegenheiten des Lebens mit der rechten Hand erledigen. Linkshänder haben auf der andern Seite, der rechten Seite, ihr Sprachorgan gelegen. Daraus können wir schon sehen, wie mit dem Suchen nach Gleichgewicht dasjenige zusammenhängt, was sich im Sprechen ausdrückt.

Und aus dem Sprechen heraus entwickelt sich dann das Denken. Nur auf künstliche Weise kann derjenige, der stumm geboren ist, zum Denken gebracht werden. Aber für all diejenigen Menschen, die nicht stumm geboren werden, ist das Denken etwas, was sich aus dem Sprechen erst herausentwickelt.

Nun aber kann man diese Eigentümlichkeit des Menschen, die ich eben jetzt zusammengefaßt habe, eigentlich erst ganz übersehen, wenn man den Übergang des Menschen im späteren Leben aus dem Wachen in den Schlafzustand verfolgt. Da ist es ja so, daß physischer Leib und ätherischer Leib auf physische Weise im Bette ruhend sind, daß das Ich und der astralische Leib sich im wesentlichen getrennt haben von dem physischen und dem ätherischen Leib. Wenn wir aber nun mit den Mitteln der Geisteswissenschaft an diesen astralischen Leib des Menschen herantreten, wie er vom physischen und Ätherleib vom Einschlafen bis zum Aufwachen getrennt ist, dann finden wir, daß dieser astralische Leib wesentlich in sich die Kräfte enthält, die zusammenhängen mit dem Sprechenlernen des Menschen. Es ist außerordentlich interessant, das Einschlafen und Aufwachen des Menschen zu beobachten, wenn er als Kind sprechen lernt, und es ist sogar noch interessant bei irgend jemandem, der erst als Erwachsener sprechen lernt, zu beobachten, wie der astralische Leib gerade an dem Sprechenlernen außerordentlich stark beteiligt ist. Denn der astralische Leib trägt in der Zeit, in der der Mensch im Sprechenlernen darinnen ist, und auch später, wenn er sich im Tageslaufe des Sprechens bedient, mit sich das Geistig-Seelische, das in den Worten, das in der Sprache liegt, hinaus aus dem physischen und Ätherleibe.

Können Sie verfolgen, wie der Mensch spricht, wie er seine Worte formt, wie er seinen Worten den eigentümlichen Stimmklang gibt, können Sie verfolgen, wie er in seine Worte die Kraft der Überzeugung seiner Seele hineinlegt, wie er das Seelische, das er erlebt, in seine Worte hineinverlegt, dann können Sie auch weiter verfolgen, wie mit dem Einschlafen der astralische Leib dieses Geistig-Seelische aus dem physischen Leib und dem Ätherleib herausnimmt und im schlafenden Zustande gerade die Nachwirkung des Geistig-Seelischen der Sprache in der geistig-seelischen Welt wie ein Nachschwingen enthält. Sie können die Wortbildungen, die Lautnuancierungen, die Überzeugungskraft, die der Mensch in die Worte hineinzulegen vermag, auch an dem schlafenden astralischen Leibe verfolgen. Da ist natürlich nicht etwas von einer Schwingungskraft vorhanden, die sich der Luft mitteilt; dadurch kommt auch kein physischer Stimmklang der Sprache zustande. Aber dasjenige, was auf den Wellen der Worte als Geistig-Seelisches aus dem menschlichen Munde herauskommt und vom menschlichen Ohre gehört wird, was da auf dem Strom der Sprache sich seelisch vermittelt, das trägt als Seelisch-Geistiges der astralische Leib hinaus in die geistige Welt, wenn der Mensch schläft. Man sieht das nur deutlicher während das Kind oder auch der Erwachsene im Erlernen einer Sprache sich anstrengen, die Sprache sich erst aneignen; aber statt findet es das ganze Leben hindurch, daß dasjenige, was wir bei Tag sprechen, in bezug auf sein Geistig-Seelisches dann in der Nacht vom astralischen Leibe hinausgetragen wird in die geistige Welt. So daß wir sagen können: Namentlich die Gefühlsnuance des Gesprochenen wird durch den astralischen Leib aus dem Menschen hinausgetragen während der Nacht. Das ist eine Eigentümlichkeit des astralischen Leibes.

Aber jetzt beobachten wir, wie das Ich sich vom Einschlafen bis zum Aufwachen verhält. Das Ich ist ebenso zunächst, ich möchte sagen, rein natürlich an das Gliedmaßensystem gebunden. Wie der astralische Leib an die Brust gebunden ist und aus der Brust die Sprache kommt, in eben solcher Weise ist das Ich an alles dasjenige gebunden, was der Mensch mit seinen Gliedern ausführt, was der Mensch vom Aufwachen bis zum Einschlafen tut, indem er diesen oder jenen Gang macht, indem er dieses oder jenes mit seinen Armen und Händen vollzieht. So wie der astralische Leib in jedes Wort hineinfließt und das Seelische des Wortes sich herausnimmt während des Schlafens, so ist das Ich verbunden mit jeder Bewegung, die wir machen, indem wir in der Welt diesen oder jenen Ort aufsuchen im Wachzustande. Es ist das Ich verbunden mit jeder Handbewegung, mit jedem Ergreifen irgendeines Gegenstandes. Aber während man beim astralischen Leib, weil die Sprache etwas so Seelisches ist, das eigentliche Seelische weniger beachtet, weniger darauf aufmerksam wird, daß in der Sprache eben noch etwas ganz Besonderes seelisch in die Sprache hineinergossen wird, ist man schon bei dem Zusammenhang des Ich mit den Gliedmaßen geneigt, überhaupt nicht mehr darauf Rücksicht zu nehmen, daß damit etwas Seelisch-Geistiges verknüpft ist. Man faßt halt das Gehen, man faßt das Greifen mit den Händen auf wie etwas, ich möchte sagen, was rein in einer Art physischem Mechanismus geschieht, der der menschliche Organismus sein soll. Das ist aber nicht der Fall.

Dasjenige, was in jeder Fingerbewegung während des Tages liegt, was in jedem Schritte liegt, mit dem man einen Ort aufsucht, das enthält auch ein Geistig-Seelisches, so wie das Wort ein Geistig-Seelisches enthält. Und das, was da mit unseren Gliedmaßen verbunden ist, was verbunden ist mit unseren Bewegungen, das nimmt das Ich beim Einschlafen aus unserem physischen und Ätherleib hinaus in die geistige Welt, nur deutlich verbunden jetzt mit einem besonderen Geistig-Seelischen: damit nämlich, daß das Ich in jedem Augenblick zwischen dem Einschlafen und Aufwachen unbewußt zufrieden oder unzufrieden ist – Sie werden das gleich nachher besser verstehen, wenn ich es weiter erläutern werde –, zufrieden ist damit, wenn ich mich zwar deutlich, aber etwas trivial ausdrücken muß, ob die Beine sich nach diesem oder jenem Ort hinbewegt und etwas getan haben, ob die Arme dies oder jenes verrichtet haben. Nicht nur wird der Nachklang der Beinbewegungen und Armbewegungen hinausgenommen in das Schlafen, sondern es wird Zufriedenheit oder Unzufriedenheit hinausgenommen. Es haftet vom Einschlafen bis zum Aufwachen dem Erleben des Ich an. Eigentlich hättest du dahin nicht gehen sollen. Oder: Eigentlich war das recht gut, daß du dahin gegangen bist. Eigentlich war es gut, daß du dies oder jenes mit deinen Armen gemacht hast. Eigentlich war es schlecht, daß du dies oder jenes getan hast. – Das ist das Geistig-Seelische, das das Ich hinzusetzt zu dem, was es aus den Gliedmaßen des Menschen hinausnimmt in den schlafenden Zustand.

Und woher kommt es denn, daß dies so ist? Das kommt davon, daß der astralische Leib, indem er zwischen dem Einschlafen und Aufwachen in die geistige Welt versetzt wird, nach der Weltenordnung beim Menschen eigentlich dazu bestimmt ist, in innigen Kontakt zu kommen zwischen dem Einschlafen und Aufwachen mit denjenigen Wesenheiten, welche in meiner *Geheimwissenschaft im Umriß* geschildert sind als angehörig der Hierarchie der Archangeloi, der Erzengel. Denn mit dem, was wir da als den Nachklang der Sprache mit hinausnehmen in das Schlafen, fühlen sich diese Archangeloiwesen verwandt. Das ist dasjenige, was sie brauchen, das ist dasjenige, was sie erleben wollen.

Ich möchte sagen: Genau ebenso, wie wir Menschen im physischen Erdenleben darauf angewiesen sind, zu atmen, also Sauerstoff um uns haben, und daher den Sauerstoff als etwas Wohltätiges empfinden, so empfinden die Erzengel, die mit dem Inneren der Erde verbunden sind, es als ihr Bedürfnis, daß ihnen die Menschenseelen, wenn sie schlafen, entgegenbringen den Nachklang dessen, was in ihrer Sprache liegt. Das ist das Eigentümliche der menschlichen Sprache, daß sie Verwandtschaft hat durch die Vermittlung des Schlafzustandes mit der Hierarchie der Archangeloi, der Erzengel. Sie werden sich erinnern, wenn Sie sich ins Gedächtnis rufen, was ich verschiedentlich gesagt habe in früheren Zyklen:[10] daß eigentlich die Erzengel die Genien, die Leiter, die Führer der Volkssprachen sind. Das hängt damit zusammen. Die Erzengel sind deshalb die Führer der Volkssprachen, weil sie – es ist ja figürlich ausgesprochen, aber es ist so – geradezu einatmen dasjenige, was ihnen der Mensch aus der Sprache entgegenträgt, wenn er einschläft. Aber es ergibt sich sofort eine Unzulänglichkeit des Menschen, wenn der Mensch mit seiner Sprache in den schlafenden Zustand nicht das Rechte hinausbringt.

Das ist etwas, was man insbesondere innerhalb der Gegenwartskultur beobachten kann. Innerhalb dieser Gegenwartskultur ist eigentlich wenig von dem vorhanden, was man Idealismus nennt, und die menschlichen Worte haben allmählich bloß solche Bedeutungen angenommen, die sich auf äußerlich physisch-materielle Dinge beziehen. Die Bezeichnung von Idealen – was ja voraussetzt, daß man ans Geistige glaubt, denn das Ideal ist Geistiges –, die Bezeichnung von Idealen fällt immer mehr und mehr aus. Die Menschen entwickeln nicht im wachen Zustande den Schwung, den inneren Enthusiasmus für Idealismus. Dadurch reden sie eigentlich auch nur mehr über solche Dinge, die in der physischen Welt da sind. Worte nehmen immer mehr und mehr die Bezeichnung an für Dinge, die in der physischen Welt da sind.

Es ist ja so, daß in unserer Zeit mehr oder weniger selbst diejenigen Menschen, die sehr fanatisch manchmal an den Geist glauben wollen, doch den Geist gerade ablehnen. Da machen sie spiritistische Experimente, wobei sie den Geist sich manifestieren lassen, weil sie eigentlich an den Geist nur glauben wollen, wenn er materiell sein kann. Aber das ist ja kein Geist, der im materiellen Lichtschimmer und dergleichen erscheint. Spiritismus ist nämlich die äußerste Form des Materialismus. Man versucht den Geist abzuleugnen dadurch, daß man nur das als Geist gelten läßt, was in die Welt des Materiellen hereinkommt.

Also wir sind schon einmal in einem Zeitalter, wo die Worte sich nicht so aus der Seele herausringen, daß sie einen idealen Schwung annehmen. Und das wird immer weniger. Aber wenn dieser ideale Schwung nicht da ist, wenn, mit andern Worten, der Mensch im wachenden Zustande nicht in der Lage ist, außer von den physischen Dingen auch von seinen Idealen zu sprechen, gewissermaßen sich hinzuwenden an dasjenige, was eben dem Ideal angehört, was über die physische Welt hinausliegt, was dem Leben Ziele gibt, die über das physische Leben hinausliegen, wenn der Mensch nicht in seiner Tagessprache Worte entwickelt für Ideale, wenn nicht die Sprache selber in Idealismus ergossen ist – dann findet der Mensch nur außerordentlich schwierig während des schlafenden Zustandes jenen Zusammenhang mit dem Erzengelwesen, der ihm eigentlich notwendig ist, und dann kommt im schlafenden Zustande keine Ordnung hinein in dasjenige, was sich da abspielen soll zwischen der menschlichen Seele und der Hierarchie der Archangeloi. Wenn das der Fall ist, wenn der Mensch dem Materialismus verfallen ist, in seiner Sprache keinen Idealismus entwickelt, die Worte nach und nach so geworden sind, daß der Mensch nur mehr wenig spricht von Idealen, dann verfließt das irdische Leben so, daß der Mensch jede Nacht eigentlich, wenn ich mich so ausdrükken darf, den Anschluß versäumt an das Erzengelwesen. Dann wird es ihm schwer, mit der geistigen Welt so innig verbunden zu sein, daß er nun auch in genügender Weise das Leben nach dem Tode, vom Tode zu einer neuen Geburt, kräftig durchleben kann. Der Mensch schwächt sich dadurch, daß seine Sprache keinen Idealismus enthält, für das Leben zwischen dem Tode und einer neuen Geburt.

Zu wissen, wie es sich mit diesen Dingen verhält, ist eigentlich schon ein Lebenswissen. Derjenige, der weiß, was es für eine Bedeutung hat, wenn die Sprache keinen Idealismus enthält, der wird endlich die Kraft gewinnen, wiederum einzutreten dafür, daß in die menschliche Sprache auch Idealismus hineinkommt. Schon während des Erdenlebens kann man bemerken, daß derjenige nicht zu seiner rechten Kraft kommt, der aus dem Erzengelwesen nicht die nötige Kraft heraussaugen kann in diesem Zustand vom Einschlafen bis zum Aufwachen. Wir können geradezu sagen in bezug auf dasjenige, was die Sprache an uns als Menschen während des Schlafes tun soll: Um das in der rechten Weise als Ergebnis für das Leben zu bekommen, müssen wir uns wirklich bemühen, solchen Idealismus zu haben, daß in die Worte nicht bloß die Verständigung über das alltägliche Leben einfließt, sondern in die Worte auch Geistiges in Form des Idealismus einfließt.

Aber noch stärker tritt das hervor, wenn wir jetzt auf den schlafenden Zustand des Ich schauen. Das Ich nimmt mit hinaus in den schlafenden Zustand Zufriedenheit und Unzufriedenheit über dasjenige, was die Gliedmaßen getan haben. Geradeso wie der astralische Leib durch die Nachwirkung der Sprache an die Hierarchie der Erzengel herangetragen wird, so wird das Ich durch das, was es da als Nachklang der täglichen Verrichtungen durch Arme und Beine hinausbringt in den Schlafzustand, herangetragen an die Hierarchie der Urkräfte, der Archai, der Urbeginne. Aus diesen Urbeginnen kommt uns dann die Kraft, erstens den physischen Leib in der richtigen Weise zu durchdringen, so daß wir nicht nur das Gute wollen, sondern bis zu einem gewissen Grade auch imstande sind, die Triebe des physischen Leibes soweit zu beherrschen, daß wir kein Hindernis haben an unserem physischen Leib, um dasjenige zu tun, was wir in der Freiheit des Gedankens uns als Pflicht oder als Ziel vorsetzen. Wir sind frei im Gedanken. Aber die Kraft, die Freiheit im Leben anzuwenden, bekommen wir nur, wenn wir in den Schlaf hinaustragen den richtigen Zusammenhang mit den Urkräften, mit den Archai.

Aber wie können wir das? Der Idealismus bringt unseren astralischen Leib in richtiger Weise mit den Erzengelwesen in Zusammenhang. Was bringt unser Ich in der richtigen Weise mit den Urkräften in Zusammenhang? Wenn auch *wir* zunächst unbewußt in der Nacht bleiben – aber das Wesen aus der Hierarchie der Urkräfte hat ein völliges Bewußtsein von der Sache, nimmt dasjenige auf, was wir unbewußt haben, und entwickelt es zu einem ausgesprochenen Gedanken der Zufriedenheit oder Unzufriedenheit mit dem, was wir am Tage getan haben. Was aber bringt uns in einen richtigen Zusammenhang mit diesen Urkräften, in einen solchen Zusammenhang, wie wir ihn durch den Idealismus in der Sprache zu den Erzengeln bekommen?

Es gibt nichts anderes, um während des Schlafens in bezug auf sein Ich in den richtigen Zusammenhang mit den Urkräften zu kommen, als wirkliche, echte, wahre Menschenliebe, unbefangene Menschenliebe, allgemeine Menschenliebe, richtiges Interesse für jeden Mitmenschen, mit dem uns das Leben zusammenbringt, nicht Sympathie oder Antipathie, die nur aus irgend etwas herauskommen, das wir nicht überwinden wollen. Echte, wahre Menschenliebe während des Wachzustandes führt uns zwischen dem Einschlafen und Aufwachen in den Schoß der Urkräfte, der Archai, in der richtigen Weise hinein. Und da wird, während das Ich im Schoße der Archai ruht, das Karma, das Schicksal geformt. Da entsteht das Urteil: Ich bin unzufrieden mit demjenigen, was ich mit meinen Armen und Beinen getan habe. Und aus dem, was da als eine Zufriedenheit oder Unzufriedenheit sich ergibt, entsteht nun nicht bloß das, was gilt für die Zeit kurz nach dem

Tode, sondern für das nächste Erdenleben; es entsteht die Kraft zum richtigen Bilden des Schicksals, so daß auch wirklich die Dinge ausgeglichen werden, die wir in einem Erdenleben empfunden haben während des Schlafes, im Ich, im Zusammenhange mit den Urkräften.

Wenn Sie dies bedenken, so sehen Sie genau hinein in diesen merkwürdigen Zusammenhang des Ich und des Schicksals, des Karma. Während wir sozusagen dem astralischen Leibe ansehen, wie er, wenn der Mensch ein Idealist ist, die Sprache als eine Opfergabe den Erzengeln übergibt, so daß ihn dann die Erzengel in der richtigen Weise zwischen Tod und neuer Geburt leiten können, so sehen wir, wie das Ich an dem Schicksal webt. Da wird das Karma ausgearbeitet im Zusammenhange mit den Urkräften. Und die Urkräfte haben wiederum die Gewalt, dasjenige uns zu verleihen, was wir brauchen, um nicht nur die Zeit zwischen Tod und neuer Geburt durchzugehen, sondern beim nächsten Herabsteigen ins Irdische mit einer solchen Kraft anzukommen, daß wir, wenn wir ein kleines Kind sind, jetzt mit der Erbschaft vom vorhergehenden Erdenleben so oder so gehen lernen, Gleichgewicht finden lernen, Füße und Hände, Arme und Beine differenzieren lernen.

Es ist sehr merkwürdig, zu sehen, wie beim Kinde, wenn es vom Kriechen zum Gehen übergeht, wenn es zunächst Gleichgewicht erwirbt, in dieser Anstrengung die Art und Weise nachwirkt, wie im letzten Erdenleben das Ich durch allgemeine Menschenliebe in der richtigen Weise den Schlaf in Zusammenhang mit den Urkräften gebracht hat. Das drückt sich aus im Gehenlernen. Man kann dies bis in die Einzelheiten verfolgen. Man kann sehen, wenn ein Kind immer wieder umkippt, wie das davon herrührt, daß in einem früheren Leben das Kind starke menschenhassende Gefühle entwickelt hat. Da ist es nur herangekommen an die Urkräfte, da hat es nicht die richtige Verbindung mit ihnen gefunden, und gerade in dieses Gehenlernen hinein, in das fortwährende Umkippen, da hinein prägt sich die Wirkung aus. Derjenige, der sich einen richtigen Blick gerade dafür aneignen würde, der also zum Beispiel sich vornehmen würde: Ich will dadurch ein richtiger Erzieher werden, daß ich die Kinder im Gehenlernen richtig beobachte –, wer das durchführen könnte, der würde aus der Art und Weise, wie das Kind gehen lernt, wirklich Ungeheures von dem sehen, was man auch als Unterrichtender, als Erzieher karmisch auszugleichen hat, weil es aus dem vorhergehenden Erdenleben durch nicht genügende, oder genügende, aber falsch angebrachte Menschenliebe in dieses Leben hereingebracht worden ist.

Hier sehen Sie, wie die materialistische Ansicht beim Physischen bleibt. Die materialistische Ansicht beschreibt, wie der menschliche Organismus wie eine Maschine sich aufrichtet, gehen lernt und so weiter. Aber mit allem Physischen ist ein Geistiges verbunden, und derjenige, der den ganzen Vorgang überschaut, lernt erkennen, daß im Gehenlernen des Kindes hereinspielt das vorhergehende Erdenleben. Das heißt, Gehenlernen ist überhaupt die Art und Weise, wie der Mensch, wenn er ein neues Erdenleben antritt, seinen physischen Körper beherrschen lernt. Und für den, der die Sache vollständig überschaut, ist das Gehenlernen nicht erschöpft damit, daß man seine Beine aufrichten kann und den ganzen Körper aufrichten kann, sondern das geht so weit, daß es nun zu inneren Prozessen des Menschen kommt, auch dazu, wie der Mensch nun innerlich Herr wird über seine Drüsentätigkeit und so weiter. Denn wenn das Kind gehen gelernt hat, und schon vorher, kommt es nicht nur auf das Gehen an, sondern es kommt auch darauf an, daß es, sagen wir, wenn es einen phlegmatischeren oder cholerischeren Charakter hat oder ein Übermaß an den oder jenen Emotionen, dann seine Drüsentätigkeit beherrschen oder nicht beherrschen lernt. Das hängt wiederum mit dem zusammen, was während des Schlafes aus den vorhergehenden Erdenleben aus allgemeiner Menschenliebe oder nicht allgemeiner Menschenliebe sich als das Verhältnis zu den Urkräften herausgestellt hat.

Wenn man materialistisch denkt, so sagt man: Der Mensch ruht im Schlafe. – Aber er ruht nicht bloß. Wenn er den richtigen Idealismus während des Wachens entwickelt, so trägt er in den Schlaf hinein für den astralischen Leib die Möglichkeit, sich hinaufzuschwingen zu der Hierarchie der Archangeloi, also mit der geistigen Welt während des Schlafes so in Beziehung zu treten, daß in der richtigen Weise verlebt werden kann die Zeit vom Tode bis zu einer neuen Geburt. Natürlich tragen wir, wenn wir diese Zeit nicht richtig verleben, auch Schwächen davon in das Erdenleben hinein. Aber in der Art und Weise, wie sich der Mensch in ein richtiges Verhältnis zu den Urkräften, zu den Archai versetzt, davon hängt es dann ab, wie wir uns das nächste Leben zu zimmern verstehen. Man sieht also, daß allgemeine Menschenliebe geradezu eine schöpferische Kraft hat. Denn, wovon hängt es denn ab, daß irgend jemand stark und kräftig ist in einem Leben, um seinen physischen Leib in den Dienst der Seele zu stellen, beherrschen zu können seinen physischen Leib? Das hängt davon ab, ob er im vorhergehenden Leben Menschenliebe, etwas rein Seelisches entwickelt hat.

Sie erinnern sich, wie ich in früheren Vorträgen gesagt habe:[11] Das Seelische des einen Erdenlebens lebt sich in dem Physischen des nächsten Erdenlebens aus, das Geistige des einen Erdenlebens in dem Seelischen des nächsten Erdenlebens. – Aber so hängen die Dinge zusammen, die ich eben auseinandergesetzt habe.

Man kann nicht bloß so im allgemeinen behaupten, daß es so etwas wie ein Schicksal, wie ein Karma gibt. Man kann geradezu sagen: Man schaut, wie der Mensch an seinem Karma arbeitet. Er webt es während des Schlafes, aber er erntet dasjenige, was er zum Gewebe braucht, während des Wachens ein. Denn das, was er webt, sind die Fäden, die er wirken muß aus allgemeiner Menschenliebe; oder die Fäden, die fortwährend abreißen und ein schlechtes Karma für das nächste Leben bilden, das sind diejenigen, die aus Menschenhaß gewoben sind. Denn für das Karma kommen als schöpferische Kräfte vor allen Dingen Menschenliebe und Menschenhaß in Betracht.

Nun muß man diese Sache in der richtigen Weise ansehen. Es ist im Grunde genommen eine bequeme Karmaauffassung, wenn man sagt: Ich bin krank – nun, das ist mein Karma. Mich hat dieses Unglück getroffen – das ist mein Karma. – Ich will nicht sagen, daß es als Lebensweisheit besonders beruhigend ist, aber eine bequeme theoretische Auffassung ist es, in fatalistischer Weise alles auf das Karma zu schieben. Es ist aber durchaus nicht richtig so. Denn nehmen Sie an, Sie betrachten nicht dieses Erdenleben, sondern das drittnächste, so werden Sie in dem drittnächsten Erdenleben auf dieses jetzige zurückschauen können. Dann werden Sie sagen: Es ist mein Karma. – Aber dasjenige, was Ihr Karma ist, weist in dieses Erdenleben zurück; da ist es entstanden. Das heißt, es ist fortwährend entstehendes Karma da.

Wir müssen nicht alles in die Vergangenheit zurückschieben. Wir müssen uns klar sein, daß in der richtigen Weise zum Karma sich zu stellen dazu führt, daß man sich sagt: Eine Krankheit, die mich jetzt trifft, braucht gar nicht die Folge früherer seelischer Schwächen zu sein, sondern es kann eine Krankheit zuallererst auftreten. Aber Karma gilt doch. Trifft mich eine Krankheit, ein Unglück in diesem Erdenleben, es wird der Ausgleich kommen, oder dieses Unglück, diese Krankheit können der Ausgleich sein.

Das heißt, man muß immer auch mit der Zukunft rechnen, wenn man von Karma spricht. Das Verhältnis, das man zum Karma hat, ist das, daß man unerschütterlich wird in der Anerkennung der allgemeinen Weltengerechtigkeit, daß man also weiß:

Alles gleicht sich aus, aber nicht so, daß man einfach die Reihe der Erdenleben zerreißt durch das gegenwärtige und alles auf die Vergangenheit schiebt.

Derjenige stellt sich in einer lebensvollen Weise in den karmischen Verlauf der Lebensereignisse hinein, der da weiß: Ausgleich ist. Aber das Wesentliche bei der Karmaauffassung ist die Seelenstimmung, die aus dieser Auffassung kommt. Und die Seelenstimmung, die aus der Karmaauffassung kommen muß, das ist die, daß für den Fall, wo irgend etwas, sagen wir als Unglück, die Ausgleichung ist für eine frühere Seelenschwäche, wir darin den Anlaß finden, uns zu sagen: Hättest du jetzt dieses Unglück nicht erfahren, so hättest du die Schwäche fernerhin behalten. Wenn du in die Tiefen deiner Seele hineinsiehst, so mußt du sagen: Es ist recht, daß dieses Unglück über mich gekommen ist, denn dadurch ist eine Schwäche ausgelöscht, eine Schwäche hinweggenommen.

Wer ein solches Unglück, welches ein Ausgleich ist für eine vorherige Seelenschwäche oder Verfehlung, hinwegwünscht, stellt sich eigentlich nicht auf den Standpunkt vollständiger Menschenwürde. Er sagt gewissermaßen: Ach, mir ist es gleichgültig, ob ich schwach bleibe oder eine gewisse Stärke mir erringe! – Allein derjenige faßt ein Unglück in der richtigen Weise auf, der da sagt: Falls es für eine frühere Schwäche wäre, ist es gut, daß es mich getroffen hat. Denn ich werde diese Schwäche, die ich gehabt habe, die sich in einer Verfehlung vielleicht ausgedrückt hat, durch das Unglück fühlen. Dadurch lösche ich die Schwäche aus, ich werde wieder stark.

Und falls ein Unglück als erster Schritt im Karma kommt, so ist die richtige Stimmung dagegen diese, daß man sich sagt: Wenn den Menschen nur dasjenige treffen würde, was er sich wünscht, so würde er gerade durch einen Lebensverlauf, der so ist, recht schwach werden. Wir würden zwar unter Umständen in einem oder zwei Erdenleben bequem und wohl leben, weil immer nur dasjenige über uns kommt, was wir uns wünschen, aber im dritten, vierten Erdenleben würden wir überhaupt seelisch und geistig wie gelähmt sein, weil gar keine Anstrengung in uns entstehen würde, um Widerstände zu überwinden. Widerstände lassen sich ja nur überwinden, wenn das Unerwartete, das Unerwünschte kommt. Entwickelt man aber die rechte Kraft an den Widerständen, nimmt man genug Menschenliebe hinein in den Schlaf, dann gestaltet sich dasjenige, was von dem Ich im Zusammenhange mit den Urkräften, mit den Archai als Karma gewoben wird so, daß der richtige Ausgleich in dem nächsten Erdenleben stattfindet.

Alle anthroposophischen Wahrheiten müssen nicht bloß theoretische Wahrheiten sein, durch die man etwas erkennt, sondern sie sind alle so, daß sie in die Stimmung, in die Gemütsverfassung übergehen. Und derjenige, bei dem sie nicht in die Gemütsverfassung übergehen, der hat sie noch nicht vollständig erfaßt, der hat sie bloß als theoretische Wahrheiten erfaßt. Das richtige Verstehen des Karma, des Schicksals, führt eben dazu, daß der Mensch zwar, indem er dem Leben gegenübersteht, sogar feiner empfänglich wird für Glück und Unglück, als er sonst es ist – er erlebt stark Glück und Unglück –, aber er findet auch die Möglichkeit, in seiner Seele sich gewissermaßen der geistigen Welt gegenüber in jene Stimmung zu versetzen, die nun nicht aus einem Glaubensbekenntnis heraus, sondern aus der Anschauung desjenigen kommt, was Ich und astralischer Leib tun, während sie dem Tagesleben entzogen sind. Aus der Anerkenntnis dessen kommt er in die Stimmung hinein, unerläßlich festzuhalten an der Weltgerechtigkeit. Karma verstehen heißt, in der richtigen Weise die Weltgerechtigkeit anschauen. Es heißt nicht, phlegmatisch werden gegenüber Glück oder Unglück, gegenüber Freude und Schmerz, aber es heißt, Freude und

Schmerz, Glück und Unglück an die richtige Stelle des Lebens versetzen.

Nun können wir sagen: Wenn man den Menschen während des Tageslebens sieht, so sieht man ja eigentlich nur Ich und astralischen Leib, wie sie sich betätigen am physischen Leibe, und dann weiß man nur etwas von der Betätigung am physischen Leibe, nicht von dem Geistig-Seelischen im Ich und astralischen Leibe. Wenn ich mit einem Menschen spreche, achte ich auf die Worte, die er mir sagt, und bin ich dann Materialist, so erkläre ich mir das folgendermaßen: Lunge, Kehlkopf und so weiter arbeiten, dadurch wird die Luft in Schwingungen versetzt, die stoßen an mein Ohr an und so weiter. – Sehe ich aber die Sache recht an, so sehe ich vibrieren in dem, was als Worte sich bildet, was in der Sprache sich ausgestaltet, seinen astralischen Leib. Aber ich finde dann mit diesem astralischen Leibe verbunden des Menschen Verwandtschaft mit der göttlich-geistigen Welt. Ich sage mir: Ist der astralische Leib im physischen Leibe darinnen während des Tagwachens, dann verbirgt er sich in der Sprache und in ähnlichen Tätigkeiten. Während der Nacht nimmt er teil an dem Leben der höheren Hierarchien. Und in einer solchen Weise ist es auch der Fall mit dem Ich.

So dürfen wir sagen: Wenn der Mensch schläft, so ruht er sich nicht bloß für das tägliche Leben aus. Dann arbeitet er in der geistigen Welt, so wie er mit seinem physischen Leib arbeitet und spricht hier in der physischen Welt. Und so wie der Materialismus ableugnet, daß als reales Wesen Ich und astralischer Leib vorhanden sind während des Schlafens, so muß es auch der Materialismus belassen, daß er nicht die ganze Welt verstehen kann. Denn was ist für den Materialismus moralische Welt? Moralische Welt ist für ihn, was sich der Mensch vorsetzt in Gedanken, was aber mit den weltschöpferischen Kräften nichts zu tun hat. Für denjenigen, der wirklich, wahrhaftig hineinschaut ins menschliche

Leben, ist die moralische Weltenordnung dasjenige, in dem der Mensch schlafend ebenso stark lebt, wie er wachend in Luft und Licht lebt.

Da gibt es noch etwas, was wesentlich ist zu beachten. Wenn wir sterben, nehmen wir die Sprache heraus – dasselbe gilt dann auch für das Karma –, wir sterben, und wir waren das Leben hindurch in richtiger oder in mehr oder weniger mangelhafter Weise verbunden mit der Welt der Archangeloi. Das hat sich wiederholt in jedem Schlafe. Wir tragen durch die Pforte des Todes in die geistige Welt dasjenige hinaus, was uns die Erzengelwesen im Schlafe gegeben haben. Da können wir uns dann in der richtigen Weise in die geistige Welt hineinfinden, die der Logos ist, die aus den kosmischen Elementen besteht, die in den Worten der Sprache ihr Abbild haben, da können wir uns hineinfinden in die geistige Welt für das Leben zwischen dem Tod und einer neuen Geburt.

Aber so einfach ist dies nicht. Wenn wir durch den Tod gehen, haben wir keinen physischen Körper mehr. Da genügt das, was die Erzengel uns mitgegeben haben aus jedem Schlafzustand, um zu wirken, um es zu verwerten zwischen Tod und neuer Geburt. Wenn wir aber aufwachen als physische Erdenmenschen, müssen wir in den physischen Leib wiederum untertauchen. Das können uns die Erzengel gar nicht vermitteln. Da müssen noch höhere Hierarchien mitwirken: diejenigen Wesen, die ich in meiner *Geheimwissenschaft* bezeichnet habe als die Exusiai und als die Kyriotetes. Die müssen das, was wir zunächst im Verein mit den Erzengeln durch die Geistigkeit der Sprache uns errungen haben, in die Triebe und Begierden des physischen Leibes, der uns sonst Widerstand leistet, hineinbringen. Da flammt es dann auf als Gewissensstimme. Aber indem das, was wir aus dem Schlaf in den Leib hineintragen, als Gewissensstimme aufflammt, wirkt in dieser Gewissensstimme dasjenige, was in der Hierarchie der

Exusiai und der Kyriotetes, als einer höheren Hierarchie als der der Erzengel, gegeben ist.

Wenn wir also in der physischen Welt herumschauen und finden, daß der eine oder der andere Mensch das Gewissen so stark entwickelt, daß sein physischer Leib bessere Triebe, bessere Instinkte bekommt, dann haben infolge des Idealismus seiner Sprache Kyriotetes und Exusiai in der richtigen Weise an ihm gewirkt.

Und wiederum, wenn der Mensch durch allgemeine Menschenliebe in den richtigen Zusammenhang kommt mit den Archai, mit den Urkräften, so arbeitet er sich sein Karma in einer solchen Weise aus, wie es eben in dem nächsten Erdenleben im Gehenlernen, im Gleichgewichtlernen, im Geschicklichwerden der Arme, im Beherrschen des Drüsensystems und so weiter in der allerersten Kindheitszeit, wenn wir uns in das Erdenleben hereinschlafen, sich in den Körper hineinfügt. Denn wir haben uns das erworben, daß wir sozusagen im Verein mit den Urkräften, mit den Archai zwischen Tod und neuer Geburt arbeiten können. Aber damit der Mensch hier auf Erden in einer richtigen Weise eine feine Empfindung, ein scharfes Bewußtsein bekommt für seine eigenen Taten, dazu ist notwendig, daß diejenige Hierarchie, die ich Ihnen in der *Geheimwissenschaft* bezeichnet habe als die Dynamis, im Zusammenhang wirkt mit den Archai, also wiederum Wesenheiten einer höheren Hierarchie.

Wenn dem Menschen nun allgemeine Menschenliebe fehlt, richtiges Interesse an seiner menschlichen Umgebung fehlt, so findet er nicht den richtigen Anschluß an die Archai. Dadurch verdirbt er sich die Möglichkeit, sich sein Karma für das nächste Erdenleben in der richtigen Weise zu weben, und es müssen weitere Erdenleben kommen, durch die er das ausgleicht. Aber für dieses Erdenleben hat er noch das im Nachteil, daß er immer weniger und weniger die Kraft bekommt, die Urteile, die gebildet werden, Zufriedenheit oder Unzufriedenheit mit dem, was Beine und Hände tun, hinauszutragen in den physischen Leib. Denn das können wir nicht selber, da müssen wir durch verstärkte Menschenliebe in der richtigen Weise mit den Dynamis zusammenkommen. Die tragen dann in der richtigen Weise in unseren physischen Leib die Kraft herein, die das Richtige ausführt. Sonst klappen wir zusammen, trotzdem wir das Richtige einsehen.

Frei werden können wir in Gedanken. Daß wir aber auch die Freiheit in der richtigen Weise im physischen Leben gebrauchen können, dazu müssen wir das richtige Gleichgewicht im Wachen und Schlafen herstellen, weil wir in der richtigen Weise nicht nur mit den Urkräften, sondern auch mit den Dynamis zusammenkommen müssen.

Die höchste Hierarchie, Seraphim, Cherubim, Throne, sie wollen das, was wir tun, hinaustragen in die Welt. Exusiai, Dynamis, Kyriotetes tragen aus dem Schlaf als moralische Kraft dasjenige, was wir in Gedanken erfassen, herein in unser körperliches Wesen. Die Seraphim, Cherubim und Throne tragen das wiederum hinaus in die Welt, so daß unsere eigenen moralischen Kräfte weltschöpferische Kräfte werden.

Wenn also die Erde einmal in den Jupiterzustand übergehen wird und unsere moralischen Kräfte bei dieser Umwandlung ihre richtigen Funktionen ausführen, haben die Seraphim, Cherubim und Throne natürlich damit nur etwas zu tun, wenn wir ihnen die nötigen Unterlagen dafür geben. Übergeben wir ihnen dadurch, daß wir immer schwächer und schwächer werden, Zerstörungskräfte, dann arbeiten wir mit an der Zerstörung der Erde, nicht an dem Aufbau des Jupiter.

Sie sehen, die Gliederung der geistigen Welt ist in der Anthroposophie wahrhaftig nicht bloß dazu da, daß man für einzelne Stufen Namen hat, sondern man kann nach und nach wirklich eingehen in den ganzen Zusammenhang der Welt, kann den

Zusammenhang des Menschen mit der geistigen Welt so überschauen, wie man sonst den Zusammenhang des Menschen mit der physischen Welt überschaut. Und das ist dasjenige, was den Menschen wiederum die rechte Kraft geben wird zu einem aufbauenden Leben, wenn sie in dieser Weise den Weg finden, um ihren Zusammenhang mit der geistigen Welt einzusehen, wenn sie nicht bloß glauben, der Schlaf sei da, um zu ruhen, sondern die Überzeugung gewinnen: Der Schlaf ist da, um mit der geistigen Welt unter den Nachwirkungen des physischen Lebens in den richtigen Zusammenhang zu kommen.

Ja, es ist schon richtig, die geistig-moralische Welt kann der Mensch leugnen, weil er sie zunächst in diesem Erdenstadium verschläft. Aber es muß durch eine wirkliche Wissenschaft herauskommen, was der Mensch da verschläft. Er verschläft nämlich dasjenige, was sich in das Erdenleben herein als himmlisches Dasein erstreckt. Dazu hat der Mensch den Schlaf, daß er tatsächlich aus der geistigen Welt sich die entsprechende Kraft herausholen kann gerade für sein physisches Leben.

Betrachten Sie jetzt von diesem Gesichtspunkte aus den Zusammenhang desjenigen, was ich versuchte, Ihnen heute skizzenhaft darzulegen, mit meiner *Philosophie der Freiheit.* Da werden Sie finden: Ich habe ausdrücklich betont, es käme nicht darauf an, daß man die Theorie aufstellt, der Wille solle frei sein, sondern der Gedanke soll frei sein. Der Gedanke muß gerade den Willen beherrschen, wenn man ein freier Mensch sein will. Aber damit der Wille dem freien Gedanken nicht einen unmöglichen Widerstand bietet, muß der Mensch sein Leben in entsprechender Weise einrichten. Den Gedanken können wir frei machen als Mensch, der wir geworden sind in der physischen Welt. Das Gemüt und den Willen bekommen wir bloß frei, wenn wir für das Gemüt in das richtige Verhältnis zu den Erzengeln, wenn wir für den Willen in das richtige Verhältnis zu den Archai kommen.

Daher ist es aber auch so: Dasjenige, was in der Sprache lebt, lassen wir mit dem Geistig-Seelischen hinausgehen in der Nacht. Dasjenige, was in unseren Gliedmaßen lebt, lassen wir auch hinausgehen. Astralischer Leib und Ich gehen hinaus. Der ätherische Leib bleibt beim physischen Leib. Das Denken, das an den ätherischen Leib gebunden ist, das setzt sich fort im ätherischen Leib. Nur wissen wir im gewöhnlichen Bewußtsein nichts davon, wie der ätherische Leib vom Einschlafen bis zum Aufwachen denkt, weil wir draußen sind. Es ist gar nicht wahr, daß wir in dem schlafenden Zustand nicht denken, wir denken vom Einschlafen bis zum Aufwachen. Die Gedanken laufen fortwährend ab in unserem Ätherleib, nur weiß der Mensch nichts davon. Er fängt erst wiederum an etwas zu wissen, wenn er untertaucht; da werden die Gedanken wieder lebendig für sein Bewußtsein. Deshalb, weil die Gedanken mit dem physischen Erdenleben durch den Ätherleib so verbunden sind, ist es, daß der Mensch in Gedanken frei sein kann. Denn auf die Erde ist er versetzt, um frei zu werden. Die Kraft der Freiheit kann er sich nur aus der geistigen Welt holen, die Kraft zur Freiheit im Gemüte, die Kraft zur Freiheit im Willen.

Das ist der Zusammenhang mit der Tatsache, daß der Mensch seine eigentliche Denkgrundlage, den Ätherleib, durch das ganze Erdenleben hindurch behält. Der Ätherleib geht während des Erdenlebens nicht hinaus in eine kosmische Welt. Der astralische Leib und das Ich gehen hinaus. Erst wenn der Tod eintritt, geht auch der Ätherleib hinaus. Da kommt dann die Rückschau auf das Leben durch ein, zwei, drei Tage, wo der Mensch sein ganzes Leben überschaut, so ähnlich, wie ich das gestern für die Imagination, die erste Stufe des übersinnlichen Erkennens, beschrieben habe.[12] Es tritt das nach dem Tode unter allen Umständen ein, daß der Mensch also zurücksieht auf sein verflossenes Erdenleben. Aber während das ganze Meer der Gedanken, die er schlafend und wachend zwischen der Geburt und dem Tode durchgemacht hat, da ist, während diese in den ersten drei Tagen nach dem Tode daliegen wie ein Meer von ineinanderwebenden Gedanken, nimmt der Kosmos diese Gedanken sogleich danach in Anspruch. Sie lösen sich auf, und nach zwei bis drei Tagen ist die ganze Rückschau in den Kosmos verflogen. Wir sagen, der Ätherleib hat sich auch getrennt. In Wahrheit hat der Kosmos den Ätherleib aufgenommen, aufgesogen. Er hat sich immer mehr und mehr vergrößert, bis er endlich ganz in den Kosmos aufgegangen ist. Da werden wir dann wiederum als Ich und Astralisches aufgenommen in den Schoß der höheren Hierarchien. Und erst, wenn wir wiederum einen Ätherleib bekommen, können wir zum Erdenleben heruntersteigen, können wir die Arbeit an uns zum freien Menschen fortsetzen. Denn das Erdenleben hat als Ziel, den Menschen zum freien Menschen zu machen. Das kann ihm auf Erden geschenkt werden, was im reinen Denken als Grundlage zur Freiheit liegt. Deshalb bleibt aber auch der Ätherleib durch das ganze Erdenleben mit dem physischen Leibe verbunden, das heißt, löst sich mit dem Tode auf in Welten, wo die Freiheit nicht erlernt wird. Die wird während des Erdenlebens erlernt; Sie wissen ja, auch nur während gewisser Epochen des Erdenlebens.

So können wir einsehen, daß die Freiheit durchaus in richtiger Verbindung mit dem Karma steht, denn die Freiheit hat zu tun mit dem, was im Bette liegen bleibt, was mit uns auch während des Schlafes verbunden ist, was sich nicht trennt von uns. Das Karma wird gewoben von dem Ich zwischen Einschlafen und Aufwachen. Das Karma wird gewoben abseits von dem im Menschen, worin die Freiheit liegt. Das Karma webt auch nicht an den freien oder unfreien Gedanken, das Karma webt an Gemüt und Willen. Da kommt aus den Tiefen der Menschennatur heraus, aus dem träumenden Gemüt und dem schlafenden Willen, das Karma herauf. In dieses können wir hineingießen, das heißt, dem entgegenstellen dasjenige, was in der Freiheit der Gedanken, im reinen Denken, in den ethischen, moralischen Impulsen lebt, wie ich sie beschrieben habe in der *Philosophie der Freiheit;* diese müssen im reinen Denken liegen.

So schließt sich wirklich alles zusammen. Und das wäre so notwendig, daß man immer mehr und mehr darauf aufmerksam würde, wie, je weiter man in der Anthroposophie vorrückt, desto mehr sich alle Einzelheiten zusammenschließen. Natürlich, wenn jemand herankommt an irgend etwas, was dieses oder jenes Gebiet darstellt, kann er Widerspruch über Widerspruch finden. Das ist gar nicht anders möglich, weil man, um einzusehen, daß es so ist, wie es auf einem einzelnen Gebiete dargestellt wird, doch eben das eine Gebiet im Zusammenhange mit dem Ganzen betrachten muß. Sonst urteilt man so wie einer, der über einen einzelnen Planeten urteilt und nicht begreifen kann, warum sich der so oder so bewegt: man muß das ganze Planetensystem beachten. Und so muß man auch, will man etwas wissen über Welt und Leben, den Zusammenhang, die physischen, seelischen und geistigen Tatsachen und die Einzelheiten der Tatsachenwelten versuchen zu überschauen.

Das wollte ich Ihnen heute, wo sich die Möglichkeit gegeben hat, daß wir auch wieder im Zweige zusammensein konnten, auseinandersetzen. Ich wollte damit etwas beitragen dazu, daß Sie die Stimmung empfinden, die der Mensch dem Karma, das heißt der Weltgerechtigkeit gegenüber entwickeln kann, wenn er in der richtigen Weise sich einlebt in die Anthroposophie. Denn auf die Empfindungen kommt es an, die wir ins Leben hinübertragen, nicht auf das bloße Einsehen des Theoretischen. Möge es Ihnen wirklich immer mehr und mehr gelingen, dasjenige, was Ihnen die Anthroposophie gibt, nicht bloß zum Gedankeninhalt, sondern zum Seeleninhalt, oder, wie man richtig sagt, zum Herzensinhalt zu machen. Und je mehr es gelingt, daß Anthroposophie Herzensinhalt derjenigen ist, die sie verstehen wollen, desto mehr wird es auch gelingen, Anthroposophie immer mehr in das allgemeine Kultur- und Geistesleben einzuführen. Und das brauchen wir gar sehr, sonst wird die Menschheit mit den alten Traditionen, mit den alten Dingen nicht vorwärtskommen können. Versuchen Sie, immer mehr und mehr den Weg der Anthroposophie vom Kopf zum Herzen zu finden. In Ihren Herzen wird Anthroposophie gut geborgen sein.

Das Verhältnis des Menschen zu seinem Engelwesen und zu den höheren Hierarchien

Kristiania (Oslo), 27. November 1921

Wir haben gesehen, wie wir den Menschen in Gemäßheit der anthroposophischen Erkenntnisse hineinstellen müssen seiner Wesenheit nach in das ganze Universum, und wir haben zunächst betrachtet des Menschen Form, des Menschen Gestaltung. Wir mußten diese Gestaltung des Menschen zurückführen auf den Fixsternhimmel beziehungsweise auf die Repräsentation dieses Fixsternhimmels, auf den Tierkreis. Wir haben gesehen, wie gewisse Kräfte von jenen Sternzusammenhängen ausgehen, wenn sie mit den Sonnenkräften in Verbindung treten, und wie dasjenige, was die Form des menschlichen Hauptes und der damit zusammenhängenden Organe bildet, zusammenhängt mit den oberen Tierkreisbildern, Widder, Stier, Zwillinge, Krebs; wie dann dasjenige, was des Menschen Brustorganisation ausmacht, zusammenhängt mit den mittleren Sternbildern, Löwe, Jungfrau, Waage, Skorpion, und wie endlich dasjenige, was zum menschlichen Stoffwechsel und den Gliedmaßen führt, zusammenhängt mit den unteren Sternbildern, mit deren Wirksamkeit, wenn sie gewissermaßen von der Erde bedeckt sind, mit den Sternbildern des Schützen, des Steinbockes, des Wassermannes und der Fische. So daß wir sagen können: Der Fixsternhimmel – denn die Sternbilder sollen nur die Repräsentanten der Fixsternwirkungen auf den Menschen sein –, der Fixsternhimmel wirkt auf die menschliche Gestaltung, auf die menschliche Form.

Die Planetensphäre, sie wirkt auf die menschlichen Lebensstufen. Und zwar müssen wir uns klar darüber sein, daß der Mensch in sich verschiedenartiges Leben hat. Wir würden nicht denken können, unser Haupt würde kein Denkorgan sein, wenn wir in unserem Haupte ein so starkes Leben hätten, wie wir es zum Beispiel in unseren Stoffwechselorganen haben. Wenn der Stoffwechsel im Haupte, im Kopfe zu stark wird, dann erlischt unser Bewußtsein, unsere Besonnenheit. Daraus können Sie schon äußerlich schließen, daß zum Bewußtsein, zum Vorstellen ein abgedämpftes, ein abgelähmtes Leben, ein ersterbendes Leben nötig ist, während das aufwärtssteigende Leben, das wuchtige, das intensive Leben, notwendig ist zu demjenigen, was in uns mehr aus dem Unbewußten heraus wirkt, zum Wollen.

Wir haben also unter unseren Lebensstufen solche, die mehr ersterbende, sich ertötende Lebensstufen sind, und solche, welche richtige Lebensstufen sind, so wie das starke, intensive organische Leben etwa beim Kinde auftritt, wo das Denken noch nicht da ist. Wir haben dieses kindliche Leben fortwährend in uns, aber es setzt sich in dieses kindliche Leben das allmählich ersterbende Leben hinein.

Diese verschiedenen Lebensstufen sind abhängig von der Planetensphäre. Während der Fixsternhimmel durch seine physischen Kräfte auf den Menschen wirkt, wirkt die Planetensphäre durch dasjenige, was sie an ätherischen Kräften in sich hat. Also in feinerer Weise wirkt die Planetensphäre auf den Menschen. Aber es ist schon so, daß der menschliche physische Leib seine Form, seine Gestalt von dem Fixsternhimmel hat, nicht von etwas Irdischem, und seine Lebensstufen von der Planetensphäre.

Wir haben damit betrachtet von dem physischen Leib des Menschen die Gestalt, von dem ätherischen Leib des Menschen die Lebensstufen. Wir können nun vorschreiten zum seelischen und zum geistigen Leben des Menschen. Da müssen wir aber eine andere Betrachtungsweise anstellen. Dasjenige, was uns unser physischer Leib und unser ätherischer Leib im wachen Tagesleben vermitteln, was ist denn das? Das ist dasjenige, was wir durch die Sinne wahrnehmen und was wir durch unser Denken verarbeiten können. Nur in dem, was unsere Sinne wahrnehmen und was wir durch unser Denken verarbeiten können, sind wir wirklich wach.

Betrachten Sie dagegen das Fühlen. Sie werden sich aus einer schon oberflächlichen Betrachtung sagen können, daß das Fühlen nicht in demselben Grade ein Wachsein bedeutet wie das Denken und das sinnliche Wahrnehmen. Wenn wir des Morgens aufwachen und die äußeren Farben, die Töne an uns herantreten, wenn wir bewußt in die Wärmeverhältnisse versetzt werden, so tritt unser voller, wacher Zustand auf und wir verarbeiten dann dasjenige, was uns unsere Sinne liefern, durch unser Denken. Wenn aber die Gefühle aus der Seele heraustauchen, so können wir nicht sagen, daß wir in demselben Grade in den Gefühlen besonnen, bewußt sind. Die Gefühle schließen sich an die Sinneswahrnehmungen an. Die eine Sinneswahrnehmung gefällt uns, die andere mißfällt uns. Die Gefühle schließen sich auch an unser Denken an. Aber wer das, was wir im Traum erleben an Bildern, vergleicht mit dem, was wir in den Gefühlen erleben, der wird die Verwandtschaft des Träumens mit dem Fühlen sehr wohl merken.

Träume müssen erst vom wachen Gedankenleben erfaßt werden, damit wir sie in der richtigen Weise bewerten und in der richtigen Weise verstehen können. Aber Gefühle müssen auch erst von unserem Denkleben beobachtet werden gewissermaßen, wenn wir sie in der richtigen Weise mit uns verbinden wollen. In unserem Fühlen träumen wir eigentlich. Wenn wir träumen, träumen wir in Bildern. Wenn wir wach sind, träumen wir in unseren Gefühlen. Und im Wollen schlafen wir auch beim Wachsein vollständig. Sie brauchen sich nur zu überlegen: Wenn Sie einen

Arm heben, wenn Sie dies oder jenes tun, so wissen Sie aus der Anschauung, welche Bewegung Ihr Arm, welche Bewegung die Hand ausführt; aber Sie wissen nicht, wie die Kraft des Willens da eigentlich in Ihrem Organismus waltet. Das ist Ihnen so unbekannt, wie die Zustände vom Einschlafen bis zum Aufwachen. Indem wir wollen, indem wir handeln, schlafen wir, während wir sonst mit Bezug auf unser Sinneswahrnehmen und mit Bezug auf unsere Gedanken wachen. Wir schlafen also nicht nur vom Einschlafen bis zum Aufwachen, wir schlafen mit einem Teil unseres Wesens auch während wir wachen. Wir schlafen mit unserem Wollen und träumen mit unserem Fühlen.

Was wir während des Schlafens erleben, entzieht sich eigentlich unserem Bewußtsein. Aber auch dasjenige, was das wahre Wesen des Fühlens und des Wollens ist, entzieht sich unserem Bewußtsein. Es ist aber trotzdem wichtig, daß sich der Mensch auch ein Bewußtsein erwirbt von dem, was er in seinen unbewußten Welten, in diesen für das gewöhnliche Leben unbewußten Welten erlebt.

Sie wissen ja aus den verschiedenen anthroposophischen Betrachtungen, daß wir vom Einschlafen bis zum Aufwachen mit unserem Ich und mit unserem astralischen Leib außerhalb des physischen und des Ätherleibes sind. Nun kann es von ganz besonderer Wichtigkeit werden, gerade diejenigen Erlebnisse kennenzulernen, welche das Ich und der astralische Leib haben vom Einschlafen bis zum Aufwachen. Wenn wir wach sind, sind wir den Sinneswahrnehmungen der Natur gegenüber; wir stoßen gewissermaßen bis zu den Sinneswahrnehmungen der Natur. Wir kommen aber mit unseren Sinneswahrnehmungen und mit unserem wachen Denken nicht weiter als bis zu der Oberfläche der Dinge.

Gewiß, es kann jemand einwenden, er käme weiter als bis zu der Oberfläche der Dinge. Er könne ja ein Stück Holz, an dem er sich stößt mit seiner Wahrnehmung, zerschneiden, dann sei er im Inneren. Das ist aber nicht wahr, denn wenn Sie ein Stück Holz zerschneiden, dann haben Sie wiederum nur eine Oberfläche, und wenn Sie die zwei Stücke wieder zerschneiden, haben Sie wiederum Oberflächen. Und wenn Sie bis zu den Molekülen und Atomen gehen, haben Sie immer nur Oberflächen. Sie kommen nicht zu dem, was man das wirkliche Innere der Dinge nennen kann. Das wirkliche Innere der Dinge, das liegt jenseits der Sinneswahrnehmungen. Wir können uns die Sinneswahrnehmungen vorstellen wie einen Teppich, der um uns ausgebreitet ist. Was diesseits des Teppichs liegt, das nehmen wir durch die Sinne wahr; was jenseits des Teppichs liegt, nehmen wir nicht durch die Sinne wahr. Wir sind in dieser Sinneswelt vom Aufwachen bis zum Einschlafen. Unsere Seele ist erfüllt von dem Eindrucke, den diese Sinneswelt auf uns macht. Wenn wir nun in den Schlaf übergehen, dann sind wir nicht in dieser Welt diesseits der Sinne, dann sind wir nämlich in Wirklichkeit im Inneren der Dinge drinnen, dann sind wir jenseits des Sinnesteppichs. Aber der Mensch im Erdenbewußtsein weiß nichts davon, und er träumt von allerlei Dingen, die da jenseits der Sinneswahrnehmungen sein sollen. Er träumt von Molekülen, von Atomen; aber das sind eben nur Träume, Träume des wachen Bewußtseins. Man erfindet Moleküle, Atome, die Wirklichkeiten sein sollen. Aber nehmen Sie irgendeine Beschreibung, selbst die sorgfältigste neuere Beschreibung der Atome: nichts anderes ist das als kleine Dinger, die nach dem Muster dessen beschrieben werden, was an der Oberfläche der Dinge wach erlebt wird. Es ist eine Erdichtung, die herausgenommen wird aus dem, was im wachen Bewußtsein diesseits des Sinnesteppichs erlebt wird.

Aber wenn wir einschlafen, dann dringen wir aus der ganzen Sinneswelt heraus, dann dringen wir hinüber nach der andern Seite. Und wenn wir hier mit unseren Sinnen und mit unserem wachen Denken die Natur erleben, dann erleben wir drüben, jenseits, vom Einschlafen bis zum Aufwachen die Geisteswelt, diejenige Geisteswelt, die wir auch durchmachen vor unserer Geburt, die wir durchmachen nach unserem Tode. Aber der Mensch ist in dieser Erdenentwickelung so eingerichtet, daß, wenn er jenseits der Sinneswelt ist, er sein Bewußtsein ausgelöscht erhält. Sein Bewußtsein ist nicht stark genug, um in diese geistige Welt einzudringen. Dasjenige aber, was uns in der Geisteswissenschaft entgegentritt als Imagination, Inspiration, Intuition, das liefert uns Kenntnisse von dem, was da jenseits des Sinnesteppichs liegt. Und das erste, was wir entdecken, das ist die unterste Stufe jener Welt, die wir die Welt der Hierarchien nennen.

Wenn wir aufwachen, werden wir in die Welt versetzt, wo Tiere, Pflanzen, Mineralien, wo die Wesen der drei Naturreiche sind, die eben der Sinneswelt angehören. Wenn wir hinüberschlafen jenseits der Sinneswelt, werden wir zunächst versetzt in dasjenige Gebiet, in dem die erste über den Menschen gelagerte Wesensstufe der Angeloi, der Engel ist. Und wir stehen vom Einschlafen bis zum Aufwachen zunächst mit jenem Wesen, das dem Menschen zugeordnet ist als sein Engelwesen, so in Verbindung, wie wir durch unsere Augen und Ohren mit den drei Reichen der Natur hier in der Sinneswelt in Verbindung stehen. Wenn wir auch zunächst kein Bewußtsein haben von dieser Verbindung mit der Welt der Angeloi, sie ist doch da, diese Verbindung. In dasjenige, was unser astralischer Leib ist, reicht diese Verbindung hinein.

Wenn wir in unserem astralischen Leibe im Schlafe leben und würden plötzlich aufwachen, würden wir ebenso in Berührung kommen mit der Welt der Angeloi, zunächst mit dem Engelwesen, das mit unserem eigenen Leben in Verbindung steht, wie wir hier in der irdischen Welt mit Tier und Pflanze und Mineralien verbunden sind.

Nun aber sieht der Mensch auch in der irdischen Welt, in der

Sinneswelt, wenn er aufmerksam ist, wenn er seine Gedanken schult, mehr, als wenn er unaufmerksam, flüchtig ist. Die Verbindung also mit den drei Reichen der Natur kann eine innigere oder eine oberflächlichere sein.

So ist es auch mit der Welt der geistigen Wesenheiten. Nur gibt es da andere Bedingungen für diese Welt der geistigen Wesenheiten. Ein Mensch, der mit seinen Gedanken ganz in der materiellen Welt aufgeht, der sich niemals erheben will über die materielle Welt, der sich nicht bekanntmachen will mit sittlichen Idealen, die über das bloß Nützliche hinausgehen, der nicht erleben will wirkliche Menschenliebe, der nicht kennt das fromme Hingeben an die göttlich-geistige Welt im wachen Zustande, dem bleiben beim Einschlafen keine Kräfte, um in der richtigen Weise mit seinem Engelwesen in Berührung zu kommen. Dieses Engelwesen wartet gewissermaßen jedesmal unser Einschlafen ab, wieviel wir mitbringen von idealen Empfindungen, von idealen Gedanken mit diesem Einschlafen. Und je mehr wir von solcher Art mitbringen, desto inniger wird das Verhältnis zu diesem Engelwesen, wenn wir im Schlafe verweilen. Und so sammeln wir gewissermaßen im Wachen durch das ganze Leben hindurch dasjenige, was wir ausbilden in uns über die materiellen Interessen hinweg; wir sammeln dasjenige, was die Beziehung zu unserem Engelwesen immer inniger und inniger macht. Und wenn wir dann durch die Pforte des Todes gehen, dann fällt ja von uns alles dasjenige ab, was Sinne sind. Die äußere Welt kann keinen Eindruck mehr auf uns machen, denn den muß sie machen durch unsere Sinne. Die fallen aber mit unserem Leib ab. Ebenso erlischt dasjenige Denken, das sich nur an die Sinneswahrnehmung knüpft, denn das ist im ätherischen Leib vorhanden. Der ätherische Leib bleibt uns nur wenige Tage nach dem Tode erhalten. Wir sehen ihn, wie er zunächst da ist, in einem Tableau, das ich ja in anderer Beziehung in diesen Tagen auch in den öffentlichen Vorträgen schon besprochen habe,[13] das man erkennen, schauen kann, das man aber nach dem Tode schauen muß.

Aber man sieht zugleich, wie sich dieses ätherische Leibgewebe auflöst im All, wie die gewöhnlichen Gedanken, die wir an der äußeren Sinneswelt gewonnen haben, von uns fortgehen. Die bleiben nicht. Alles das, was der Mensch über das Nützliche gedacht hat im Leben, über die Zusammenhänge der Sinneswelt, was er gedacht hat in Anknüpfung an das Materielle, geht von uns weg, wenn wir durch die Pforte des Todes gehen. Allein das, was wir an idealen Gedanken und idealen Empfindungen, an reiner Menschenliebe, auch an religiösem Frommsein im echten wahren Sinne des Wortes, in unserem Wachzustande aufgebracht und mit unserem Engelwesen vereinigt haben, das nehmen wir auch mit, wenn wir durch die Pforte des Todes schreiten.

Das bewirkt aber nun etwas ganz Wichtiges in der Zeit, in der wir uns zwischen dem Tod und einer neuen Geburt entwickeln. Wir stehen ja allerdings auch im Erdenleben in Verbindung mit den noch höheren Hierarchien, und es ist schon richtig, daß, wenn wir einschlafen und die idealen Erlebnisse an unser Engelwesen herandringen, dann das Engelwesen wiederum mit dem Erzengelwesen, mit dem Archai und so weiter hinauf in Verbindung steht. So daß wir gewissermaßen unser Dasein fortgesetzt finden in einer reichen geistigen Welt. Aber diese reiche geistige Welt hat für uns keine besondere Bedeutung, während wir die Zeit zubringen zwischen der Geburt und dem Tode. Erst dadurch bekommt diese Welt der höheren Hierarchien eine große Bedeutung für uns, daß sie die Welt unserer Umgebung wird zwischen dem Tode und einer neuen Geburt. Je mehr wir gewissermaßen unserem Engelwesen überliefert haben, desto mehr kann aber auch nach dem Tode, wenn wir ein geistig-seelisches Wesen sind, dieser Engel uns an bewußtem Leben, an bewußten Seeleninhalten von den höheren Hierarchien geben. Ich möchte sagen: Was unsere

Augen hier in der physischen Welt sind, oder unser Ohr hier in der physischen Welt ist, das ist für unser Bewußtsein zwischen dem Tod und einer neuen Geburt in der geistigen Welt dasjenige, was das Engelwesen, was überhaupt durch dieses unser Engelwesen die andern Wesen aus dem Reich der dritten Hierarchie im Zusammenhange mit den höheren Hierarchien entwickeln. Und unser Bewußtsein wird um so heller, um so inniger leuchtender, je mehr wir an idealen Gedanken und idealen Empfindungen, an Menschenliebe und religiösem Frommsein unserem Engelwesen zugeführt haben.

Nun kommt zwischen dem Tod und einer neuen Geburt eine gewisse Zeit, wo das Engelwesen mit uns eine bestimmte Aufgabe hat. Dieses Engelwesen muß eine noch innigere, wichtigere Verbindung herstellen mit dem Reiche der Archangeloi, der Erzengel, als es früher der Fall war. Ich habe die Zeit, die der Mensch durchlebt zwischen dem Tod und einer neuen Geburt, von den verschiedensten Gesichtspunkten dargestellt – das kann man auch –, zuletzt noch in meinem Wiener Zyklus vom Jahre 1914, der da heißt: «Inneres Wesen des Menschen und Leben zwischen Tod und neuer Geburt.»[14] Heute will ich von einigen anderen Gesichtspunkten aus die Sache darstellen.

Eine gewisse längere Zeit nach dem Tode kommt eben einmal der wichtige Augenblick, wo gewissermaßen der Engel an den Erzengel überliefern muß dasjenige, was er von uns Menschen aufgenommen hat durch die geschilderten idealen Erlebnisse. Der Mensch wird gewissermaßen hingestellt vor die Welt der Archangeloi, die übernehmen können dasjenige, was er an solch geistseelischen Erlebnissen schon zwischen der Geburt und dem Tode entwickelt hat. Und das ist der große Unterschied, der sich darstellt zwischen Mensch und Mensch in der Zeit zwischen dem Tod und einer neuen Geburt, daß es in unserer Zeit der Menschheitsentwickelung solche Persönlichkeiten gibt, welche wenig mitbringen von idealen Empfindungen und Gedanken und Menschenliebe, wenn der Engel dem Erzengel abgeben soll für die weitere Weltenentwickelung dasjenige, was wir da hindurchgetragen haben durch die Pforte des Todes.

Die Tätigkeit, die sich da entwickelt zwischen Angeloi und Archangeloi, die muß unter allen Umständen stattfinden. Aber es ist ein großer Unterschied, ob wir durch die geschilderten Erlebnisse mehr mit Bewußtsein verfolgen können, was da mit uns sich abspielt zwischen Angeloi und Archangeloi, oder ob wir es nur in einem dumpfen, dämmerhaften Zustande erleben, wie es eben erleben müssen diejenigen Menschen, die nur von materialistischem Bewußtsein sich durchdrungen haben.

Es ist nicht ein ganz zutreffender Ausdruck, wenn ich sage: dumpf, dämmerhaft erleben die Menschen. Ich müßte vielleicht, um genauer es zu charakterisieren, sagen: Sie erleben es so, daß sie fortwährend herausgestoßen werden aus einer Welt, von der sie eigentlich aufgenommen werden sollen, daß sie fortwährend sich erkältet fühlen von einer Welt, die sie eigentlich warm empfangen soll. Denn sympathisch soll der Mensch von der Welt der Archangeloi in dem wichtigen angeführten Zeitmomente empfangen werden, warm soll er von ihnen empfangen werden. Dann wird er auch in richtiger Weise hingeführt zu dem, was ich in einem meiner Mysteriendramen genannt habe «die Mitternachtsstunde» des Daseins.[15]

Dann wird der Mensch wiederum durch die Archangeloi an das Reich der Archai herangeführt. Und indem der Mensch gewissermaßen eingefügt wird dem Reiche der Archai, wird er allen höheren Hierarchien eingefügt, denn durch die Archai kommt er in Beziehung zu allen höheren Hierarchien, und er nimmt nun aus dem Reiche dieser höheren Hierarchien den Drang auf, wiederum herunterzusteigen auf die Erde. Denn er nimmt die Kraft auf, wiederum in dem, was ihm materiell später übergeben wird durch die Vererbungsströmung, geistig-seelisch zu arbeiten.

Und die Mitternachtsstunde des Daseins ist der Punkt im Leben des Menschen zwischen dem Tod und einer neuen Geburt, der so überschritten wird, daß wir vorher immer fremder und fremder dem irdischen Dasein werden, immer mehr und mehr hineinwachsen in die geistige Welt, indem wir immer sympathischer und sympathischer im vorher charakterisierten Sinne von dieser geistigen Welt aufgenommen werden, mit immer größerer und größerer Wärme von ihr angezogen werden, oder eben abgestoßen werden, erkältet werden.

Dann aber, wenn die Mitternachtsstunde des Daseins da ist, dann neigt sich der Mensch gewissermaßen langsam wiederum zu der Sehnsucht nach dem Erdendasein herunter. Und er begegnet auf dem zweiten Teile des Weges nun wiederum der Welt der Archangeloi. Es ist wirklich so, daß der Mensch zwischen dem Tod und einer neuen Geburt zuerst hinaufsteigt zu der Welt der Angeloi, Archangeloi, Archai, dann wiederum steigt er herunter, und er trifft nach der Welt der Archai vorzugsweise auf die Welt der Archangeloi auf.

Nun kommt wiederum ein wichtiger Punkt in dem Leben zwischen Tod und neuer Geburt. Demjenigen Menschen, der nichts durch den Tod hindurchgeführt hat von idealen Gedanken, idealen Empfindungen, Menschenliebe und wahrem, echtem Frommsein, dem ist von dem Geistig-Seelischen unter den Antipathien der höheren Welt, unter den Erkältungen der höheren Welt gewissermaßen etwas erstorben. Während bei einem Menschen, der in der rechten Weise geistig-seelisch jetzt an das Reich der Angeloi herankommt, in das Geistig-Seelische innerlich die Kraft eingepflanzt wird, in dem späteren Leben wiederum auf der Erde, den Leib durchdringend zu wirken, müssen die Angeloi, wenn der Mensch solche seelisch-geistigen Erkenntnisse nicht mitgebracht hat, ihm so, daß es mehr unbewußt wirkt, dasjenige einpflanzen, was Sehnsucht nach dem irdischen Leben ist. Und bei diesem Einpflanzen entscheidet sich außerordentlich viel. Bei diesem Einpflanzen entscheidet sich nämlich jetzt, zu welchem Volke, zu welcher Sprache, zu welcher sogenannten Muttersprache der Mensch heruntersteigt zum nächsten irdischen Dasein. Und es entscheidet sich, ob dieser Drang zum Volkstum, zu der Muttersprache mehr innerlich oder ob er mehr äußerlich eingepflanzt wird. So daß der Mensch durchdrungen wird beim Heruntersteigen von innerlicher Liebe zu demjenigen, was dann seine Muttersprache wird, oder mehr automatisch hineinversetzt wird in dasjenige, was er als Sprache durch seine Sprachorgane später zu äußern hat.

Das macht einen großen Unterschied, ob der Mensch auf die eine oder die andere Art zu der Sprache hin determiniert wird für das kommende Erdenleben. Derjenige Mensch, der schon vor diesem Erdenleben, beim zweiten Durchgang durch das Reich der Angeloi, innerlich seelisch liebevoll durchdrungen werden kann mit der Hinneigung zu seiner Muttersprache, der nimmt diese Muttersprache innerlich auf. Er nimmt sie auf wie einen Teil seines Wesens. Er wird eins damit. Die Liebe wird eine selbstverständliche, sie wird eine seelische Liebe. Der Mensch wächst mit Selbstverständlichkeit in die Sprache und in das Volkstum hinein, indem er so hineinwächst.

Wenn der Mensch aber auf die andere Art hineinwächst – ich habe das genannt mehr automatisch –, dann kommt der Mensch später, indem er durch die Geburt zum nächsten Erdendasein heruntersteigt, so auf der Erde an, daß er gewissermaßen nur instinktiv, triebhaft seine Sprache lieben lernt! Was er innerlich nicht an Liebe, an selbstverständlicher Liebe für seine Sprache, für sein Volkstum aufbringt, das stößt er dann gleichsam aus seinem Leibesdasein hervor. Und das macht den großen Unterschied, ob wir in ein Volkstum, in einen Sprachzusammenhang hineinwachsen mit jener stillen, keuschen Liebe, die derjenige Mensch hat, der innerlich mit Volkstum und Sprache verwächst, oder ob wir hineinwachsen in Sprachtum und Volkstum mehr automatisch, so daß wir aus dem Triebe, aus den Instinkten gleichsam herausstoßen eine innerliche Liebe für dieses Volkstum, für diese Sprache. Das erstere äußert sich niemals als dasjenige, was man in der Welt Chauvinismus nennt, was man ein äußerliches Pochen auf das Volkstum nennt, sondern die wirklich aus einem vorherigen idealen, frommen Erleben errungene, innerlich geistig-seelische Liebe zu Volkstum und Sprache äußert sich selbstverständlich und ist mit wahrer universeller Menschenliebe durchaus vereinbar. Niemals wird der kosmopolitische, der internationale Sinn durch eine solche geistig-seelische Liebe zu Sprache und Volkstum verkümmert. Wenn aber der Mensch mehr automatisch in seine Sprache hineinwächst, dann, wenn er dadurch mit seinen Instinkten, mit seinen Trieben eine überhitzte, organische, animalische Liebe zu Sprache und Volkstum entwickelt, dann entsteht dasjenige, was falscher Nationalismus, was chauvinistische Gesinnung ist, was in einer äußerlichen Weise auf das Volkstum pocht.

Man hat insbesondere in der heutigen Zeit nötig, dasjenige, was uns in der Außenwelt entgegentritt in der Zeit, die wir zubringen als Menschen auf Erden zwischen der Geburt und dem Tode, zu betrachten vom Gesichtspunkte des Lebens zwischen dem Tode und einer neuen Geburt. Denn, wie wir das zweite Mal dem Reich der Archangeloi begegnen, davon hängt es ab, wie wir in Volkstum und Sprache hinein uns versenken durch die Verbindung mit der Vererbungsströmung durch die Geburt.

Für denjenigen, der vom geistigen Gesichtspunkte gerade das heutige Leben verstehen will, tritt als etwas sehr Wichtiges dieses Erleben zwischen dem Tod und einer neuen Geburt heran, wenn er zum zweiten Male in das Reich der Archangeloi kommt. Wir sehen heute über das Erdenrund, wie die Völker in einer falschen Weise auf ihre Nationalität, auf ihre Volkstümlichkeit, auf ihr Sprachtum hinschauen. Und vieles von dem, was in der katastrophalen Zeit im zweiten Jahrzehnt des 20. Jahrhunderts in der Menschheitsentwickelung des Abendlandes aufgetaucht ist, wird nur erklärlich, wenn man es unter solchen Gesichtspunkten betrachtet. Wer das Leben eben innerlich anthroposophisch, geisteswissenschaftlich anschaut, der muß hinschauen heute bei vielen Menschen auf deren voriges Erdenleben als ein solches, in dem die Menschen in den Materialismus nach und nach sich eingesponnen hatten. Sie kennen alle die Tatsache, daß in normaler Weise eine längere Zeit verfließt zwischen dem Tode und einer neuen Geburt. Allein gerade in der heutigen Erdenentwickelung sind viele Menschen, welche nur kurze Zeit gehabt haben zwischen ihrem letzten Tode und ihrer diesmaligen Geburt, und sie haben sich schon in ihrem vorigen Erdenleben wenig durchdrungen mit Menschenliebe, mit idealen Empfindungen. Sie waren schon in diesem vorigen Erdenleben auf die bloße Nützlichkeit bedacht. Und dadurch wurde ihnen bei der zweiten Berührung mit dem Reich der Angeloi zwischen Tod und neuer Geburt eigentlich alles dasjenige zubereitet, was jetzt in einer so üblen Weise herauftaucht im Leben des Abendlandes.

Geradeso wie man den Menschen als Raumeswesen nur versteht, wenn man weiß, daß man seine Gestalt bis zum Fixsternhimmel zu verfolgen hat, daß man seine Lebensstufen zu verfolgen hat bis zur Planetensphäre, daß der Mensch als Raumeswesen eben ein Wesen ist, das nicht allein aus der Erde die Kräfte, die in ihm wirksam sind, zieht, sondern aus dem ganzen Kosmos, so notwendig zu dieser räumlichen Menschenerkenntnis das Hinausgehen über das Irdische ist, so notwendig ist es, um das soziale, um das volksmäßige Leben auf der Erde zu verstehen, über das Leben zwischen Geburt und Tod hinauszugehen.

Wenn man vieles von dem heutigen Leben studiert, so findet man, wie die Menschen heute, trotzdem sie so viel nach Freiheit rufen, eigentlich innerlich unfrei sind; wie in den Bestrebungen, die heute solche Niedergangskräfte zeitigen, nicht ein freies Leben pulsiert, sondern die Instinkte und Triebe pulsieren und das soziale Leben unglücklich machen. Wenn man dieses sieht, so will man es auch verstehen.

Ebenso nun, wie sich eine zweite Begegnung mit dem Reich der Archangeloi findet, so findet sich später, dann, wenn sich der Mensch schon wiederum sehr nähert seinem Erdenleben, eine innigere Verbindung wiederum mit seinem Angelos, mit seinem Engelwesen. Der Mensch wird gewissermaßen, wenn es wiederum gegen das Erdenleben hingeht, mehr entrückt, herausgezogen aus dem Reich der Archangeloi. Solange er im Reich der Archangeloi ist, ist sein Engel auch stärker verbunden mit diesem Reiche. Der Mensch lebt gewissermaßen in den höheren Hierarchien. Indem er weiter die Zeit verbringt zwischen dem Tode und einer neuen Geburt, wird er immer mehr und mehr auf das bloße Reich der Angeloi angewiesen, und sie führen ihn dann durch die Elemente, durch Feuer, Erde, Luft, Wasser, führen ihn dann hin zu dem, was Vererbungsströmung ist. Es führt ihn namentlich sein Engelwesen hin zu dem physisch-irdischen Dasein. Es kann ihn zu einem Menschen machen, der aus dem Tiefsten seines Seelisch-Geistigen heraus frei zu handeln in der Lage ist, wenn alle die Bedingungen erfüllt sind durch ein voriges Leben, wie ich es charakterisiert habe.

Aber der Angelos ist nicht imstande, den Menschen zu einem freien Leben zu führen, wenn der Mensch gewissermaßen automatisch mit seiner Sprache, mit seinem Volkstum hat verbunden werden müssen. Dann wird auch das individuelle Leben unfrei.

Diese Unfreiheit drückt sich dadurch aus, daß der Mensch zwar innerlich auch ein Bewußtsein entwickelt, wenn er nicht freie Begriffe faßt, sondern wenn er innerlich Worte denkt, aber der Mensch wird veräußerlicht, wird unfrei gemacht dadurch, daß sein ganzes Denken in Worten aufgeht. Das ist aber sogar ein Grunderlebnis der Menschen der heutigen Zeit, daß ihr Denken eben in Worten aufgeht. Man begreift auch das Erdenleben in seiner geschichtlichen Entwickelung, besonders in seinem gegenwärtigen Zustande nicht, wenn man nicht aufsteigt zu dem Leben zwischen dem Tod und einer neuen Geburt, zu der geistig-seelischen Welt.

Will man also die menschliche Gestalt verstehen, muß man zum Fixsternhimmel hindeuten. Will man die menschlichen Lebensstufen verstehen, muß man zur Planetensphäre hindeuten. Will man das menschlich-geistig-seelische Leben verstehen, dann kann man nicht stehenbleiben zwischen der Geburt und dem Tode, denn dieses geistig-seelische Leben wurzelt, wie wir gesehen haben, in der Welt der höheren Hierarchien, wie das physische und ätherische Wesen der Menschen zu der physischen und ätherischen Außenwelt gehört.

Will man also Denken, Fühlen und Wollen richtig verstehen, dann muß man nicht bloß den Menschen in seiner Beziehung zur sinnlichen Außenwelt ins Auge fassen, dann muß man den Menschen ins Auge fassen in bezug auf sein Leben zwischen dem Tod und einer neuen Geburt. Denken, Fühlen, Wollen sind die Kräfte, durch die sich zunächst unser Seelenwesen entwickelt. Unsere idealen Gedanken, dasjenige, was sich in diese Gedanken, in das Seelenwesen hineinverpflanzt hat aus idealer Liebe, aus Frömmigkeit, das trägt uns gewissermaßen durch die Todespforte. Wie wir unser Denken beeinflußt haben, wie unser Denken von einer idealen Gesinnung durchdrungen war, das bringt uns in der richtigen Weise zu der ersten Begegnung mit den Archangeloi. Dann aber, indem wir die Mitternachtsstunde des Daseins überschreiten, dann verglimmt, möchte ich sagen, unser Denken. Denn dieses Denken ist es, das nun gerade bearbeitet wird nach der Mitternachtsstunde des Daseins hin für das nächste Erdendasein. Und aus demjenigen, was dieses unser Denken war, werden nun diejenigen Kräfte geformt, die die physischen Denkorgane durchziehen im nächsten Erdenleben.

Wenn Sie auf den menschlichen Kopf hinschauen und sehen, wie die Kräfte darinnen wirken, so sind es nicht etwa bloß die Kräfte, die in diesem Leben wirken. Es sind diejenigen Kräfte, die vom Denken des vorigen Lebens herrühren und die die Form unseres Gehirns zustande bringen. Dagegen bei der zweiten Begegnung mit dem Archangeloi ist es namentlich der Wille, der da seine besondere Rolle spielt im seelisch-geistigen Leben des Menschen. Und der Wille, der ist es, der dann im nächsten Erdenleben mehr unseren Gliedmaßen-Stoffwechselorganismus ergreift. Dieser Wille tritt dann, wenn wir durch die Geburt ins Erdendasein eintreten, als dasjenige auf, was uns von seiten des Gliedmaßen-Stoffwechselmenschen geschickter oder ungeschickter zu dem oder jenem macht. Ich möchte sagen, in unserem Kopfinneren sehen wir mehr das physische Abbild dessen, was wir im vorigen Leben an Gedanken entwickelt haben. In den Fähigkeiten unseres Stoffwechsel-Gliedmaßenmenschen sehen wir das Wirken der neuerworbenen Willenskräfte, die uns nun entweder innerlich-seelisch, wie ich geschildert habe, oder mehr automatisch eingegliedert werden bei der zweiten Begegnung mit dem Archangeloi.

Wer sieht, wie sich gewissermaßen herausgestaltet hat das gegenwärtige Leben, das gerade für die abendländische Menschheit zu solchen Niedergangskräften führt, der wird mit dem allergrößten, idealsten Interesse zu demjenigen hinschauen, was tätig war in dem Menschen zwischen dem Tod und einer neuen

Geburt, in dem Leben, das vorangegangen ist diesem Erdenleben. Und er wird gerade aus dem, was er in dieser Beziehung erkennen kann, den starken Impuls bekommen, der Menschheit, die schon in ihrer vorigen Inkarnation zu materialistisch war, jetzt, wo die Folgen dieses Materialismus im Völkerleben aufgetreten sind, dasjenige zu bringen, dasjenige als Anregung zu geben, was wiederum hinführen kann zu einer Verinnerlichung, zur Freiheit, zu einem wirklich innerlichen, das heißt selbstverständlichen Leben in Sprache und Volkstum, das nicht in Disharmonie steht mit dem Internationalismus, mit dem Kosmopolitismus.

Das aber kann nur errungen werden, wenn unser Denken durchglüht werden kann von wirklicher Geistigkeit. Was enthält denn eigentlich der heutige Geist des Menschen? Gedanken – Gedanken über etwas. Wenn heute der Mensch von seinem Geiste spricht, spricht er eigentlich nur von seinen Gedanken, von dem mehr oder weniger abstrakten Denken. Was wir brauchen, das ist wirklicher Geist, der innerlich in uns eindringt, lebendiger Geist. Von solchem lebendigem Geist handelt aber wirklich Anthroposophie in der Anschauung der Welt, die zwischen dem Tod und einer neuen Geburt liegt. Der Mensch hat also heute nötig, von seiner Gestalt, von seiner Form, von seinen Lebensstufen, von seinem Seelisch-Geistigen aus sich selbst zu betrachten als angehörig einer Welt, die außerhalb des Irdischen liegt. Dann wird er in das Irdische das Richtige hereintragen können.

Wir haben es erlebt, wie das Geistige des Menschen allmählich aufgesogen worden ist von den andern Elementen des Erdendaseins, von dem politischen Leben, von dem wirtschaftlichen Leben. Wir brauchen die Hinneigung zu einem selbständigen Geistesleben. Das allein nur kann die Grundlage geben für die Durchdringung des Menschen mit wirklicher Geistigkeit, mit geistiger Substanz, nicht bloß mit den Gedanken über irgend etwas. Deshalb muß Anthroposophie sich geneigt finden, für eine

Befreiung des Geisteslebens zu wirken. Wenn dieses Geistesleben sich nicht auf seine eigenen Grundlagen stellt, so wird der Mensch immer mehr und mehr ein Abstraktling werden. Er wird sich nicht durchdringen können mit lebendigem Geiste, sondern nur mit abstraktem Geiste.

Wenn der Mensch hier im physischen Leben durch des Todes Pforte geht, so wird sein physischer Leichnam in die Erde versenkt oder den Elementen übergeben. In diesem physischen Leichnam ist nicht mehr der Mensch in seiner wahren Wesenheit. Wenn der Mensch durch die Geburt geht so, daß er in bezug auf Volkstum, auf Sprache, in bezug auf sein eigenes Handeln automatisch geworden ist durch die geschilderten Vorgänge, dann erstirbt das lebendige Denken, das lebendige Wollen, das lebendige Geistig-Seelische, indem der Mensch in die physische Welt hereingeboren wird. Und dann entsteht der Leichnam des göttlich-geistig-seelischen Menschen innerhalb des physischen Erdendaseins.

In unserem abstrakten, rationalistischen Denken haben wir den Leichnam des Geistig-Seelischen. Wie wir in dem übriggelassenen physischen Leichnam nicht mehr die wahre Menschenwesenheit haben, so haben wir in einem abstrakten Denken, in einem nicht durchgeistigten Seelenwesen eigentlich nur das Leichnamhafte der göttlich-geistigen Welt. Und die Menschheit steht eben heute an dem starken Entscheidungspunkte, wo sie sich entschließen muß, die geistige Welt wiederum aufzunehmen, damit dasjenige, was mehr oder weniger als göttlich-geistiger Leichnam im abstrakten Denken der Menschheit Platz gegriffen hat, was nun wieder den Instinkten und Trieben, dem automatischen Wesen Platz gemacht hat, damit das der Mensch wiederum durchdringen kann.

Sie sehen schon, tief wahr ist es, was ich auch gestern am Schlusse meines Vortrages vor der hiesigen Studentenschaft gesagt habe, tief, tief innerlich wahr ist es: Der Mensch braucht in der Gegenwart, wenn er vom Niedergang zu einem wirklichen Aufstieg wiederum kommen will, die Überwindung des Abstrakten, man möchte sagen, des Seelisch-Leichenhaften, das im gegenwärtigen Intellektualismus und Rationalismus vorhanden ist. Der Mensch braucht eine Art Auferweckung des Seelisch-Geistigen. Und diese Auferweckung des Seelisch-Geistigen, die erkennt man eben in seiner Notwendigkeit aus den Erscheinungen des sozialen und geschichtlichen Gegenwartslebens heraus. Wenn man sie richtig und unbefangen erkennt, dann sagt man sich: Anthroposophie hat gewiß eine ewige Aufgabe, eine Aufgabe gegenüber dem im Menschen, was über alle Zeitepochen in ihm leben muß. Aber in der heutigen Gegenwart hat sie auch eine zeitliche Aufgabe. Sie muß den Menschen zurückbringen von der Veräußerlichung, von der Lähmung, von der Ertötung des göttlich-geistigen Lebens in ihm. Sie muß dieses göttlich-geistige Leben zurückbringen, indem der Mensch lernt, sich nicht bloß als ein Erdenwesen, sondern als ein Himmelswesen anzusehen, indem er lernt, daß er sein Erdendasein in der richtigen Weise nur dadurch führen kann, daß er die Kräfte des himmlischen Daseins, des Daseins zwischen Tod und neuer Geburt in dieses Erdenleben hineinträgt.

An diese Dinge wollen wir dann das nächste Mal noch anknüpfen, um sie zu einem gewissen Abschlusse zu bringen in der Zeit, in der ich noch in mich befriedigender Weise unter Ihnen weilen kann.

Der Michael-Impuls und das Mysterium von Golgatha

Stuttgart, 18. Mai 1913

Bei meiner letzten Anwesenheit hier unter Ihnen konnte ich Ihnen in zwei Betrachtungen einiges darlegen über das Leben zwischen dem Tode und einer neuen Geburt. Dazumal war also der Gesichtspunkt gewählt worden, die ganze Wichtigkeit und Bedeutung einer Erkenntnis des Lebens zwischen Tod und neuer Geburt ins Auge zu fassen, weil die Kräfte und Wesenheiten, mit denen der Mensch da zusammenkommt, auch hereinragen in unser Leben, das verläuft zwischen Geburt und Tod.

Heute soll zunächst von mancherlei die Rede sein, welches uns die große Mission der anthroposophischen Weltanschauung aus dem ganzen Charakter unserer gegenwärtigen Kulturepoche vor Augen führen kann. Wir stehen in der Tat – ich habe das öfter betont und davon eingehender gesprochen – in einem wichtigen Abschnitt der menschlichen Erdenentwickelung, und ich habe öfters betont, daß, wenn man ja bei oberflächlicher Betrachtung der Menschheitsevolution der Erde gar oftmals jedes Zeitalter ein Übergangszeitalter nennt, so muß man von einem gewissen Gesichtspunkte aus unser Zeitalter vielleicht nicht gerade ein Übergangszeitalter, aber ein bedeutungsvolles Zeitalter für die ganze Entwickelung der Menschheit nennen.

Ein erster Gesichtspunkt, den ich heute vor Sie hinstellen will, ist der, den ich oft schon erwähnt habe, daß Anthroposophie, von der wir wissen, daß sie heute in das menschliche Kulturleben durch Notwendigkeiten der Erdenentwickelung sich hineinleben muß, daß Anthroposophie, wenn auch ihre

Ergebnisse nur erforscht werden können von der geschulten Seele des Geistesforschers, doch von jeder Menschenseele, die nur will, die nur Unbefangenheit genug der Sache entgegenbringt, verstanden werden, begriffen werden kann.

Da kann natürlich gleich eingewendet werden: Ja, aber es gibt doch nur wenige Menschen, die das Bewußtsein haben, daß ihnen wahr zu sein scheint das, wovon die Anthroposophie spricht. Und die Mehrzahl der Menschen betrachtet das, was von der Geisteswissenschaft, der Geistesforschung kommt, als Phantasterei, als Träumerei, wenn nicht gar noch – nun wir haben ja gestern gehört – als eine der sieben Sekten des Verderbens.[16]

Was liegt da eigentlich zugrunde? Kann gegenüber der Tatsache, daß noch eine überaus große Menge Menschen der Gegenwart sich findet, die sagen: Ja, wir können Anthroposophie nicht verstehen, sie erscheint uns eben als Phantasterei, – kann demgegenüber aufrechterhalten werden die Behauptung, daß diese Wahrheit, die von wenigen verstanden wird, doch für den unbefangenen Menschensinn erkennbar ist?

Ich habe in dem gestrigen öffentlichen Vortrage auseinandergesetzt, wodurch man zu übersinnlichen Erkenntnissen kommen kann, daß man gewisse Kräfte der Seele frei machen kann von ihrem Eingreifen in das Leibliche. Ich habe erwähnt, wie die Denk-, Sprach- und Willenskräfte frei werden können, sich emanzipieren können vom Körperlichen, so daß sie rein im Seelischen, im Geist-Seelischen wirken können, und daß sie dann die Kräfte sind, welche sich eben ausbilden durch Meditation, Konzentration und Kontemplation, die dann eindringen in die übersinnlichen Welten. Alle die Kräfte, die befähigen, einzudringen in die übersinnlichen Welten, kommen davon, daß der Mensch seine Seele loslösen kann von alledem, womit der Mensch im Leiblichen verbunden ist. Also in den Erkenntniskräften, mit denen die übersinnlichen Welten erforscht werden können, haben wir es mit leibfreien Seelenkräften zu tun.

Nun gibt es aber im ganz alltäglichen Leben eine Seelenkraft, welche in einer gewissen Weise schon in sich hat, was mit den anderen Seelenkräften angestrebt wird bei der Geistesforschung, und diese Seelenkraft ist die Denkkraft, wie sie sich äußert im gewöhnlichen, unbefangenen, gesunden Menschenverstand. Diese gewöhnliche Denkkraft nämlich, sie kann unter gewissen Voraussetzungen, ohne daß sie weiter entwickelt wird, selber schon als etwas Leibfreies sich darstellen.

Mit diesem Denken hat es nämlich folgende Bewandtnis. Dieses Denken, das also jede Seele heute in sich als eine Kraft haben kann, hat gewissermaßen zwei Gesichter, ist ein Januskopf. Dieses Denken ist entweder vom Gehirn abhängig, bringt nur dasjenige als Gedanken zum Bewußtsein, was sich im Gehirn, im Nervensystem spiegelt. Dann ist dieses Denken mehr passiv, ist ein solches Denken, das sich anlehnen will an das Instrument des Gehirns. Oder aber dieses Denken kann sich schon einfach – ohne irgendwelche Meditation – durch inneres Aufraffen, dadurch daß es seiner selbst in seiner wahren Wesenheit sich bewußt wird, daß es sich losreißen will von der Anlehnung an das Gehirn, freimachen: dann ist es ein mehr aktives Denken.

Beides sind Seiten des gesunden menschlichen Denkens, wie es heute jede Seele haben kann. Denken ist in jeder Seele, aber es kann in zweifacher Weise benutzt werden. Zunächst so: der Mensch kann sich in sich selber erkraften, kann in sich selber Gedanken prägen. Dann ist dieses Denken in seiner Aktivität so, daß es voll entgegenkommt allem, selbst den scheinbar gewagtesten Behauptungen der Geistesforschung. Wenn aber dieses Denken sich nicht erkraften will, nicht in seiner Aktivität sich erfassen will, dann muß es sich anlehnen an das Instrument des Denkens, das Gehirn, dann bringt es überhaupt nur Gedanken hervor, die mit dem Instrument des Gehirns erfaßt werden, dann denkt der Mensch nicht aktiv, dann denkt er passiv.

Wichtiger fast als jede andere – allerdings nicht für die unmittelbare Gegenwart, sondern für die Zukunft – ist die Einteilung in aktive Denker und passive Denker. Diejenigen, die etwas von selbständigem, innerlich freiem Denken in sich erkraften, die aktiv denken können, werden schon durch den Trieb dieses Denkens herzugedrängt zu der geisteswissenschaftlichen Forschung. Diejenigen, die nicht tätig denken wollen, sondern nur in Abhängigkeit vom Gehirn, werden sagen, die anthroposophische Forschung ist Phantasterei, weil sie keinen Begriff haben von dem, was in einem freien Denken erfaßt werden kann, weil sie hingegeben sein wollen an das Instrument des Gehirns. So daß man sagen kann, daß sie nicht in sich selbst denken wollen, nur in sich für sich selber denken lassen.

Gerade unter diesem Gesichtspunkte ist die Anhängerschaft, das Verhalten gegenüber der anthroposophischen Weltanschauung heute im Grunde genommen eine Sache der inneren Emsigkeit, des inneren Erkraftens oder der inneren Bequemlichkeit, der inneren Faulheit. Das Denken, das emsig sein will, sich innerlich erkraften will, das begreift die Ergebnisse der Geisteswissenschaft; das Denken, das sich der Krücke bedienen will, des Instruments, das bloß im Spiegelbild des Gehirns sich die Gedanken zum Bewußtsein bringen will, das ist bequem, das will in sich nur denken lassen, das wird die anthroposophische Forschung aus Bequemlichkeit ablehnen müssen. Und alle Philosophien und alle Schreibereien, welche in die Welt hinauslaufen und scheinbar wissenschaftlichen und geistvollen Charakter annehmen und sagen, daß man nicht begreifen könne, was anthroposophische Forschung zustande bringen kann, das beruht auf einer zunächst unbewußten, aber tief innerlichen Bequemlichkeit des menschlichen Denkens, das nicht aktiv werden, sondern passiv bleiben will. Bequem ist die Anhängerschaft zur anthroposophischen Weltanschauung nicht.

Das ist im Grunde genommen die Wahrheit über die Sache. Und wenn Sie in Versammlungen kommen, die sich ja heute nicht mehr materialistisch nennen, die sich monistisch vielleicht nennen und die sich auslassen über die «Phantastereien» der Geisteswissenschaft, so liegt da manches andere zugrunde, als was in diesen Versammlungen gesprochen wird. Da liegt zugrunde das Unvermögen, zum aktiven Denken fortzuschreiten, da liegt ferner die Anmaßung zugrunde – weil man selber sich nicht zum aktiven Denken aufraffen will –, die Bequemlichkeit des passiven Denkens zum obersten Grundsatz der menschlichen Forschung zu machen.

Bequemlichkeit im Gebrauch von Seelenkräften führt ja schon im gewöhnlichen Leben zuweilen zu etwas, was öfter zu beobachten ist. Wenn jemand sich diese oder jene Rede anhören will und zu bequem ist, mit den Ausführungen mitzugehen, schläft er nach und nach ein und verschläft dasjenige, was eigentlich in seiner Absicht war zu erfahren, vielleicht auch nicht in seiner Absicht war zu erfahren. Mit einem solchen Verschlafen eines notwendigen Entwickelungsimpulses der Menschheit wird man es zu tun haben bei allen denjenigen, die sich nicht aufraffen können zu einem aktiven Denken in der Gegenwart und der nächsten Zukunft. Verschlafen wird man ein Allerwichtigstes. Denn, wenn auch diese oder jene Menschen nichts davon wissen wollen, hinter dem, was sich abspielt in unserer Sinnenwelt, liegen die übersinnlichen Wesenskräfte, übersinnliche Vorgänge. Deshalb, weil ein Teil der Menschheit verschlafen will, was eigentlich geschieht, werden sich doch die übersinnlichen Vorgänge abspielen. Mit wichtigen übersinnlichen Vorgängen haben wir es in unserer gegenwärtigen Epoche zu tun! Und alle sinnlichen Vorgänge sind die äußeren Ausgestaltungen von übersinnlichen Vorgängen. Wenn wir sozusagen den Schleier durchschauen, in welchem sich alle sinnlichen Vorgänge der Entwickelung unserer Epoche darbieten, dann kommen wir hinter diesen Schleier zu den übersinnlichen Vorgängen. Und um sie, die übersinnlichen Vorgänge, zu charakterisieren, die jetzt gerade wichtig sind, wollen wir uns daran erinnern, daß alles Leben im Weltenall auf einer sich steigernden Entwickelung beruht.

Verfolgen wir den Entwickelungsweg des Menschen, so finden wir ihn zunächst, seiner ersten Anlage nach, in der alten Saturnzeit. Wir finden ihn dann mit einem neuen Element durchsetzt in der alten Sonnenzeit, noch weiter ausgebildet in der alten Mondenzeit und mit dem vierten Element, dem Ich, in der Erdenzeit. Und wir wissen ja, daß seine Seelenkräfte in der Jupiterzeit eine solche Gestaltung annehmen werden, daß er sich mit den Wesenheiten der Hierarchie der Angeloi vergleichen läßt.

So wie nun der Mensch in seiner Entwickelung fortschreitet und hinaufsteigt, so schreiten aber auch die anderen Wesenheiten der einzelnen Hierarchien von niederen Stufen zu höheren Stufen. Nicht nur die menschliche Hierarchie unterliegt einer solchen sich noch steigernden Entwickelung, sondern auch die über den Menschen stehenden Hierarchien.

Nehmen wir unter diesen Hierarchien die eine, zwei Stufen höherstehende als der Mensch, die Hierarchie der Archangeloi, der Erzengel. Nun habe ich schon gestern gesagt, man nimmt es heute im allgemeinen von mancher verständigen Seite nicht übel, wenn man vom Geist im allgemeinen redet. Wenn man aber eingeht auf Klassen, Ordnungen, Individuen, wie man es doch bei Pflanzen, Tieren und anderen Bereichen in der Naturwissenschaft tut, dann nimmt es der heutige Kulturmensch sehr übel. Dennoch muß man es, wenn man es im Konkreten mit der geistigen Welt zu tun haben will.

Wenn Sie jenen Vortragszyklus, den ich in Kristiania gehalten habe über die Entwickelung von Volksstämmen,[17] in die Hand nehmen, so sehen Sie, daß die Entwickelung von Volksstämmen mit der Hierarchie der Erzengel zusammenhängt. Die aufeinanderfolgenden Epochen unterstehen den Urkräften, den Archai, den Geistern der Persönlichkeit.

Wenn wir nun die wichtigsten Wesenheiten aus der Reihe der Archangeloi nehmen, so haben wir Namen, die uns auch sonst begegnen, die wir auch gebrauchen können wie andere Namen: Raphael, Gabriel, Michael und so weiter.

Diese Wesenheiten können wir mit solchen Namen benennen, denn der Name ist ja gar nicht das Wesentliche. Wir benennen sie, wie wir eben andere Dinge auch mit Namen nennen. Sie spielen eine gewisse Rolle in dem, was wir als Tatsachen der übersinnlichen Entwickelung finden. Von dieser übersinnlichen Entwikkelung ist aber unsere sinnliche Entwickelung abhängig.

Wir können tatsächlich ganz gut geisteswissenschaftlich unterscheiden zwischen den einzelnen Wesenheiten aus der Hierarchie der Archangeloi. Nicht abstrakt durch bloßes Namen-Hinpfahlen, sondern wir können unterscheiden so, daß wir die hauptsächlichsten Kulturimpulse, die sich äußerlich in der sinnlichen Welt auf einem Fleck der Erde zum Beispiel in den ersten christlichen Jahrhunderten ergeben, von einer anderen Wesenheit beherrscht sehen als die, welche die hauptsächlichsten Kulturimpulse bei den leitenden Völkern, sagen wir im 12. und 13. Jahrhundert, beherrschte, und die, welche unsere Kulturentwickelung beherrscht.

Bleiben wir zunächst bei dem, was für unsere Kulturentwickelung in Betracht kommt. Da haben wir deutlich zu unterscheiden zwischen dem Charakter desjenigen Zeitalters, das etwa im 15., 16. Jahrhundert begonnen hat, das seine hauptsächliche Signatur hat von dem Aufkommen der neuen Naturwissenschaften, das die Naturwissenschaften bis zu jener Größe gebracht hat, die uns im 19. Jahrhundert entgegentritt und die nicht genug bewundert werden kann.

Wenn man diese Jahrhunderte der naturwissenschaftlichen Arbeit der gesamten Menschheit ins Auge faßt, dann muß man sagen, sie ist geführt worden von gewissen Völkerschaften, die gelenkt wurden aus der übersinnlichen Welt heraus von einem ganz bestimmten Wesen aus der Hierarchie der Archangeloi, und dieses Wesen unterscheidet sich ganz genau von dem Wesen, das jetzt unsere beginnende geistige Kulturepoche von der übersinnlichen Welt aus leitet. Wenn man Namen, die im Abendland gebräuchlich geworden sind, für diese leitenden Wesenheiten aus der Hierarchie der Archangeloi geben will, kann man sagen: Seit der Christus-Zeit her waren verschiedene Wesenheiten leitend für die fortschreitende Kultur. Ohne auf diese Namen pochen zu wollen, will ich eben die Namen einer Reihe von Wesenheiten aus der Hierarchie der Erzengel aufzählen, wie man Namen von Menschen nennt, die an irgend etwas teilhaben auf dem physischen Plan, einer Reihe von Wesenheiten aus der Hierarchie der Archangeloi, die beherrscht haben die fortschreitende Kultur: Oriphiel, Anael, Zachariel, Raphael, Samael, Gabriel, Michael.

Gabriel war der leitende Geist in derjenigen Kulturperiode, die eben abgelaufen ist für die geistige Welt mit dem letzten Drittel des 19. Jahrhunderts. Denn in der Tat beginnt mit diesem letzten Drittel des 19. Jahrhunderts – und dies wird immer mehr hervortreten – eine Epoche, in welcher ganz andere Einflüsse und Impulse aus der übersinnlichen Welt in die sinnliche hineinströmen. Während in der verflossenen Epoche die Menschenseelen vorzugsweise hingerichtet waren auf das, was die Sinne schauen, der Verstand begreifen kann, werden die Menschen der kommenden Zeit, welche die fortschreitende Entwickelung nicht verschlafen wollen, vorzugsweise zu beachten haben, wie immer mehr übersinnliche Weisheit und Erkenntnisse hereindringen werden aus den übersinnlichen Welten in die irdische sinnliche Entwickelung.

Wenn man äußerlich charakterisieren will, konnte man sagen: In der abgelaufenen Epoche hatten die übersinnlichen Wesen genug damit zu tun, die Inspirationen, die Intuitionen, die hereinfließen können aus den übersinnlichen Welten, möglichst abzuhalten von dem physischen Leben. Es hatten die Hierarchien damit zu tun, daß sie nicht hineinfließen konnten in die Seelen.

Von jetzt an werden die übersinnlichen Kräfte so gelenkt und geleitet von der übersinnlichen Welt aus, daß möglichst viele Inspirationen und Intuitionen hineinfließen können in die Menschenseele, so daß ein Wissen von Imagination, Inspiration, Intuition die Menschenseele wird ergreifen können. So bar allen inspirierten Wesens, aller Erkenntnisse des Geistigen das abgelaufene Zeitalter war, so erfüllt von inspiriertem, von intuitivem Wesen werden die wirklich lebendigen Kulturimpulse der folgenden Zeit sein.

Unmöglich wäre es gewesen, vor fünfzig Jahren dasjenige zu Menschen zu sprechen, was durch den notwendigen Gang der Weltenentwickelung heute zu Ihnen gesprochen werden kann, weil es damals unmöglich gewesen wäre, unmittelbar aus den geistigen Welten diese Dinge herunter zu bekommen. Das Tor ist erst jetzt geöffnet worden. Und wie die verflossenen Zeiten am günstigsten für die Verstandesentwickelung waren, so wird die nächste Zeit am günstigsten sein für die Entwickelung der Inspiration und Intuition.

Hart aneinander stoßen zwei Zeitalter: Eines, das abgeneigt war aller Inspiration, und eines, in dem zwar mächtige Kräfte mit allen Mitteln ankämpfen werden gegen alle Inspiration, in dem aber die Möglichkeit sein wird, die Inspiration aufzunehmen, sie zum Tonangebenden zu machen in den Menschenseelen.

Und wenn wir in die Sache weiter hineinschauen, so entdekken wir, daß die übersinnlichen Kräfte, die nicht unmittelbar hineinfließen konnten in die Menschenseelen im abgelaufenen Zeitalter, nicht etwa untätig waren. Das, was eine äußere Physiologie nicht konstatieren kann, ist doch Wahrheit: Im Zeitalter des Gabriel ist auch gearbeitet worden von der übersinnlichen Welt aus in die sinnliche hinein. Diese Arbeit ist geleistet worden am physischen Leib des Menschen. Innerhalb des Vorderhirns entstanden in dieser Zeit feine Strukturen, die nach und nach durch das Gabriel-Regiment in die menschliche Generation eingepflanzt worden sind, wodurch die Menschen zum großen Teil mit solchem Gehirn geboren werden, welches andere, feinere Strukturen hier am Vorderhirn hat, als es bei den Menschen des 12. und 13. Jahrhunderts noch der Fall war.

Das war die Aufgabe des Zeitalters, in dem die Menschen den Sinn lenkten auf das Physisch-Sinnliche, abgeschlossen waren gegen das Inspirierte, daß in die Leiblichkeit hinein sich die Impulse der übersinnlichen Welt ergossen und diese feine Struktur im Gehirn ausbildeten.

Und immer mehr und mehr wird diese Struktur da sein bei denen, die jetzt sich fähig fühlen werden, zum aktiven Denken und zum Verstehen der Geisteswissenschaft fortzuschreiten. Und dann werden in unserer Epoche, in derjenigen Epoche, an deren Anfang wir eigentlich erst stehen, die übersinnlichen Kräfte nicht verbraucht, um Strukturen im Gehirn zu bilden, sondern um unmittelbar in die Seelen einzufließen, durch Imagination und Inspiration zu wirken, einzufließen in die menschlichen Seelen. Das ist das Michael-Regiment.

So unterscheiden sich zwei Wesenheiten in der Reihenfolge der Archangeloi dadurch, daß der eine, Gabriel, der geleitet hat den Menschen unmittelbar vor unserem Zeitalter, gearbeitet hat an der feineren Ausbildung des Gehirns, und daß derjenige, der nun beginnt zu arbeiten, nicht die Aufgabe hat, ein menschliches Organ umzugestalten, sondern einzupflanzen in die menschlichen Seelen Verständnis für die spirituelle Wissenschaft. So grenzen wir voneinander ab die Wesenheiten, welche der Hierarchie der Archangeloi angehören.

An diesen zwei Beispielen versuchte ich, Ihnen gleichsam konkrete Eigenschaften, Charaktereigenschaften dieser beiden Wesenheiten hinzustellen. Nicht mit Namen wollen wir uns begnügen; denn, wie wir nichts wissen von einem Menschen, wenn wir nur wissen, daß er Müller heißt, so wissen wir auch nicht viel von Gabriel, wenn wir nur seinen Namen wissen. Aber dann wissen wir etwas von einem Menschen, wenn wir angeben können, er ist ein mitleidsvoller Mensch, er hat dies oder jenes getan. So wissen wir auch etwas von einer übersinnlichen Wesenheit, wenn wir sagen können, daß sie Kräfte einfließen ließ in den physischen Menschenleib, die Kräfte, die gewisse Strukturen im Vorderhirn haben entstehen lassen durch die menschliche Fortpflanzungskraft. Und wir charakterisieren den Geist, die Wesenheit, die auf ihn folgt, richtig, wenn wir aufweisen seine Tätigkeit im Erreichen des Verständnisses für die inspirierten, intuitiven Wahrheiten. Nicht so sehr für den Geistesforscher, den Initiierten selbst, sondern für diejenigen, die verstehen wollen die Geistesforschung, die zu aktivem Denken übergehen wollen, wirkt Michael, wenn die Kräfte des aktiven Denkens immer mehr in der Menschheit sich ansammeln in den folgenden Jahrhunderten.

Dieser Übergang ist noch in anderer Beziehung ein wichtiger. Durch dasjenige, was da geschehen ist, bildet sich immer mehr eine Menschheit heran, die durch ihre Organisation in der Lage ist, gedächtnismäßig in zukünftigen Inkarnationen wirklich zurückzuschauen auf frühere Inkarnationen. Aber die Menschheit muß sich in diese Lage erst versetzen.

Man kann sich nicht an etwas erinnern, an das man niemals gedacht hat. Wenn man abends gedankenlos seine Manschetten ausgezogen hat und gedankenlos die Knöpfe hinlegt, so kann man sie am andern Morgen nicht finden, weil man nicht daran gedacht hat. Wenn man den Gedanken gefaßt hat, sich das Bild der Umgebung von den Knöpfen, die man abgelegt hat, einzuprägen, wird man am nächsten Morgen schnurstracks zu dem Platze hingehen, wo man sie hingelegt hat.

So wie das für das gewöhnliche Leben gilt in bezug auf das Erinnerungsvermögen, so sollte es auch begriffen werden für den großen Horizont in bezug auf frühere Erdenleben. An das innerste Wesen der Seele müssen wir uns zuerst erinnern, an das, was wirklich hinübergeht in das Wesen der Seele. Aber dazu müssen wir dieses innerste Wesen zuerst erfaßt haben. Das können wir nur durch okkulte Schulung. Wenn man sich nicht bemüht hat, den Gedanken des Wesens der Seele zu haben in der früheren Inkarnation, so kann man sich auch nicht daran zurückerinnern, mag man noch so gut organisiert sein. Organisiert zur Rückerinnerung werden die Menschen sein, aber sie werden diese Organisation zunächst als Krankheit empfinden, als Nervosität, als einen furchtbaren Zustand, wenn sie sie nicht gebrauchen können. Denn sie werden organisiert sein, um sich zurückzuerinnern, aber sie haben nichts, woran sie sich erinnern können. Wenn der Mensch Eindrücke hat, die er nicht verwerten, Organe in sich hat, die er nicht gebrauchen kann, dann erkrankt er.

Dem gehen wir entgegen, daß die Menschen in den folgenden Zeitaltern dazu organisiert sein werden, sich zurückzuerinnern an frühere Erdenleben, daß aber nur diejenigen sich erinnern können, die etwas zum Erinnern haben, die also das Menschenseelenwesen in seiner Eigenart als Glied der geistigen Welt durch okkulte Schulung erkannt haben. In jedem Leben, das auf ein solches folgt, in dem man die Seele als Geistwesen erkannt hat, kommt die Rückerinnerung an frühere Erdenleben.

So stehen wir an einem wichtigen Wendepunkt. Geisteswissenschaft verstehen, heißt im Grunde nichts anderes, als ein Gefühl haben für diesen Wendepunkt in unserer Zeit.

Nun sind nicht alle Wesenheiten, die der Hierarchie der Archangeloi angehören, gleich geartet, gleich im Rang. Wenn wir von der Hierarchie der Archangeloi sprechen, kann man sagen, die lösen sich zwar so ab, wie ich gesagt habe. Aber der höchste im Range, gleichsam der Oberste ist derjenige, der in unserem Zeitalter die Herrschaft zu führen beginnt, ist Michael. Er ist einer aus der Reihe der Archangeloi, aber er ist gewissermaßen der Fortgeschrittenste. Nun gibt es eine Entwickelung, und die Entwickelung umfaßt alle Wesen. Alle Wesen sind in einer sich steigernden Entwickelung, und wir leben in dem Zeitalter, wo Michael, der Oberste von der Natur der Archangeloi, übergeht in die Natur der Archai. Er wird allmählich übergehen in eine leitende Stellung, wird eine leitende Wesenheit, wird Zeitgeist, leitende Wesenheit für die ganze Menschheit.

Das ist das Bedeutsame, das ist das ungeheuer Wichtige unseres Zeitalters, daß wir begreifen, daß das, was in allen vorhergehenden Epochen noch nicht da war, für die ganze Menschheit nicht da war, nun sein kann, werden muß ein Gut für die ganze Menschheit. Was bisher bei einzelnen Völkern auftrat – spirituelle Vertiefung –, kann nun etwas sein für die gesamte Menschheit.

Und wenn wir so hinweisen auf dasjenige, was hinter der Sinnenwelt geschieht, so können wir auch hinweisen auf das, was sich in der Sinnenwelt abspielt als ein äußerer Ausdruck dessen, was eben geschildert worden ist: daß gleichsam eine Erhöhung des Erzengels Michael sich abspielt hinter der sinnlichen Welt.

Bisher hat der Mensch eine Persönlichkeit sein können; in Zukunft wird er auch eine Persönlichkeit sein können, aber in einer anderen Weise als es bis in unser Zeitalter möglich gewesen ist. Der Mensch hat gewissermaßen immer teilgenommen an den übersinnlichen Welten, hat es wenigstens können mit seinem

Seelenleben. Aber die persönliche Note, die persönliche Färbung, die der Mensch dargelebt hat in dieser Sinnenwelt, kam nicht von oben herunter, sondern von unten herauf, sie kam von Luzifer. Luzifer hat die Persönlichkeit gemacht. Daher konnte man bisher sagen: Der Mensch kann mit seiner Persönlichkeit nicht eindringen in die übersinnliche Welt, kann seine Persönlichkeit nicht hineinbringen in die geistige Welt, er muß seine Persönlichkeit auslöschen, sonst verunreinigt er die geistige Welt.

In Zukunft obliegt dem Menschen, daß er die Persönlichkeit inspiriert werden läßt von oben, auf daß sie aufnehmen könne, was da ausfließen soll aus der geistigen Welt. Ihre Note bekommt die Persönlichkeit durch das, was sie an spirituellen Erkenntnissen aufzunehmen vermag, die Persönlichkeit wird etwas ganz anderes werden in zukünftigen Zeiten. Gewissermaßen durch das, wodurch er abgewichen ist vom Geistigen, was ihm von dem Leibe aufgedrückt wird, war der Mensch früher eine Persönlichkeit, in Zukunft wird er eine Persönlichkeit sein müssen durch dasjenige, was er aus der spirituellen Welt in sich zu verarbeiten, in sich aufzunehmen vermag.

Durch ihr Blut, durch ihr Temperament, durch mancherlei, was von unten kam, waren in der Vergangenheit die Menschen eben Persönlichkeiten, und in diese Persönlichkeiten strahlten unpersönliche Elemente aus dem Übersinnlichen hinein. Durch Temperament, durch Blut und so weiter wird man immer weniger und weniger Persönlichkeit sein können in der Zukunft. Aber man wird es sein können durch seine Teilnahme an der übersinnlichen Welt. Bis in den Charakter herein wird fließen das, was die übersinnlichen Impulse enthalten. Das wird bewirken der Impuls des Michael, der eben in die menschliche Seele hineinleitet das Verständnis für das spirituelle Leben. Die Menschen mit ausgesprochenem Persönlichkeitscharakter werden diesen Persönlichkeitscharakter davon haben in Zukunft, daß sie dieses oder jenes ausdrücken werden durch Verständnis der übersinnlichen Welten. Die Alexanders, Cäsars, Napoleons gehören der Vergangenheit an. In sie floß gewiß das übersinnliche Element hinein, doch die hohe persönliche Färbung haben sie durch das, was sie erhalten haben von unten herauf. Die Menschen, die Persönlichkeiten sind durch die Art, wie sie die geistige Welt in die sinnliche hineintragen, die Menschen, die von der Seele aus Persönlichkeit in die Menschheit tragen, das werden die Persönlichkeiten sein, welche die Alexanders, Cäsars, Napoleons ablösen werden. Die Stärke der Menschentaten in der Zukunft wird sich ergeben aus der Stärke des geistigen Einschlags, der in diese Menschentaten hineinfließen wird.

Dieses alles gehört zu dem, was das Bedeutsame des Übergangs von einer Epoche zur anderen ist. Aber was eben den bedeutungsvollsten Übergang charakterisiert, ist der Übergang von der Epoche des Gabriel zu der Epoche des Michael in unserer Entwickelungsepoche.

Wir können auch mit dem gesunden Menschenverstand uns durchaus ein Verständnis aneignen dessen, was heute gesagt ist, wenn wir nur vorurteilsfrei genug sind, in unsere Zeit hineinzuschauen und zu sehen, wie aneinanderstoßen die zwei Möglichkeiten noch bis ins letzte Drittel des 19. Jahrhunderts.

Die erste Möglichkeit ist, aus der Naturwissenschaft heraus Weltanschauung zu bauen. Heute ist das veraltet, etwas Antiquiertes, liegt nicht mehr im Charakter des Zeitalters. Die Menschen machen es noch, weil sie eben noch das forttragen, was aus dem Alten kommt. Im Charakter des Zeitalters liegt es, aus den Inspirationen der geistigen Welt und aus deren Verständnis heraus Weltanschauung zu zimmern. Das müssen wir als ein Gefühl, als eine Empfindung in unserer Seele aufnehmen, dann lernen wir wissen, was anthroposophische Weltanschauung für die einzelnen Seelen bedeutet, lernen empfinden, was Entwickelung für die Menschheit ist. Teilnehmer dürfen wir sein an Bedeutungsvollem.

Und nun erinnere ich Sie an etwas, was ich eingeflochten habe in die Vorträge, die ich das letzte Mal hier gehalten habe,[18] in die Vorträge von der Veränderung der Funktion des Buddha. Hier ist auch der Punkt, wo in der nächsten Betrachtung an die heutige angeknüpft werden soll.

Gewissermaßen mit einer Frage möchte ich die heutigen Betrachtungen abschließen, mit der Frage, die sich in jeder Seele erheben kann und die uns von Wichtigem, das heute betrachtet wurde, zu noch Wichtigerem führen wird.

Wenn eine Erhöhung des Michael stattgefunden hat, wenn er zum leitenden Geist der abendländischen Kultur geworden ist, wer tritt an seine Stelle? Der Platz muß ausgefüllt werden. Jede Seele muß sich sagen: also muß auch ein Engel eine Erhöhung, ein Aufrücken erfahren haben, muß eintreten in die Reihe der Archangeloi. Wer ist das?

Mit dieser Frage will ich abschließen, um hinüberzuleiten in noch wichtigere Betrachtungen, die uns übermorgen beschäftigen sollen.

Heute wollte ich vor Ihre Seele stellen die wichtigste Charakteristik des Übergangs: die Tatsache, daß die Seelen, die sich dazu aufraffen können, Verständnis finden können für übersinnliche Wahrheiten. Denn so wollen es die hinter der Menschheit stehenden, die Menschheitsevolution leitenden Weltenmächte. Und das Abbild in der Sinnenwelt ist, daß die Persönlichkeit eine völlig andere Nuance annimmt. Während im verflossenen Zeitalter der Persönlichkeit die Färbung gegeben hat von unten her Temperament und Blut, wird in Zukunft tonangebend werden für die Persönlichkeit des neuen Zeitalters das Element des spirituellen Verständnisses. Das wird das tonangebende Element sein.

Wichtig ist, dies zu verstehen, noch wichtiger ist, dies zu erfühlen.

Von diesem Punkt werden wir übermorgen zu einer bedeutsamen Betrachtung, die in jede einzelne unserer Seelen eindringen kann, übergehen.

Erkenntnis geistiger Wesenheiten in verschiedenen Epochen

Dornach, 4. Januar 1924

Im Anschluß an dasjenige, was ich Ihnen vorzubringen hatte in dem Kursverlauf während unserer Weihnachtstagung, möchte ich in diesen drei Vorträgen, die nun an den Abenden werden zu halten sein, einiges von dem sagen, was die auf die Erforschung des geistigen Lebens hingehende Entwickelung in der neueren Zeit betrifft. Es wird ja vielfach gerade unter dem Namen der Rosenkreuzerei und anderer okkulter Bezeichnungen von dieser neueren geisteswissenschaftlichen Entwickelung gesprochen, und ich möchte einmal das Innere dieser Erforschung des geistigen Lebens hier Ihnen schildern. Dazu wird notwendig sein, daß wir heute einleitend etwas über die ganze Art der Vorstellungen sagen, die sich etwa um das 9., 10., 11. nachchristliche Jahrhundert festsetzte und dann allmählich verschwand eigentlich erst am Ende des 18. Jahrhunderts, sich sogar noch erhalten hat bei einzelnen Nachzüglern im 19. Jahrhundert. Also ich möchte heute nicht historisch vorgehen, sondern ich möchte eine Summe von durch gewisse Persönlichkeiten innerlich erlebten Vorstellungen vor Ihre Seele hinstellen. Man denkt ja gewöhnlich gar nicht, wie anders die ganze Vorstellungswelt vor einer verhältnismäßig kurzen historischen Zeit war bei denjenigen, die sich zu den erkennenden Menschen gerechnet haben – wie ganz anders als heute. Heute spricht man von chemischen Stoffen, siebzig oder achtzig chemischen Stoffen, und wird sich gar nicht bewußt, daß eigentlich wirklich furchtbar wenig damit gesagt ist, wenn man einen Stoff als Sauerstoff, als Stickstoff und so weiter bezeichnet. Denn

Sauerstoff ist ja nur etwas, was vorhanden ist unter bestimmten Voraussetzungen, unter bestimmten Voraussetzungen von Wärmezuständen, von anderen Zuständen gerade des irdischen Lebens. Es kann doch unmöglich eigentlich ein vernünftiger Mensch mit irgend etwas den Begriff der Realität verbinden, was bei Erhöhung einer Temperatur um soundso viele Grade nicht mehr in demselben Maße, in derselben Weise vorhanden ist, wie es gerade eben unter den Bedingungen vorhanden ist, in denen der Mensch als physischer Erdenmensch lebt. Und gerade solche Begriffe, solche Vorstellungen, die Tendenz, über das Relative des Daseins hinauszugehen zu einem wirklichen Dasein, dieses Ziel lag eben dem Forschungsleben der ersten Zeit des Mittelalters, der mittleren Zeit des Mittelalters durchaus zugrunde.

Ich setze deshalb einen Übergang vom 9. ins 10. nachchristliche Jahrhundert, weil vorher die ganzen Anschauungen der Menschen noch sehr geistig waren. Es würde zum Beispiel einem wirklich Wissenden des 9. Jahrhunderts gar noch nicht haben beikommen können, in der Annahme von Engeln oder Erzengeln oder Seraphim irgend etwas zu sehen, was an Realität nicht gleichgekommen wäre – ich meine nur an Realität – den physischen Menschen, die man mit Augen sieht. Bei den Wissenden finden Sie, daß durchaus in dieser Zeit vor dem 10. Jahrhundert von den geistigen Wesenheiten, den sogenannten Intelligenzen des Kosmos, wie von Wesenheiten gesprochen wird, nun ja, denen man eben begegnet, wenn auch die Leute gewußt haben, sie sind schon längst aus dem Zeitalter hinaus, in dem das ein allgemeines Anschauungsgut der Menschen war. Sie haben aber gewußt, unter besonderen Verhältnissen ist die Wirkung da. Man darf zum Beispiel durchaus nicht übersehen, daß zahlreiche Priesternaturen, katholische Priesternaturen, bis ins 9., 10. Jahrhundert im Verlauf der Verrichtungen des Meßopfers sich ganz klar darüber waren, daß sie bei dieser oder jener Handlung des Meßopfers die

Begegnung von geistigen Wesenheiten, von Intelligenzen des Kosmos gehabt haben.

Aber mit dem 9., 10. Jahrhundert verschwand allmählich aus dem Bewußtsein der Menschen der unmittelbare Zusammenhang mit den eigentlichen Intelligenzen des Weltenalls, und immer mehr und mehr tauchte auf nur das Bewußtsein von den Elementen des Kosmos, von dem Erdigen, dem Flüssigen oder Wäßrigen, dem Luftartigen, dem Wärmeartigen, dem Feurigen. So daß, ebenso wie man früher von kosmischen Intelligenzen gesprochen hat, welche die Planetenbewegungen regeln, die Planeten vorbeiführen an den Fixsternen und so weiter, so sprach man nunmehr, ich möchte sagen, von der unmittelbaren Umgebung des Irdischen. Man sprach von den Elementen der Erde, des Wassers, der Luft, des Feuers. Chemische Stoffe im heutigen Sinne beachtete man nicht. Das kam erst viel später, daß man diese beachtete. Aber sehen Sie, Sie würden sich etwas ganz Falsches vorstellen, wenn Sie sich denken würden, daß die Wissenden selbst noch im 13., 14. Jahrhundert, ja sogar in einer gewissen Weise herein bis ins 18. Jahrhundert, sich unter Wärme, Luft, Wasser, Erde dasselbe vorgestellt hatten, was sich heute die Menschen darunter vorstellen. Heute reden die Menschen von der Wärme überhaupt nur noch als von einem Zustande, in dem die Körper sind. Von einem eigentlich Wärmeätherischen wird ja nicht mehr geredet. Aber Luft, Wasser, das ist ja für die Menschen heute, man möchte sagen, das Allerabstrakteste geworden, und es ist schon notwendig, daß man sich vertiefe in die Art, wie diese Vorstellungen einmal waren. Und so möchte ich Ihnen heute ein Bild geben, wie etwa die Redeweise bei den Wissenden in der bezeichneten Zeit war.

Ich war genötigt, als ich meine *Geheimwissenschaft* schrieb,[19] die Entwickelung der Erde doch wenigstens ein wenig mit den gebräuchlichen Vorstellungen der Gegenwart in Einklang zu bringen. Im 13., 12. Jahrhundert würde man sie haben anders machen können. Da würde zum Beispiel in einem gewissen Kapitel dieser «Geheimwissenschaft» das Folgende zu finden gewesen sein. Da hätte man zunächst eine Vorstellung hervorzurufen gehabt von den Wesenheiten, die man als die Wesenheiten der ersten Hierarchie bezeichnen kann: Seraphim, Cherubim, Throne. Man würde die Seraphim charakterisiert haben als Wesenheiten, bei denen es nicht Subjekt und Objekt gibt, sondern bei denen Subjekt und Objekt zusammenfällt, die nicht sagen würden: Außer mir sind Gegenstände –, sondern: Die Welt ist, und ich bin die Welt, und die Welt ist Ich –; die eben nur von sich wissen, und zwar so, daß diese Wesenheiten, diese Seraphim, von sich wissen durch ein Erlebnis, von dem der Mensch einen schwachen Nachglanz hat, wenn er, nun, sagen wir, die Erfahrung macht, die ihn in eine glühende Begeisterung versetzt.

Es ist sogar schwer manchmal, dem gegenwärtigen Menschen klar zu machen, was eine glühende Begeisterung ist, denn noch im Beginne des 19. Jahrhunderts wußte man besser, was glühende Begeisterung ist, als heute. Da kam es schon noch vor, daß das oder jenes Gedicht von diesem oder jenem Dichter vorgelesen worden ist, und die Leute benahmen sich vor Begeisterung so – verzeihen Sie, aber es war schon so –, daß der gegenwärtige Mensch sagen würde: Die sind ja alle wahnsinnig geworden! – So sind sie in Bewegung gekommen, so ist Wärme in sie eingezogen. Gegenwärtig erfriert man ja, gerade wenn man glaubt, die Leute sollten begeistert sein.

Und durch dieses Element der Begeisterung, das insbesondere in Mittel- und Osteuropa recht heimisch war, durch diese seelische Begeisterung, indem dieses Element zum Bewußtsein erhoben ist, einheitliches Bewußtseinselement ist, hat man sich das innere Leben der Seraphim vorzustellen. Und als ein völlig abgeklärtes Element im Bewußtsein, lichtvoll, so daß der

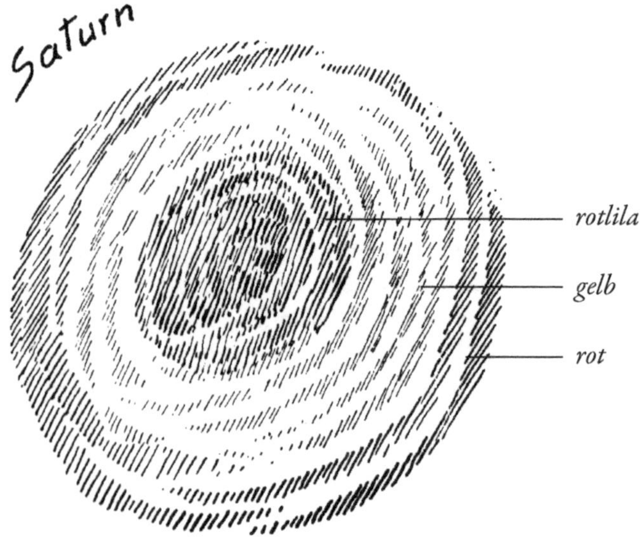

Gedanke unmittelbar Licht wird, alles beleuchtet, hat man das Bewußtseinselement der Cherubim vorzustellen. Und als in Gnade tragend, weltentragend, das Element der Throne.

Nun, das ist solch eine Skizze. Ich könnte darüber lange noch fortsprechen. Ich wollte Ihnen nur zunächst sagen, daß man versucht hätte in jener Zeit, zunächst Seraphim, Cherubim, Throne in ihren wesenhaften Eigenschaften zu charakterisieren. Dann würde man gesagt haben: Der Chor der Seraphim, Cherubim, Throne wirkt zusammen, und zwar so wirkt er zusammen, daß die Throne einen Kern begründen (siehe Zeichnung; Mitte rotlila); die Cherubim lassen von diesem Kern ausströmen ihr eigenes lichtvolles Wesen (gelber Ring). Die Seraphim hüllen das Ganze in einen Begeisterungsmantel, der weithin in den Weltenraum strahlt (rote Umhüllung).

Aber das sind alles Wesenheiten in dem, was ich zeichne, in

der Mitte die Throne, im Umkreis die Cherubim, in dem, was im Äußersten hier ist, die Seraphim. Das sind Wesenheiten, die ineinanderschweben, -tun, -denken, -wollen, die ineinanderfühlen. Das sind Wesenhaftigkeiten. Und wenn ein Wesen, das die entsprechende Empfindungsfähigkeit gehabt hätte, nunmehr den Weg durch den Raum genommen hätte, wo in dieser Weise die Throne einen Kern begründet haben, die Cherubim eine Art von Umkreis, die Seraphim eine Art von Abschluß nach außen, wenn ein solches Wesen in den Bereich dieses Wirkens der ersten Hierarchie gekommen wäre, so hätte es Wärme in verschiedener Differenzierung, an verschiedenen Stellen Wärme gefühlt, da höhere Wärme, dort tiefere Wärme. Alles aber seelisch-geistig, aber so seelisch-geistig, daß das seelische Erlebnis auch zu gleicher Zeit in unseren Sinnen ein physisches Erlebnis ist, daß also, indem das Wesen sich seelisch warm fühlt, wirklich das da ist, was Sie fühlen, wenn Sie in einem geheizten Raume sind. Solch eine Zusammenbauung von Wesenheiten der ersten Hierarchie ist einmal im Weltenall entstanden, und das bildete das saturnische Dasein. Die Wärme ist bloß der Ausdruck dafür, daß diese Wesenheiten da sind. Die Wärme ist nichts, sie ist bloß der Ausdruck dafür, daß diese Wesenheiten da sind.

Ich möchte dafür ein Bild gebrauchen, das hier vielleicht etwas aufklärend sein kann. Denken Sie sich, Sie haben einen Menschen gern. Sie empfinden seine Gegenwart als Sie wärmend. Denken Sie sich, es kommt einer, der ein furchtbarer Abstraktling ist und sagt: Ja, der Mensch interessiert mich eigentlich nicht, den denke ich mir weg, mich interessiert nur die Wärme, die er verbreitet. – Aber er sagt gar nicht: Mich interessiert nur die Wärme, die er verbreitet –, sondern: Mich interessiert überhaupt nur die Wärme. – Er redet natürlich Unsinn, das verstehen Sie, denn wenn der Mensch weg ist, der die Wärme verbreitet, dann ist die Wärme auch nicht mehr da. Die Wärme ist überhaupt nur etwas, was da ist, wenn der Mensch da ist. Sie ist an sich nichts. Der Mensch muß da sein, wenn die Wärme da ist. So müssen Seraphim, Cherubim, Throne da sein, sonst ist auch die Wärme nicht da. Die Wärme ist nur die Offenbarung der Seraphim, Cherubim, Throne.

Sehen Sie, in jener Zeit, von der ich spreche, gab es ja in der Tat bis zu den kolorierten Zeichnungen herunter das, was ich Ihnen eben jetzt beschrieben habe. Man redete so, daß man, wenn man von Elementen redete, vom Elemente der Wärme, darunter eigentlich Cherubim, Seraphim, Throne verstand. Und das ist das saturnische Dasein.

Nun ging man weiter, und man sagte sich dann: Nur die Seraphim, Cherubim, Throne haben die Macht, so etwas hervorzubringen, so etwas hinzustellen in den Kosmos. Nur diese höchste Hierarchie hat die Fähigkeit, so etwas hinzustellen in den Kosmos. Aber indem diese höchste Hierarchie im Ausgangspunkte eines Weltenwerdens so etwas hingestellt hat, konnte die Entwickelung weitergehen. Es konnten gewissermaßen die Söhne der Seraphim, Cherubim und Throne die Entwickelung weiterleiten. – Und das geschah dann auf die Weise, daß wirklich die von den Seraphim, Cherubim und Thronen hervorgebrachten Wesenheiten der zweiten Hierarchie, die Kyriotetes, Dynamis, Exusiai, daß diese nun eindrangen in diesen Raum, sagen wir, der hier durch Seraphim, Cherubim und Throne saturnisch gestaltet worden war, saturnisch warm gebildet worden war. Da drangen dann die jüngeren, natürlich kosmisch jüngeren Wesenheiten ein. Diese kosmisch jüngeren Wesenheiten, wie wirkten sie? Während die Cherubim, Seraphim und Throne für sich im Elemente der Wärme sich offenbarten, so offenbarten sich die Wesenheiten der zweiten Hierarchie im Elemente des Lichtes. Hier (auf der Zeichnung, roter Hintergrund) das Saturnische ist dunkel, liefert Wärme. Und innerhalb der dunklen finsteren Welt des saturni-

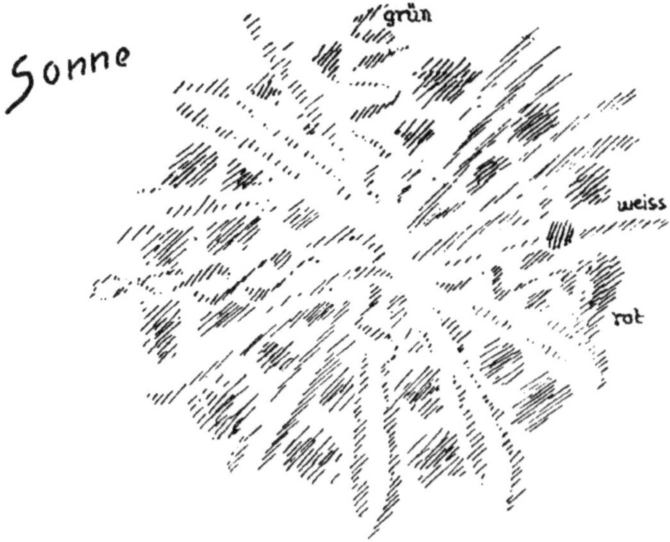

schen Daseins ersteht dasjenige, was durch die Söhne der ersten Hierarchie, durch die Exusiai, Dynamis, Kyriotetes, entstehen kann.

Was da entsteht innerhalb dieses saturnisch Warmen, das entsteht dadurch, daß das Eindringen der zweiten Hierarchie bedeutet ein innerliches Durchleuchtetwerden. Dieses innerliche Durchleuchtetwerden ist verknüpft mit einer Verdichtung der Wärme. Es wird aus dem bloßen Wärmeelement Luft. Und wir haben auf der einen Seite eindringend in der Offenbarung des Lichtes die zweite Hierarchie. Aber Sie müssen sich jetzt klar vorstellen, in Wirklichkeit dringen Wesenheiten ein. Für ein Wesen mit entsprechender Wahrnehmungsfähigkeit dringt Licht ein. Licht ist dasjenige, was die Wege dieser Wesenheiten bezeichnet. Wenn irgendwo Licht hinkommt, so entsteht unter gewissen Bedingungen Schatten, Finsternis, finsterer Schatten. Durch das

Eindringen der zweiten Hierarchie in Form des Lichtes entstand auch Schatten. Was war dieser Schatten? Die Luft. Und tatsächlich, bis ins 15., 16. Jahrhundert hat man gewußt, was die Luft ist. Heute weiß man nur, die Luft besteht aus Sauerstoff, Stickstoff und so weiter, womit nicht viel anderes gesagt ist, als wenn einer meinetwillen von einer Uhr weiß, sie besteht aus Glas und Silber, womit über die Uhr gar nichts gesagt ist. Es ist über die Luft gar nichts gesagt als kosmische Erscheinung, wenn man sagt, sie besteht aus Sauerstoff und Stickstoff, aber es ist viel über die Luft gesagt, wenn man weiß: Aus dem Kosmos heraus ist die Luft der Schatten des Lichtes. – So daß man also jetzt tatsächlich mit dem Eindringen der zweiten Hierarchie in das saturnisch Warme das Eindringen des Lichtes hat (weiße Strahlen) und den Schatten des Lichtes, die Luft (grüne Schlangenlinien). Und wo das entsteht, ist Sonne. So hätte man eigentlich müssen im 13., 12. Jahrhundert sprechen.

Nun gehen wir weiter. Die weitere Entwickelung wird nun wiederum durch die Söhne der zweiten Hierarchie, durch Archai, Archangeloi, Angeloi, geleitet. Diese Wesenheiten bringen ein Neues in das leuchtende Element, das zunächst durch die zweite Hierarchie, eingezogen ist, das seinen Schatten, die luftige Finsternis nach sich gezogen hat – nicht die gleichgültige neutrale Finsternis, die saturnische, die einfach Abwesenheit des Lichtes war, sondern die, welche den Gegensatz des Lichtes herausgearbeitet hat. Zu dieser Entwickelung hinzu bringt die dritte Hierarchie, Archai, Archangeloi, Angeloi, durch ihre eigene Wesenheit ein Element hinein, das ähnlich ist unserem Begehren, unseren Trieben, etwas zu erlangen, nach etwas sich zu sehnen.

Dadurch kam folgendes, dadurch kam zustande, daß, sagen wir, ein Archai- oder Angeloiwesen hier hereinkam (siehe Zeichnung S. 149, Punkt auf dem Lichtstrahl rechts) und auftraf auf ein Element des Lichtes, ich möchte sagen, auf einen Ort des Lichtes.

In diesem Ort des Lichtes empfing es durch die Empfänglichkeit für dieses Licht den Drang, das Begehren für die Finsternis. Es trug das Angeloiwesen das Licht in die Finsternis herein, oder ein Angeloiwesen trug die Finsternis in das Licht herein. Diese Wesenheiten werden die Vermittler, die Boten zwischen Licht und Finsternis. Und die Folge davon war, daß dann dasjenige, was früher nur im Lichte erglänzte und seinen Schatten, die dunkle luftige Finsternis, nach sich gezogen hat, daß das anfing in allen Farben zu schillern, daß Licht in Finsternis, Finsternis in Licht erschien. Die dritte Hierarchie ist es, die die Farbe hervorgezaubert hat aus Licht und Finsternis.

Sehen Sie, hier haben Sie auch sozusagen etwas historisch Dokumentarisches vor Ihre Seele hinzustellen. In der Aristoteles-Zeit[20] hat man noch gewußt, wenn man, ich möchte sagen, innerhalb des Mysteriums sich gefragt hat, woher die Farben kommen, daß damit die Wesenheiten der dritten Hierarchie zu tun haben. Daher sprach es Aristoteles in seiner Farbenharmonie aus,[21] daß die Farbe ein Zusammenwirken des Lichtes und der Finsternis bedeutet. Aber dieses geistige Element, daß man hinter der Wärme die Wesenheiten der ersten Hierarchie, hinter dem Lichte und seinem Schatten, der Finsternis, die Wesenheiten der zweiten Hierarchie, hinter dem farbigen Aufglitzern in einem Weltenzusammenhange die Wesenheiten der dritten Hierarchie zu sehen hat, das ging verloren. Und es blieb nichts anderes übrig als die unglückselige Newtonsche Farbenlehre, über die bis ins 18. Jahrhundert herein die Eingeweihten gelächelt haben und die dann das Glaubensbekenntnis derjenigen wurde, die eben physikalische Fachleute sind.

Man muß eben wirklich von der geistigen Welt gar nichts mehr wissen, wenn man im Sinne dieser Newtonschen Farbenlehre sprechen kann. Und wenn man noch innerlich aufgestachelt ist von der geistigen Welt, wie es bei Goethe der Fall war, da sträubt man sich dagegen. Man stellt, wie er es getan hat, das Richtige hin und schimpft furchtbar. Denn Goethe hat nie so geschimpft als bei der Gelegenheit, wo er über Newton zu schimpfen hatte; er schimpfte furchtbar über das unsinnige Zeug. Solche Dinge kann man ja heute nicht begreifen, aus dem einfachen Grunde, weil heute jemand vor den Physikern ein Narr ist, der nicht die Newtonsche Farbenlehre anerkennt. Aber die Dinge liegen doch nicht so, daß etwa in der Goethe-Zeit Goethe ganz allein dagestanden hätte. Unter denen, die nach außen diese Dinge aussprachen, stand er allein da, aber die Wissenden, auch noch am Ende des 18. Jahrhunderts, sie wußten eben durchaus auch, wie innerhalb des Geistigen die Farbe erquillt.

Aber sehen Sie, die Luft ist der Schatten des Lichtes. Und geradeso, wie, wenn das Licht ersteht, unter gewissen Bedingungen der finstere Schatten da ist, so ersteht, wenn Farbe da ist und diese Farbe als Realität wirkt – und das konnte sie, solange sie eindrang in das luftige Element –, so entsteht, wenn die Farbe hinsprüht im luftigen Elemente, wirkt im luftigen Elemente, also etwas ist, nicht bloß ein Abglanz ist, nicht bloß die Reflexfarbe ist, sondern eine Realität, die hinsprüht im luftigen Elemente: dann entsteht, wie durch Druck Gegendruck entsteht unter gewissen Bedingungen, aus dem realen Farbigen das flüssige, das wäßrige Element. Wie der Schatten des Lichtes Luft ist, kosmisch gedacht, so ist das Wasser der Abglanz, die Schöpfung des Farbigen im Kosmos.

Sie werden sagen: Das verstehe ich nicht. – Aber versuchen Sie nur einmal, tatsächlich das Farbige zu fassen in seinem realen Sinne.

Rot – nun ja, glauben Sie, daß das Rot wirklich in seiner Wesenheit nur die neutrale Fläche ist, als die man es gewöhnlich anschaut? Das Rot ist doch etwas, was eine Attacke auf einen macht. Ich habe es oftmals erwähnt. Man möchte davonlaufen vor dem Rot, es stößt einen zurück. Das Blauviolett, man möchte ihm

nachlaufen, es läuft immer vor einem davon, es wird immer tiefer und tiefer. In den Farben lebt ja alles. Die Farben sind eine Welt, und das seelische Element fühlt sich in der Farbenwelt tatsächlich so, daß es gar nicht auskommen kann ohne Bewegung, wenn es den Farben mit dem seelischen Erleben folgt.

Sehen Sie, der Mensch glotzt heute den Regenbogen an. Wenn man nur mit einiger Imagination nach dem Regenbogen hinschaut, da sieht man Elementarwesen, die am Regenbogen sehr tätig sind. Diese Elementarwesen zeigen sehr merkwürdige Erscheinungen. Hier (bei Rot und Gelb) sieht man fortwährend aus dem Regenbogen herauskommen gewisse Elementarwesen. Die bewegen sich dann so herüber. In dem Augenblicke, wo sie ankommen an dem unteren Ende des Grüns, werden sie angezogen. Man sieht sie hier verschwinden (bei Grün und Blau). Auf der anderen Seite kommen sie wieder heraus. Der ganze Regenbogen zeigt für den, der ihn mit Imagination anschaut, ein Herausströmen des Geistigen, ein Verschwinden des Geistigen. Er zeigt tatsächlich etwas wie eine geistige Walze, wunderbar. Und zu gleicher Zeit bemerkt man an diesen geistigen Wesenheiten, daß, indem sie da herauskommen, sie mit einer großen Furcht herauskommen, indem sie da hineingehen, gehen sie mit einem ganz unbesieglichen Mut hinein. Wenn man nach dem Rotgelb hinschaut, da strömt Furcht aus, wenn man nach dem Blauviolett hinschaut, bekommt man das Gefühl: Da lebt ja alles wie Mut, wie Courage.

Nun stellen Sie sich vor, daß nicht bloß der Regenbogen da ist, sondern wenn ich jetzt hier einen Schnitt zeichne (siehe Zeichnung S. 153, oben) und der Regenbogen so steht (um 90° gedreht), so kommen die Wesenheiten da heraus, da verschwinden sie; hier Angst, hier Mut (siehe Zeichnung S. 155). Der Mut verschwindet wiederum. So wäre jetzt das Auge gerichtet, hier ist der Regenbogen, hier ist jetzt Mut das Rot, Gelb und so weiter. Da bekommt der Regenbogen eine Dicke. Und da werden Sie sich schon vorstellen können, daß wäßriges Element daraus entsteht. Und in diesem wäßrigen Element leben nun geistige Wesenheiten, die wirklich auch eine Art von Abbild sind der Wesenheiten der dritten Hierarchie.

Man kann schon sagen: Kommt man an die Wissenden des 11., 12., 13. Jahrhunderts heran, so muß man solche Dinge verstehen. Sie können nicht einmal die Späteren mehr verstehen, Sie können nicht den Albertus Magnus[22] verstehen, wenn Sie ihn lesen mit dem, was heute der Mensch weiß. Sie müssen ihn lesen mit einer Art von Wissen, daß solches Geistiges für ihn noch eine Realität war; dann verstehen Sie erst, wie er die Worte gebraucht, wie er sich ausdrückt.

Und auf diese Weise treten auf wie ein Abglanz der Hierarchien Luft, Wasser. Indem die Hierarchien selber eindringen, dringt die zweite Hierarchie ein in Form des Lichtes, die dritte Hierarchie

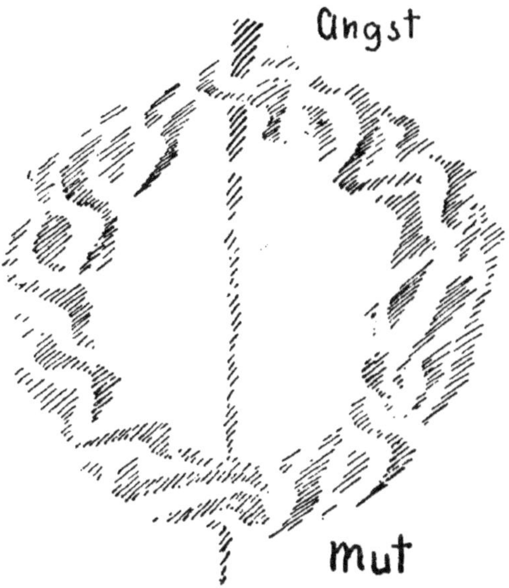

ein in Form des Farbigen. Damit aber, daß dieses sich bildet, ist das Mondendasein erreicht.

Und nun kommt die vierte Hierarchie. Ich erzähle jetzt so, wie man im 12., 13. Jahrhundert gedacht hat. Nun kommt die vierte Hierarchie. Wir sprechen gar nicht von ihr, aber im 12., 13. Jahrhundert hat man noch von dieser vierten Hierarchie sehr wohl gesprochen. Was ist diese vierte Hierarchie? Das ist der Mensch. Der Mensch selber ist die vierte Hierarchie. Aber beileibe nicht das hat man verstanden unter dieser vierten Hierarchie, was jetzt als zweibeiniges, alterndes, so höchst sonderbares Wesen herumgeht in der Welt, denn dem eigentlich Wissenden ist dazumal gerade der gegenwärtige Mensch als ein sonderbares Wesen vorgekommen. Sie haben gesprochen von dem ursprünglichen Menschen vor dem Sündenfall, der noch durchaus in einer solchen

Form vorhanden war, daß er ebenso Macht über die Erde hatte, wie Angeloi, Archangeloi, Archai Macht über das Mondendasein, wie die zweite Hierarchie Macht über das Sonnendasein, die erste Hierarchie Macht über das Saturndasein hatte. Man sprach von dem Menschen in seinem ursprünglichen irdischen Dasein und konnte da von dem Menschen als der vierten Hierarchie sprechen. Und mit dieser vierten Hierarchie kam, allerdings als eine Gabe der oberen Hierarchien, aber wie etwas, was die oberen Hierarchien erst wie ein Besitztum gehabt haben, das sie gehütet haben, das sie nicht selber brauchten: es kam das Leben. Und in die farbenschillernde Welt, die ich Ihnen also in Andeutungen geschildert habe, kam das Leben hinein.

Sie werden sagen: Haben denn die Dinge nicht früher gelebt? Meine lieben Freunde, wie das ist, können Sie am Menschen selber lernen. Ihr Ich und Ihr astralischer Leib haben nicht das Leben und wesen eben doch. Das Geistige, das Seelische braucht nicht das Leben. Erst bei Ihrem Ätherleib fängt das Leben an, und es ist das etwas äußerlich Hüllenhaftes. Und so kommt auch das Leben erst nach dem Mondendasein mit dem Erdendasein in den Bereich derjenigen Evolution hinein, der eben unsere Erde angehört. Die farbenschillernde Welt wurde durchlebt. Nicht nur, daß jetzt Angeloi, Archangeloi und so weiter Sehnsucht empfingen, Finsternis in Licht, Licht in Finsternis hineinzutragen und dadurch im Planeten das Farbenspiel hervorzurufen, sondern es trat dieses auf, innerlich zu erleben dieses Farbenspiel, es innerlich zu machen. Zu erleben, wenn Finsternis innerlich das Licht dominiert, Schwachheit zu fühlen, Lässigkeit zu fühlen; dagegen wenn Licht die Finsternis dominiert, Aktivität zu fühlen. Denn was ist es, wenn Sie laufen? Wenn Sie laufen, ist es eben so, daß Licht in Ihnen die Finsternis dominiert; wenn Sie sitzen und faul sind, dominiert die Finsternis das Licht. Es ist seelisches Farbenwirken, seelisches Farbenschillern. Von Leben durchsetztes, durchströmtes Farbenschillern trat auf, indem die vierte Hierarchie, der Mensch, kam. Und in diesem Augenblicke des kosmischen Werdens fingen die Kräfte, die da regsam wurden im Farbenschillern, an, Konturen zu bilden. Das Leben, das die Farben innerlich abrundete, abeckte, abkantete, rief das feste Kristallinische hervor. Und wir sind im Erdendasein drinnen.

Solche Dinge, wie ich sie Ihnen jetzt dargestellt habe, die waren eigentlich die Ausgangswahrheiten jener mittelalterlichen Alchimisten, Okkultisten, Rosenkreuzer und so weiter, die, ohne daß heute die Geschichte viel von ihnen berichtet, namentlich geblüht haben vom 9., 10. bis ins 14., 15. Jahrhundert herein und die noch die letzten Nachzügler gehabt haben, die man aber immer dann als Sonderlinge angesehen hat, bis ins 18. Jahrhundert, ja bis in den Beginn des 19. Jahrhunderts herein. Nur sind dann diese Dinge völlig zugedeckt worden. Nur hat es die moderne Weltanschauung dann dazu gebracht, folgendes zu vollführen. Denken Sie sich, hier habe ich einen Menschen. Ich höre auf, mich für diesen Menschen zu interessieren und nehme ihm nur die Kleider ab und hänge die Kleider an einen Kleiderstock, der oben einen kopfförmigen Knopf hat, und für den Menschen interessiere ich mich nicht weiter. Ich stelle mir weiter vor: Das ist der Mensch (siehe Zeichnung S. 158); was geht mich das an, daß in diesen Kleidern so etwas drinnenstecken kann? Das ist der Mensch (der Kleiderständer)! – Ja, sehen Sie, so kam es mit den Naturelementen. Es interessiert einen nicht weiter, daß hinter der Wärme oder dem Feuer die erste Hierarchie, hinter dem Licht und der Luft die zweite Hierarchie, hinter dem sogenannten chemischen Äther, Farbäther und so weiter und dem Wasser die dritte Hierarchie, hinter dem Lebenselemente und der Erde die vierte Hierarchie oder der Mensch ist. Bloß den Kleiderrechen her und darauf die Gewänder gehängt! Nun, das ist der erste Akt. Der zweite Akt, der beginnt aber dann auf Kantisch! Da beginnt der Kantianis-

mus, da fängt man an, indem man nun den Kleiderstock hat – die Kleider hängen darauf –, nun zu philosophieren, was das Ding an sich dieser Kleider sein könnte. Und man kommt darauf, daß man eigentlich dieses Ding an sich der Kleider nicht erkennen kann. Sehr scharfsinnig! Natürlich, wenn man den Menschen zuerst weggenommen hat und dann den Kleiderstock mit den Kleidern hat, so kann man über die Kleider philosophieren, und dann kommt man darauf, daß man hübsche Spekulationen macht. Es ist ja eben der Kleiderstock da, nicht wahr, und da hängen die Gewänder daran, und da philosophiert man, entweder auf Kantisch: Das Ding an sich erkennt man nicht – oder auf Helmholtzisch,[23] und da denkt man sich: Diese Kleider, die können doch nicht Formen haben; nun ja, da sind eben lauter kleine wirbelnde Staubkörnchen, Atome drinnen, die schlagen da an, und da werden die Kleider in ihrer Form erhalten.

Ja, so hat sich das Denken dann später entwickelt. Das aber ist abstrakt, schattenhaft. Aber in diesem Denken, in diesem Spekulieren leben wir ja heute; aus dem prägen wir uns heute unsere gesamte naturwissenschaftliche Anschauung. Und wenn wir nicht zugeben, daß wir atomistisch denken, so tun wir es erst recht. Denn das wird man noch lange nicht zugeben, daß es nicht notwendig ist, den Wirbeltanz der Atome da hineinzuträumen, sondern wieder den Menschen in die Kleider hineinzutun. Das aber muß eben versuchen die Wiederaufrichtung der Geisteswissenschaft.

Ich wollte Ihnen heute in einer Anzahl von Bildern geben, wie dazumal noch gedacht worden ist und was schon eigentlich zu lesen ist in älteren Schriften, was aber verglommen ist. Aber weil es verglommen ist, kommen solche interessanten Tatsachen zutage: Da hat ein nordischer Chemiker[24] von heute eine Stelle des Basilius Valentinus[25] wieder abgedruckt und die Sache im heutigen Sinne chemisch genommen. Und da konnte er natürlich nichts anderes sagen – weil das so aussieht, wenn man es heute chemisch denkt, als wenn man im Laboratorium stünde, Retorten und andere Instrumente hätte und heutige Experimente ausführte –, da konnte er nichts anderes sagen, als daß das ein Unsinn sei, was da bei Basilius Valentinus steht. Was aber bei Basilius Valentinus steht, ist ein Stück Embryologie, eben in Bildform ausgedrückt. Ein Stück Embryologie ist das. Wenn man einfach die heutige Denkweise anwendet, so bekommt man scheinbar einen bloßen Laboratoriumsversuch, der aber dann ein Unsinn ist. Denn im Laboratorium – wenn man nicht gerade der Wagner ist, der aber immerhin noch mehr auf dem Standpunkt der früheren Jahrhunderte steht – kann man eben nicht ein Stück Embryologie ausführen.

Diese Dinge müssen heute wieder eingesehen werden. Und im Zusammenhange mit den großen Wahrheiten, die ich aussprechen durfte in den Tagen der Weihnachtstagung, möchte ich eben auch einiges noch sagen über die Schicksale des inneren Geisteslebens in den letzten Jahrhunderten der Weltentwickelung.

Die dritte und die zweite Hierarchie

Helsingfors, 6. April 1912

Wenn wir das Wesen der geistigen Kräfte und Mächte kennenlernen wollen, welche in den verschiedenen Naturreichen und in den Himmelskörpern wirksam sind, so müssen wir ja zuerst diese geistigen Wesenheiten selber kennenlernen, und wir haben damit den Anfang bereits gemacht in den drei Vorträgen, die gehalten worden sind. Wir haben versucht, die sogenannten Naturgeister zu charakterisieren, und sind dann aufgestiegen zu den Wesenheiten, welche unmittelbar über dem Menschen stehen in der nächsthöheren Welt, die wir von der unsrigen ausgehend finden können. Wir werden heute diese Betrachtung fortsetzen und müssen deshalb anknüpfen an dasjenige, was sich uns erwiesen hat als der Weg, auf dem wir uns zunächst erheben können zu den Wesenheiten der dritten Hierarchie. Es ist im vorigen Vortrag gezeigt worden, daß es dem Menschen möglich ist, über sich selber hinauszukommen, alles, was an ihm an speziellen egoistischen Interessen und Aufmerksamkeiten ist, zu überwinden, um dadurch sich in eine Sphäre zu erheben, in welcher er zunächst seinen eigenen Führer findet, der ihm schon eine Vorstellung geben kann von jenen Wesenheiten, die wir im Sinne der abendländischen Esoterik Engel, Angeloi, nennen. Und wir haben dann gezeigt, wie ein Weiterschreiten auf diesem Wege dazu führt, die Stammes-, die Völkergeister kennenzulernen, die wir als Erzengel, Archangeloi, angesprochen haben, und wie man dann als tätig im Verlaufe des Kulturprozesses die sogenannten Zeitgeister, die Archai, findet. Es wird der Mensch, wenn er den Weg beschreitet, der gestern skizzenhaft angedeutet worden ist, ein gewisses Gefühl davon erhalten, was mit diesen Wesenheiten der dritten Hierarchie gemeint ist. Es wird lange Zeit, auch wenn man eine okkulte Entwickelung durchmacht, durchaus so bleiben, daß man bloß eine Art von Gefühl hat. Erst wenn man lange in Geduld und Ausdauer alle die Gefühle und Empfindungen durchmacht, welche gestern angedeutet worden sind, dann wird man übergehen können zu dem, was genannt werden darf hellsichtiges Erblicken dieser Wesenheiten der dritten Hierarchie.

Wenn man diesen Weg also weiter beschreitet, dann wird man finden, daß man allmählich zu einem anderen Bewußtseinszustand sich selber erzieht, sich selber entwickelt, und dann kann das hellsichtige Anschauen der Wesenheiten der dritten Hierarchie beginnen. Dieser andere Bewußtseinszustand läßt sich vergleichen mit dem Schlaf des Menschen, und zwar zunächst dadurch, daß der Mensch in diesem Zustand mit seinem Ich und seinem astralischen Leib sich befreit fühlt von dem physischen und ätherischen Leib. Dies Befreitfühlen muß man als eine Empfindung haben. Man muß allmählich lernen, was es heißt, nicht durch seine Augen zu schauen, durch seine Ohren zu hören, durch den Verstand, der an das Gehirn gebunden ist, zu denken. Unterscheiden wiederum von dem gewöhnlichen Schlaf müssen wir diesen Zustand dadurch, daß wir bei ihm eben nicht bewußtlos sind, sondern daß wir Wahrnehmungen von geistigen Wesenheiten in unserer Umgebung haben; zuerst ein dunkles Gefühl, daß solche Wesenheiten in unserer Umgebung sind, dann aber, wie gesagt, das Aufleuchten hellsichtigen Bewußtseins und das lebendige Anschauen von den Wesenheiten der dritten Hierarchie und ihrer Nachkommen, der Naturgeister. Wenn man noch genauer diesen Zustand charakterisieren will, so kann man nun sagen, daß derjenige, welcher sich in der okkulten Entwickelung bis zu diesem Zustand erhebt, zunächst wirklich eine Art von Scheidung erblickt zwischen seinem gewöhnlichen Bewußtsein und diesem neuen Bewußtseinszustand. Wie eine Scheidung zwischen Wachen und Schlafen, so ist zunächst für den, der eine okkulte Entwickelung durchmacht, eine Scheidung zwischen dem Bewußtsein, wo der Mensch mit seinen gewöhnlichen Augen sieht, mit seinen gewöhnlichen Ohren hört, mit seinem gewöhnlichen Verstande denkt, und jenem hellseherischen Zustand, in dem er nichts von all dem um sich herum hat, was er im gewöhnlichen normalen Bewußtseinszustand wahrnimmt, dafür aber eben eine andere Welt um sich hat, die Welt der dritten Hierarchie und ihrer Nachkommen. Wozu man es zunächst bringt, ist, daß man lernt, im gewöhnlichen Bewußtsein sich dessen zu erinnern, was man erlebt hat in diesem anderen Bewußtseinszustand.

Wir können also genau eine Stufe der okkulten Entwickelung des Menschen unterscheiden, auf welcher der Mensch abwechselnd leben kann in seinem gewöhnlichen Bewußtsein, wo er sieht und hört und denkt wie andere Menschen mit normalem Bewußtsein, und in dem anderen Bewußtseinszustand, den er in gewisser Weise auch willkürlich herbeiführen kann, in welchem er wahrnimmt, was in der geistigen Welt der dritten Hierarchie um ihn herum ist. Und dann kann er, wie man sich an einen Traum erinnert, sich, wenn er in seinem gewöhnlichen Bewußtseinszustand ist, an das erinnern, was er in dem anderen, in dem hellseherischen Zustand erlebt hat, und er kann davon erzählen, er kann das umsetzen in gewöhnliche Begriffe und Ideen, was er im hellseherischen Zustand erlebt. Wenn also ein solcher Hellseher in seinem gewöhnlichen Bewußtseinszustand ist und selber etwas wissen will von der geistigen Welt oder aber erzählen will von ihr, dann muß er sich erinnern an das, was er in seinem anderen, hellseherischen Bewußtseinszustand erlebt hat. Ein Hellseher, der auf dieser Stufe der Entwickelung steht, kann nur etwas wissen von jenen geistigen Wesenheiten, die wir bisher beschrieben haben als die Wesenheiten der dritten Hierarchie und ihre

Nachkommen. Er weiß zunächst nichts von noch höheren Welten. Wenn er etwas wissen will von noch höheren Welten, dann muß er auch eine höhere Stufe der Hellsichtigkeit erreichen.

Diese höhere Stufe kommt dadurch zustande, daß der Mensch jene Übungen, die beschrieben sind in dem Buche *Wie erlangt man Erkenntnisse der höheren Welten?*, immer weiter fortsetzt, daß er namentlich diejenigen Übungen macht, welche dort beschrieben sind als das Beobachten, sagen wir, der Pflanzen, der Tiere und so weiter. Wenn der Mensch also seine Übungen fortsetzt, dann kommt er zu einer höheren Stufe der Hellsichtigkeit. Sie besteht darin, daß der Mensch dann nicht nur zwei wechselnde Zustände hat, einen gewöhnlichen normalen Bewußtseinszustand und einen hellsichtigen, und sich also an die hellseherischen Erlebnisse in dem gewöhnlichen Bewußtseinszustand erinnern kann, sondern es kann dann der Mensch, wenn er diese höhere Stufe der Hellsichtigkeit erreicht hat, geistige Welten, geistige Wesenheiten und geistige Tatsachen auch wahrnehmen, wenn er in seinem gewöhnlichen Bewußtseinszustand ist und durch seine Augen auf die Dinge der Außenwelt schaut. Er kann sozusagen dann die Hellsichtigkeit hereintragen in seinen gewöhnlichen Bewußtseinszustand und er kann hinter den Wesenheiten, die ihn in der Außenwelt umgeben, überall die wie hinter einem Schleier verborgenen tieferen geistigen Wesenheiten und Kräfte sehen.

Wir fragen uns: Was ist denn da geschehen mit einem solchen Hellseher, welcher in die Lage gekommen ist, nun nicht mehr bloß sich erinnern zu müssen an die Erlebnisse eines anderen Bewußtseinszustandes, sondern der in seinem alltäglichen Bewußtseinszustand hellseherische Erfahrungen machen kann? Wenn der Mensch erst zu der ersten Stufe des Hellsehens aufgestiegen ist, kann er nur seinen astralischen Leib benützen, um in die geistige Welt hineinzuschauen. Der Leib also, dessen sich der

Mensch bedient, um in die geistige Welt hineinzuschauen auf der ersten Stufe der Hellsichtigkeit, das ist der astralische Leib. Auf der zweiten Stufe der Hellsichtigkeit, welche eben jetzt beschrieben worden ist, kann sich der Mensch bedienen lernen seines ätherischen Leibes. Dadurch kann er auch in dem gewöhnlichen normalen Bewußtsein hineinschauen in eine geistige Welt. Wenn der Mensch so lernt, seinen ätherischen Leib als ein Werkzeug für seine Hellsichtigkeit zu benutzen, dann lernt er allmählich alles das in der geistigen Welt erkennen, was zu den Wesenheiten der zweiten Hierarchie gehört.

Nun aber darf der Mensch nicht stehenbleiben dabei, nur sozusagen seinen eigenen ätherischen Leib wahrzunehmen, sondern wenn er zu dieser zweiten Stufe der Hellsichtigkeit aufsteigt, macht er eine ganz bestimmte Erfahrung. Er macht nämlich die Erfahrung, daß er wie aus sich selber herausgeht, daß er sich gleichsam nicht mehr in seiner Haut eingeschlossen fühlt. Wenn er, sagen wir, einer Pflanze, einem Tiere gegenübersteht oder auch einem anderen Menschen, dann fühlt er, wie wenn ein Stück von ihm selber in dieser anderen Wesenheit drinnen wäre. Wie untergetaucht in die andere Wesenheit fühlt er sich. Im normalen Bewußtsein und wenn wir auf der ersten Stufe des Hellsehens stehen, dann können wir noch in einer gewissen Weise sagen: Ich bin hier, das Wesen, welches ich sehe, ist dort. – So können wir auf der zweiten Stufe des Hellsehens nicht mehr sagen, sondern da können wir nur sagen: Wo das Wesen ist, das wir wahrnehmen, da sind wir selber. – Wir sind gleichsam so, daß wir unseren eigenen Ätherleib wie Fangarme nach allen Seiten ausstrecken und uns hineinsaugen in die Wesenheiten, in die wir, also wahrnehmend, unser eigenes Wesen untertauchen.

Es gibt im gewöhnlichen normalen Bewußtsein ein Gefühl, welches uns eine Vorstellung davon geben kann, was der Hellseher auf dieser zweiten Stufe der Hellsichtigkeit erlebt, nur ist das, was der Hellseher da erlebt, unendlich viel intensiver und nicht nur ein Gefühl, sondern steigert sich bis zur Wahrnehmung, bis zum Verstehen, bis zum Untertauchen. Das Gefühl des normalen Bewußtseins, das sich mit diesem Erlebnis des Hellsehers auf der zweiten Stufe der Hellsichtigkeit vergleichen läßt, ist nämlich das Mitleid, ist die Liebe. Was bedeutet es denn, wenn wir im gewöhnlichen Leben Mitleid und Liebe empfinden? Wenn man genauer nachdenkt über das Wesen von Mitleid und Liebe – es ist einiges schon gestern angedeutet worden –, dann findet man, daß Mitleid und Liebe uns dahin bringen, von uns selber loszukommen und uns in das andere Wesen hinüberzuleben. Es ist eigentlich ein wunderbares Mysterium des Menschenlebens, daß wir imstande sind, Mitleid, Liebe zu empfinden. Und unter den gewöhnlichen Erscheinungen des normalen Bewußtseins gibt es wohl kaum etwas, was den Menschen so sehr überzeugen kann von der Göttlichkeit des Daseins als die Möglichkeit, daß er Liebe, daß er Mitleid entwickeln kann. Man erlebt als Mensch sonst sein eigenes Dasein in sich selber, oder man erlebt die Welt, indem man sie wahrnimmt durch die Sinne oder indem man sie versteht durch den Verstand. Hineinzuschauen in ein menschliches Herz, hineinzublicken in eine menschliche Seele ist keinem Verstand, ist keinem Auge möglich, denn verschlossen in innersten Kammern hält die andere Seele das, was sie in sich selbst an Leiden, an Freuden hat. Und wunderbar eigentlich, mysteriös sollte es jedem Menschen erscheinen, daß er gleichsam sich selber ergießen kann in das Wesen der anderen Seele, in ihr Leben mit ihren Freuden, mit ihren Leiden. So wie wir untertauchen können mit dem normalen Bewußtsein durch Mitleid und Liebe in Leiden und Freuden bewußter Wesen, so lernt der Hellseher auf der zweiten Stufe der Hellsichtigkeit unterzutauchen nicht nur in alles Bewußte, das leiden und sich freuen kann auf eine menschliche oder menschenähnliche Art, sondern ein solcher Hellseher lernt unterzutauchen in alles Lebendige. Wohlgemerkt, ich sage: in alles Lebendige. Denn auf dieser zweiten Stufe der Hellsichtigkeit lernt man nur unterzutauchen in alles Lebendige, noch nicht in das, was uns unlebendig, tot erscheint, was uns als ein Mineralisches umgibt. Aber mit diesem Untertauchen in das Lebendige ist verbunden ein Anschauen dessen, was im Innern der Wesenheiten vorgeht. Wir selbst fühlen uns da drinnen in den lebendigen Wesenheiten, wir lernen leben mit den Pflanzen, mit den Tieren, leben mit den anderen Menschen auf dieser zweiten Stufe der Hellsichtigkeit. Aber nicht nur das. Wir lernen auch hinter all dem, was da lebt, eine höhere geistige Welt kennen, eben mit den Wesenheiten der zweiten Hierarchie. Es ist notwendig, daß wir uns diese Begriffe klarmachen, denn es erscheint wie eine trockene Theorie, wenn man nur aufzählt, was für Wesenheiten zu den verschiedenen Hierarchien gehören. Eine lebendige Vorstellung kann sich der Mensch zunächst von dem, was da hinter der Sinneswelt webt und lebt, nur dann verschaffen, wenn er den Weg kennt, auf dem das hellsichtige Bewußtsein dorthin dringt.

Nun wollen wir, ebenso wie wir gestern versuchten, die Wesenheiten der dritten Hierarchie zu charakterisieren, wiederum vom Menschen ausgehend diese Wesenheiten der zweiten Hierarchie schildern. Wir haben gestern gesagt, daß die Wesenheiten der dritten Hierarchie dadurch charakterisiert sind, daß sie an der Stelle der menschlichen Wahrnehmung die Offenbarung ihres eigenen Wesens haben und an der Stelle der menschlichen Innerlichkeit dasjenige, was wir nennen können Geist-Erfüllung. Bei den Wesenheiten der zweiten Hierarchie, da erfahren wir, indem wir in sie untertauchen, daß nicht nur ihre Wahrnehmung eine Offenbarung ihres Wesens ist, daß sie nicht nur ihr eigenes Wesen offenbaren, sondern daß diese Offenbarung ihres eigenen Wesens erhalten bleibt als etwas Selbständiges, was sich absondert von diesen Wesenheiten selbst. Eine Vorstellung von dem, was wir da wahrnehmen, können wir uns verschaffen, wenn wir etwa denken an eine Schnecke, welche ihr eigenes Haus absondert. Das Haus, so stellen wir uns vor, besteht aus einer Substanz, die zuerst in dem Leib der Schnecke enthalten ist. Dann sondert die Schnekke ihr Haus ab. Sie hat nicht nur ihr eigenes Wesen nach außen für den Anblick gezeigt, sondern sie hat etwas abgesondert, was dann objektiv wird, was bleibt. So ist es mit dem eigenen Wesen, mit der Selbstheit der Wesenheiten der zweiten Hierarchie. Sie offenbaren nicht nur ihr Selbst, wie die Wesenheiten der dritten Hierarchie, sondern sie sondern dieses Wesen von sich ab, so daß es erhalten bleibt als eine selbständige Wesenheit.

Dies wird uns klarer werden, wenn wir uns etwa auf der einen Seite ein Wesen der dritten Hierarchie, auf der andern Seite ein Wesen der zweiten Hierarchie vorstellen. Wir richten den okkulten Blick auf ein Wesen der dritten Hierarchie. Dieses Wesen wird für uns dadurch erkennbar, daß es seine Selbstheit, seine Innenheit nach außen offenbart und in seiner Offenbarung seine Wahrnehmung hat; wenn es aber seine innere Vorstellung, sein Innenerlebnis ändert, dann ist auch eine andere Offenbarung da. So wie also dieses Wesen der dritten Hierarchie innerlich seine Zustände ändert, seine Erlebnisse variiert, so ändert sich fortwährend die äußere Offenbarung. Wenn wir ein Wesen der zweiten Hierarchie anschauen mit dem okkulten Blick, so ist das anders. Da, sagen wir, stellt das Wesen auch vor, erlebt auch innerlich, aber das, was es innerlich erlebt, das sondert es von sich ab wie eine Art Schale, wie eine Art Haut: es bekommt eine selbständige Wesenheit. Und wenn das Wesen dann zu einem andern Innenzustand übergeht, wenn das Wesen etwas anderes vorstellt und sich also auf eine neue Art offenbart, dann ist die alte Offenbarung des Wesens noch vorhanden, bleibt bestehen und geht nicht vorüber wie bei der Wesenheit der dritten Hierarchie. So daß wir dasjenige, was an die Stelle der Offenbarung tritt bei den Wesenheiten der zweiten Hierarchie, nennen können ein sich selbst Schaffen einer Art von Schale oder Haut. Wie einen Abdruck seiner selbst schaffen, sich selber in einer Art von Bild objektiv machen, das ist es, was die Wesenheiten der zweiten Hierarchie auszeichnet. Und wenn wir uns fragen: Was tritt an die Stelle der Geist-Erfüllung der Wesenheiten der dritten Hierarchie bei den Wesenheiten der zweiten Hierarchie? – dann zeigt sich für den okkulten Blick, daß jedesmal, wenn das Wesen ein solches Bild seiner selbst absondert, solch eine Art von Schale seiner selbst, die das Gepräge seiner selbst trägt, daß dann im Innern des Wesens Leben erregt wird. Immer ist das Erregen von Leben die Folge eines solchen Sich-selber-Schaffens.

So müssen wir unterscheiden bei den Wesen der dritten Hierarchie ihre Äußerlichkeit in ihrer Offenbarung und ihre Innerlichkeit in dem Erfülltsein vom Geiste, wir müssen unterscheiden bei den Wesen der zweiten Hierarchie ihre Außenseite als «sich selber im Abdruck, im Bilde schaffen, objektivieren» und ihre Innerlichkeit als Lebenserregung, wie wenn Flüssigkeit fortwährend in sich selber rieselte, indem sie gefrierend ihr Bild nach außen absondert. So ungefähr stellt sich für den okkulten Blick dar, was die Wesenheiten der zweiten Hierarchie äußerlich und innerlich erfüllt. Während dem okkulten Blick die Geist-Erfüllung der Wesenheiten der dritten Hierarchie im Bilde, in der Imagination wie eine Art von geistigem Licht erscheint, so erscheint dieses Lebenrieseln, diese Lebenserregung, die mit Absonderung nach außen verknüpft ist, so, daß die okkulte Wahrnehmung etwas wie geistiges Tönen, Sphärenmusik vernimmt. Es ist wie geistiges Tönen, nicht wie geistiges Licht wie bei den Wesenheiten der dritten Hierarchie.

Wir können nun wiederum bei diesen Wesenheiten der zweiten Hierarchie mehrere Kategorien unterscheiden, wie wir auch bei den Wesenheiten der dritten Hierarchie mehrere Kategorien unterscheiden konnten. Wenn wir allerdings die Unterschiede dieser Kategorien ins Auge fassen wollen, so wird das schwieriger, weil ja die Dinge immer schwieriger werden, je mehr wir zu den höheren Hierarchien aufsteigen. Wir haben, wenn wir da aufsteigen, zunächst eine Vorstellung zu gewinnen von all dem, was der uns umgebenden Welt zugrunde liegt, insofern diese uns umgebende Welt Formen hat. Es kommt, wie ich schon gesagt habe, für diese zweite Stufe der Hellsichtigkeit nur das in Betracht, was lebt, nicht das, was uns zunächst als Lebloses erscheint. Das, was lebt, kommt in Betracht, aber das, was lebt, ist zunächst geformt. Formen haben die Pflanzen, Formen haben die Tiere, eine Form hat der Mensch. Wenn der hellsichtige Blick mit all den Eigenschaften, die wir heute beschrieben haben, sich richtet auf alles, was um uns herum in der Natur geformt ist, und wenn er absieht von allem übrigen bei den Wesenheiten und nur auf die Formen sieht, bei den Pflanzen also die Mannigfaltigkeit der Formen betrachtet, ebenso bei den Tieren und bei den Menschen, dann nimmt dieser hellsichtige Blick aus der Gesamtheit der Wesenheiten der zweiten Hierarchie diejenigen wahr, welche wir nennen die Geister der Form, Exusiai.

Wir können aber auch etwas anderes an den Wesenheiten der uns umgebenden Natur ins Auge fassen als die Form. Wir wissen ja, daß alles, was lebt, seine Form in einer gewissen Beziehung ändert, indem es wächst. Am meisten fällt uns diese Änderung, dieser Wechsel der Form, diese Metamorphose bei der Pflanzenwelt auf. Wir betrachten nunmehr, indem wir nicht den gewöhnlichen Blick, sondern den hellsichtigen Blick der zweiten Stufe auf die wachsende Pflanzenwelt richten, wie die Pflanze ihre Form nach und nach gewinnt, wie sie von der Form der Wurzel übergeht zu der Form des Blattes, zu der Form der Blüte, zu der Form der Frucht. Wir betrachten das wachsende Tier, den wachsenden Menschen, kurz, wir betrachten nicht bloß eine Form, wie sie in einem Augenblick da ist, sondern wir betrachten das Werden der Lebewesen. Wenn wir uns anregen lassen von dieser Betrachtung des Werdens der Lebewesen: wie die Formen wechseln, wie sie in lebendiger Metamorphose sind, dann tritt uns für den hellseherischen Blick der zweiten Stufe das entgegen, was wir die Kategorie der Geister der Bewegung nennen, Dynamis.

Schwieriger ist nun, eine dritte Kategorie von solchen Wesenheiten der zweiten Hierarchie zu betrachten. Da müssen wir weder die Form als solche noch auch die Bewegung, die Veränderung der Form, sondern dasjenige betrachten, was in der Form sich ausdrückt. Wir können charakterisieren, wie der Mensch zu einer solchen Betrachtung sich erziehen kann. Natürlich genügt nicht, daß man das gewöhnliche normale Bewußtsein in solcher Weise erzieht, wie es jetzt geschildert wird, sondern es müssen die anderen Übungen, welche dem Menschen zu dem okkulten Blick verhalfen, dabei sein. Der Mensch muß die anderen Übungen machen und nicht mit dem gewöhnlichen Bewußtsein gleichsam sich erziehen an dem, was jetzt geschildert wird, sondern sich schon mit dem hellseherischen Bewußtsein erziehen. Das hellseherische Bewußtsein muß sich zuerst erziehen an der Art und Weise, wie der Mensch selber in seiner äußeren Form zum Ausdruck wird für sein Inneres. Wie gesagt, es kann das auch das normale Bewußtsein. Da wird man aber nichts erreichen als ein Ahnen, als ein Vermuten dessen, was hinter der Miene, hinter der Geste, hinter dem Gesichtsausdruck, hinter der Physiognomie des Menschen ist. Wenn aber der hellseherische Blick, der sich schon bis zur zweiten Stufe des Hellsehers geschult hat, wenn der die Physiognomie, die Geste, den mimischen Ausdruck beim Menschen auf sich wirken läßt, dann ruft er in sich Anregungen hervor, durch die er sich allmählich erziehen kann, die Wesenheiten der dritten Kategorie der zweiten Hierarchie zu beobachten.

Aber das kann nicht geschehen – ich bitte wohl zu beachten, was ich jetzt sagen werde –, wenn man dabei stehenbleibt, nur die Gesten, den mimischen Ausdruck, die Physiognomie des Menschen zu betrachten. Da erreicht man eigentlich noch wenig. Man muß dann, so ist die okkulte Schulung auf diesem Gebiete am rationellsten, zu den Pflanzen übergehen. Die Tiere kann man überspringen, das ist nicht besonders wichtig, daß man sich an den Tieren heranschult. Aber wichtig ist, daß, nachdem man sich hellseherisch ein wenig dazu erzogen hat, aus der Mimik, aus der Physiognomie, aus dem Gestus eines Menschen in das Innere seiner Seele sich hineinzuleben, nachdem man sich so erzogen hat am Menschen, man dann sich zu der Pflanzenwelt wendet und an der Pflanzenwelt sich weiter erzieht. Da wird der hellseherisch geschulte Mensch sehr merkwürdige Erlebnisse haben können, da wird der hellseherisch geschulte Mensch tief empfinden können einen Unterschied zwischen einem Pflanzenblatt, das, sagen wir, spitz zuläuft (a), und

a b c d

einem Pflanzenblatt, welches diese Form (b) hat; zwischen einer Blüte, welche in dieser Weise (c) nach aufwärts wächst, und einer Blüte, welche etwa so (d) nach außen sich öffnet. Ganze Welten von Unterschieden in den inneren Erlebnissen stellen sich ein, wenn man den okkulten Blick der zweiten Stufe nach einer Lilienblüte oder nach einer Tulpenblüte hinwendet, wenn man die Rispe eines Hafers oder den Halm der Gerste oder des Weizens auf sich wirken läßt. Alles das wird so lebendig sprechend wie die

Physiognomie eines Menschen. Und wenn das so lebendig sprechend wird, wie die Physiognomie eines Menschen spricht, wie sogar der Gestus eines Menschen spricht, wenn wir empfinden, wie eine Blüte, die nach außen sich öffnet, etwas hat wie eine Hand, die sich etwa, mit der Innenfläche nach unten, mit der Außenfläche nach oben, auswärts wendet, wenn wir dann wiederum eine Blüte finden, welche die Blätter nach oben zusammenschließt wie eine Handbewegung, wo die zwei Hände sich zusammenfalten –, wenn wir so den Gestus, die Physiognomie der Pflanzenwelt und in der Farbe der Blüte etwas wie Physiognomik empfinden, dann belebt sich der okkulte innere Blick, die okkulte Wahrnehmung und das okkulte Verständnis, und wir erkennen dann eine dritte Kategorie von Wesenheiten der zweiten Hierarchie, die wir nennen die Geister der Weisheit. Dieser Name ist vergleichsweise gewählt aus dem Grunde, weil, wenn wir einen Menschen betrachten in seiner Mimik, in seiner Physiognomie, in seinen Gesten, wir sein Geistiges, sein Weisheitsvolles nach außen sprießen sehen, sich darleben sehen. So fühlen wir, wie geistige Wesenheiten der zweiten Hierarchie alle Natur durchdringen und sich in der Gesamtphysiognomie, in dem Gesamtgestus, in der gesamten Mimik der Natur zum Ausdruck bringen. Flutende Weisheit geht lebensvoll durch alle Wesen, alle Reiche der Natur, und nicht bloß eine allgemein flutende Weisheit, sondern differenziert ist diese flutende Weisheit in eine Fülle von geistigen Wesenheiten, in die Fülle der Geister der Weisheit. Es ist, wenn das okkulte Bewußtsein sich hinauferhebt zu diesen Geistern, zunächst die höchste Stufe dieser geistigen Wesenheiten, die wir auf diese Art erreichen.

Aber so, wie wir sagen konnten, daß die Wesenheiten der dritten Hierarchie, die Engel, Erzengel und Zeitgeister, Nachkommen haben, die sich von ihnen abspalten, so haben auch die Wesenheiten dieser zweiten Hierarchie Nachkommen. Im Laufe der Zeit spalten sich in ähnlicher Art, wie wir das gestern für die Wesen der dritten Hierarchie beschreiben konnten, von diesen Wesenheiten der zweiten Hierarchie andere ab, die dann von niedrigerer Kategorie werden, die geradeso in die Reiche der Natur heruntergesandt werden wie die Naturgeister aus den Wesenheiten der dritten Hierarchie, welche gleichsam die Baumeister und Werkmeister im kleinen in den Naturreichen sind. Die geistigen Wesenheiten nun, welche da von der zweiten Hierarchie abgespalten werden und sich heruntersenken in die Reiche der Natur, das sind diejenigen Wesenheiten, welche wir im Okkultismus bezeichnen als die Gruppenseelen der Pflanzen, der Tiere, die Gruppenseelen in den einzelnen Wesenheiten. So daß der okkulte Blick auf der zweiten Stufe in den Wesenheiten, die zum Pflanzen-, zum Tierreich gehören, geistige Wesenheiten findet, welche nicht so wie beim Menschen als individuelle Geister in den einzelnen menschlichen Persönlichkeiten sind, sondern wir finden Gruppen von Tieren und Pflanzen, die ähnlich gestaltet sind, beseelt von einer gemeinsamen geistigen Wesenheit. Sagen wir, wir finden die Form der Löwen, die Form der Tiger, andere Formen beseelt von gemeinsamen Seelenwesen. Die gemeinsamen Seelenwesen, wir nennen sie die Gruppenseelen, und diese Gruppenseelen sind abgespaltene Nachkommen der Wesenheiten der zweiten Hierarchie, wie die Naturgeister Nachkommen der Wesenheiten der dritten Hierarchie sind.

So dringen wir von unten hinauf in die höheren Welten, finden, wenn wir die Elemente überblicken, die wichtig sind für alle Wesenheiten des Pflanzen-, des Tierreichs, des Menschenreichs, daß in diesen Elementen, im Festen, im Flüssigen, im Gasförmigen, die Naturgeister walten, die da Nachkommen sind der Wesenheiten der dritten Hierarchie. Wir finden, wenn wir von den Elementen Erde, Wasser, Luft aufsteigen zu dem, was mit Hilfe dieser Elemente lebt in den Naturreichen, geistige Wesenheiten, die belebend durchdringen die Wesenheiten dieser Naturreiche, Gruppenseelen, und diese Gruppenseelen sind abgespaltene geistige Wesenheiten derjenigen, die wir als die Wesenheiten der zweiten Hierarchie kennen.

Sie können daraus ersehen, daß auch nur für den okkulten Blick der zweiten Stufe diese Wesenheiten, die wir als Gruppenseelen bezeichnen, wirklich wahrnehmbar sind. Nur für denjenigen okkult entwickelten Menschen, der das Wesen seines eigenen Ätherleibes wie in Fangarmen ausdehnen kann, ist es möglich, daß er die Wesenheiten der zweiten Hierarchie kennenlernt und auch die Wesenheiten der Gruppenseelen, die in den verschiedenen Reichen der Natur vorhanden sind. Noch schwieriger ist das Aufsteigen zu den Wesenheiten der ersten Hierarchie und zu denjenigen Wesenheiten, welche in den Naturreichen wiederum die Abkömmlinge sind dieser Wesenheiten der ersten Hierarchie. Davon wollen wir dann morgen weitersprechen.

Die erste Hierarchie und die göttliche Trinität

Helsingfors, 7. April 1912

Wir sind in unseren Betrachtungen bis zu der sogenannten zweiten Hierarchie der geistigen Wesenheiten gelangt, und wir haben gestern charakterisiert, wie die menschliche Seele sich verhalten muß, wenn sie eindringen will in das Wesen der zweiten Hierarchie. Ein noch schwierigerer Weg führt zu einer noch höheren Reihe von geistigen Wesenheiten, zu jenen Wesenheiten, welche der ersten, der obersten uns zunächst erreichbaren Hierarchie angehören. Es ist hervorgehoben worden, daß durch eine besondere Steigerung jener Erlebnisse, die wir schon im gewöhnlichen Leben in dem Mitleid und in der Liebe haben, dadurch daß diese Erlebnisse gesteigert werden bis zum okkulten Pfad, man dahin gelangt, das eigene Wesen gleichsam aus sich herauszuergießen und unterzutauchen in die Wesenheiten, die man dann betrachten will. Beachten Sie wohl, daß das Charakteristische dieses Untertauchens darin besteht, daß wir unser eigenes Wesen wie in Fangarmen ausstrecken und es hineinergießen in die fremde Wesenheit. Dabei aber bleiben wir immer neben den fremden Wesenheiten in unserem Bewußtsein, in unserem Innenleben noch bestehen. Das ist das Charakteristische der zweiten Stufe der Hellsichtigkeit, von der gesprochen worden ist. Wir wissen auf dieser zweiten Stufe der Hellsichtigkeit in jedem Augenblick, in dem wir uns eins wissen mit den anderen Wesenheiten noch, daß wir auch da sind, daß wir gleichsam neben den anderen Wesen da sind. Auch dieser letzte Rest von egoistischem Erleben muß aufhören, wenn die dritte Stufe der Hellsichtigkeit erstiegen werden soll.

Da müssen wir ganz die Empfindung verlieren, als ob wir an irgendeinem Punkt der Welt als besondere Wesen vorhanden wären. Wir müssen dahin kommen, daß wir nicht nur uns ausgießen in die fremden Wesenheiten und nebenbei stehen mit unserem eigenen Erleben, sondern wir müssen die fremden Wesenheiten eigentlich als unser Selbst empfinden, müssen ganz aus uns herausgehen und das Gefühl verlieren, daß wir neben den fremden Wesenheiten stehen. Wenn wir dann so untertauchen in die fremden Wesenheiten, dann kommen wir dazu, uns selbst, wie wir vorher waren, wie wir im gewöhnlichen Leben sind, als fremde Wesenheit anzuschauen. Sagen wir zum Beispiel, wir tauchen so auf der dritten Stufe der Hellsichtigkeit in irgendein Wesen der Naturreiche unter, dann schauen wir nicht von uns aus auf dieses Wesen, wir tauchen nicht bloß unter wie auf der zweiten Stufe der Hellsichtigkeit, sondern wir wissen uns eins mit diesem Wesen und schauen zurück von diesem Wesen auf uns selbst. Wie wir sonst das fremde Wesen außer uns anschauen, so schauen wir jetzt auf der dritten Stufe der Hellsichtigkeit von dem fremden Wesen aus uns selber als ein fremdes Wesen an. Das ist der Unterschied zwischen der dritten Stufe und der zweiten Stufe. Erst wenn diese dritte Stufe erreicht ist, dann kommen wir dahin, außer den schon charakterisierten Wesenheiten der dritten und der zweiten Hierarchie noch andere Wesenheiten in unserer geistigen Umgebung wahrzunehmen.

Die geistigen Wesenheiten, die wir dann wahrnehmen, gehören wiederum drei Kategorien an. Die erste Kategorie nehmen wir vorzugsweise wahr, wenn wir so, wie es jetzt geschildert worden ist, untertauchen in das Wesen anderer Menschen oder der höheren Tiere und uns dadurch erziehen. Nicht, was wir in anderen Menschen oder in den höheren Tieren wahrnehmen, ist das

Wesentliche, sondern daß wir uns dadurch erziehen und hinter Menschen und Tieren die Geister wahrnehmen, welche der einen Kategorie der ersten Hierarchie angehören: die Geister des Willens oder, wie die abendländische Esoterik sagt, die Throne. Wir nehmen dann Wesenheiten wahr, die wir nicht anders charakterisieren können, als indem wir sagen: Sie bestehen nicht aus Fleisch und Blut, auch nicht aus Licht oder Luft, sondern sie bestehen aus dem, was wir nur in uns selber wahrnehmen können, wenn wir uns bewußt werden, daß wir einen Willen haben. Sie bestehen in bezug auf ihre niedrigste Substanz nur aus Wille.

Dann, wenn wir uns dadurch erziehen, daß wir auf die geschilderte Weise untertauchen nun auch in niedrigere Tiere und deren Leben ins Auge fassen mit dem okkulten Blicke, oder auch wenn wir untertauchen in das Pflanzenleben, aber es nicht bloß so betrachten, wie wir das gestern schon charakterisiert haben, durch die Geste, durch die Mimik, sondern wenn wir eins werden mit den Pflanzen und von den Pflanzen aus uns selber anschauen, ja, dann werden wir zu einer Erfahrung, zu einem Erlebnis gebracht, für das es eigentlich keinen rechten Vergleich mehr gibt innerhalb der Welt, die wir sonst haben. Wir gewinnen höchstens einen Vergleich für die Eigenschaften jener Wesenheiten, zu denen wir uns dann als den Wesenheiten der zweiten Kategorie der ersten Hierarchie aufschwingen, wir gewinnen eine Möglichkeit, sie zu charakterisieren, wenn wir so recht auf unser Gemüt dasjenige wirken lassen, wozu es ernste, würdige Menschen gebracht haben, welche viele Schritte ihres Lebens dazu verwendet haben, Weisheit in sich anzusammeln, welche nach vielen Jahren reichen Erlebens so viel Weisheit angesammelt haben, daß wir uns sagen: Wenn solche Menschen ein Urteil aussprechen, so spricht nicht ein persönlicher Wille zu uns, sondern es spricht das Leben zu uns, das durch Jahre, durch Jahrzehnte in diesen Menschen sich angehäuft hat und durch das sie in einer gewissen Weise unpersönlich geworden sind. Menschen, welche auf uns einen solchen Eindruck machen, daß ihre Weisheit unpersönlich wirkt, daß ihre Weisheit wie die Blüte und Frucht eines reifen Lebens erscheint, die rufen in uns ein wenn auch nur ahnendes Empfinden von dem hervor, was aus unserer geistigen, aus unserer spirituellen Umgebung auf uns wirkt, wenn wir zu dieser Stufe des Hellsehens emporrücken, von der hier jetzt die Rede sein muß. Man nennt diese Kategorie in der abendländischen Esoterik die Cherubim. Es ist außerordentlich schwierig, die Wesenheiten dieser höheren Kategorien zu charakterisieren, denn je weiter wir hinaufsteigen, desto unmöglicher wird es, Eigenschaften des gewöhnlichen Lebens heranzuziehen, um eine Charakteristik von der Höhe und Größe und Erhabenheit der Wesenheiten dieser Hierarchien zu erwecken. Die Geister des Willens, die niederste Kategorie also der ersten Hierarchie, sie können wir noch dadurch charakterisieren, daß wir sagen, wir machen uns klar, was Wille ist, denn Wille ist die niederste Substanz, aus der sie bestehen. Aber es würde unmöglich sein, wenn wir nur auf den Willen, wie er uns beim Menschen oder bei den Tieren im normalen Leben entgegentritt, wenn wir nur auf die gewöhnlichen Gefühle und Gedanken des Menschen sehen würden, es würde unmöglich sein mit dem, was dem gewöhnlichen menschlichen Denken, Fühlen und Wollen entnommen ist, die Wesenheiten der zweiten Kategorie der ersten Hierarchie zu charakterisieren. Da müssen wir schon zu besonderen Menschen des Lebens gehen, die eben in der charakterisierten Weise überwältigende Macht der Weisheit in ihrer Seele aufgehäuft haben. Wenn wir diese Weisheit fühlen, dann fühlen wir ähnlich, wie der Okkultist fühlt, wenn er den Wesenheiten, die wir Cherubim nennen, gegenübersteht. Solche Weisheit, die nun nicht gesammelt ist in Jahrzehnten, wie die Weisheit hervorragender Menschen, sondern solche Weisheit, die in Jahrtausenden, in Jahrmillionen des Weltenwerdens gesammelt ist, die strömt uns entgegen in erhabener Macht aus den Wesenheiten, die wir Cherubim nennen.

Und noch schwieriger sind zu charakterisieren diejenigen Wesenheiten, die nun die erste, die höchste Kategorie der ersten Hierarchie ausmachen und die man Seraphim nennt. Es würde nur möglich sein, sich eine Vorstellung von dem Eindruck, von der Impression, welche die Seraphim auf den okkulten Blick machen, zu verschaffen, wenn wir etwa folgenden Vergleich aus dem Leben nehmen. Wir setzen den Vergleich fort, den wir eben gebraucht haben. Wir betrachten einen Menschen, der durch Jahrzehnte Erlebnisse aufgehäuft hat, die ihn zu überwältigender Weisheit gebracht haben, und wir stellen uns vor, daß ein solcher weiser Mensch, aus dem unpersönlichste Lebensweisheit spricht, aus seiner unpersönlichsten Lebensweisheit heraus wie mit innerem Feuer sein ganzes Wesen derart durchdringt, daß er uns nichts zu sagen braucht, sondern sich nur vor uns hinzustellen braucht und das, was Jahrzehnte ihm an Lebensweisheit gegeben haben, in seinen Blick hineinlegt, so daß der Blick uns erzählen kann Leiden und Erfahrungen von Jahrzehnten und wir aus dem Blicke einen Eindruck davon haben können, daß dieser Blick spricht wie die Welt selber, die wir erleben. Wenn wir uns einen solchen Blick vorstellen, oder wenn wir uns vorstellen, daß ein solcher weiser Mensch dahin gekommen ist, uns nicht nur Worte zu sagen, sondern in dem Klang und in der eigentümlichen Färbung seiner Worte den Abdruck zu geben von reichen Lebenserfahrungen, so daß wir etwas wie einen Unterton hören in dem, was er sagt, weil er es mit einem gewissen Wie ausstattet und wir aus diesem Wie eine Welt von Lebenserfahrungen vernehmen, dann bekommen wir wiederum ein Gefühl, wie es der Okkultist hat, wenn er zu den Seraphim aufsteigt. Wie ein Blick, der am Leben herangereift ist und aus dem Jahrzehnte von Erfahrungen sprechen, oder wie ein Satz, der so ausgesprochen wird, daß wir nicht bloß seine Gedanken hören, sondern daß wir hören: der Satz ist, indem er mit solchem Klange ausgesprochen wird, in Schmerzen und in Erfahrungen des Lebens errungen, er ist keine Theorie, er ist erkämpft, er ist erlitten, er ist durch Lebensschlachten und Siege in das Herz gegangen – wenn wir all das durch einen Unterton hören, dann bekommen wir einen Begriff von der Impression, welche der geschulte Okkultist hat, wenn er sich aufschwingt zu den Wesenheiten, die wir Seraphim nennen.

Wir konnten die Wesenheiten der dritten Hierarchie charakterisieren, indem wir sagten: Was bei den Menschen Wahrnehmung ist, das ist bei ihnen Offenbarung ihres Selbst, was bei den Menschen Innenleben, waches Bewußtsein ist, das ist bei ihnen Geist-Erfüllung. Wir konnten die Wesenheiten der zweiten Hierarchie charakterisieren, indem wir sagten: Was bei den Wesenheiten der dritten Hierarchie Offenbarung ihres Selbst ist, ist bei ihnen Selbstverwirklichung, Selbstschaffen, Abdrückeprägen von ihrem eigenen Wesen, und was bei den Wesenheiten der dritten Hierarchie Geist-Erfüllung ist, das ist bei ihnen Lebenserregung, so daß innere Lebenserregung entsteht in dem Absondern, in dem Selbstobjektivieren. Was nun bei den Wesenheiten der zweiten Hierarchie Selbstschaffen ist, das tritt uns auch noch bei den Wesenheiten der ersten Hierarchie entgegen, wenn wir sie mit dem okkulten Blick betrachten, aber es ist doch ein Unterschied. Der Unterschied besteht nämlich darin, daß das, was die Wesenheiten der zweiten Hierarchie objektivieren, was sie aus sich heraus schaffen, so lange vorhanden bleibt, als diese Wesenheiten mit dem Geschaffenen verbunden bleiben. Also wohlgemerkt, diese Wesenheiten der zweiten Hierarchie können so etwas wie ein Abbild von sich schaffen, das aber bleibt mit ihnen verbunden, und es kann sich nicht von ihnen trennen. Es bleibt in einer gewissen Weise mit ihnen verbunden. Bei den Wesenheiten der ersten Hierarchie ist es so, daß sie sich auch selbst objektivieren, daß sie ihr eigenes Wesen abprägen, absondern wie in einer Haut, in einer Schale, die aber ein Abdruck ihres eigenen Wesens ist. Das sondert sich jetzt von ihnen ab und bleibt in der Welt vorhanden, auch wenn sie sich davon trennen. Sie tragen also ihre Schöpfung nicht mit sich herum, sondern diese Schöpfung bleibt, auch wenn sie von ihr weggehen. Dadurch ist ein höherer Grad von Objektivität erreicht als der durch die zweite Hierarchie erreichte. Wo die Wesen der zweiten Hierarchie schaffen, da müssen sie, damit ihr Geschaffenes nicht zugrunde gehe, bei dem Geschaffenen bleiben. Das Geschaffene würde tot sein und zerfallen, wenn sie nicht selber damit verbunden blieben. Es hat eine selbständige, objektive Wesenheit, aber nur so lange, als das Wesen damit verbunden bleibt. Dasjenige, was abgesondert wird aus den Wesenheiten der ersten Hierarchie heraus, davon können diese Wesenheiten der ersten Hierarchie weggehen, und dennoch bleibt es als etwas Selbsttätiges, Objektives vorhanden.

Bei der dritten Hierarchie haben wir Offenbarung und Geist-Erfüllung, bei der zweiten Hierarchie Selbsterschaffen und Lebenserregung. Bei der ersten Hierarchie, die da besteht aus den Thronen, Cherubim und Seraphim, da haben wir ein solches Schaffen, daß das Geschaffene abgesondert wird, da haben wir statt des Selbstschaffens Weltschaffen: Eine abgesonderte Welt wird das, was hervorgeht aus den Wesenheiten der ersten Hierarchie, eine solche selbständige Welt, daß diese Welt Erscheinungen, Tatsachen zeigt, auch wenn die Wesenheiten nicht mehr dabei sind.

Wir können uns jetzt noch fragen: Und wie ist denn das eigene Leben dieser ersten Hierarchie? Das eigene Leben der Wesenheiten der ersten Hierarchie ist so, daß es sich selber wahrnimmt, indem es solche objektive, selbständige, sich absondernde Wesen aus sich hervorgehen läßt. Im Schaffen, im Selbständigmachen von Wesenheiten liegt für diese Wesenheiten der ersten Hierarchie ihr innerer Bewußtseinszustand, ihr inneres Erleben. Wir können sagen, sie schauen hin auf das, was sie schaffen und was die Welt wird, und nicht indem sie in sich hineinschauen, sondern indem sie hinausschauen auf die Welt, auf ihre Geschöpfe, haben sie sich. Wesen schaffen, das ist ihr Innenleben. Andere Wesen schaffen, in anderen Wesen leben, das ist das innere Erleben dieser Wesenheiten der ersten Hierarchie. Weltschaffen ist ihr Außenleben, Wesenschaffen ihr Innenleben.

Wir haben nun im Laufe dieser Tage darauf aufmerksam gemacht, wie die verschiedenen Wesenheiten der einzelnen Hierarchien Nachkommen, sich abspaltende Wesenheiten haben, die sie herunterschicken in die Reiche der Natur, und wir haben kennengelernt, daß die Nachkommen der dritten Hierarchie die Naturgeister sind, daß die Nachkommen der zweiten Hierarchie die Gruppenseelen sind. Auch die Wesenheiten der ersten Hierarchie haben solche sich abspaltenden Nachkommen, und im Grunde genommen habe ich Ihnen bereits von einer anderen Seite her diese Wesenheiten beschrieben, welche die Nachkommen der ersten Hierarchie sind. Ich habe es Ihnen beschrieben in den allerersten Betrachtungen, als wir aufgestiegen sind zu den sogenannten Geistern der Umlaufszeiten, zu denjenigen Geistern, welche anordnen und dirigieren, was in den Naturreichen in rhythmischer Folge und Wiederholung geschieht. Die Wesenheiten der ersten Hierarchie spalten von sich ab diejenigen Wesenheiten, welche anordnen den Wechsel von Winter und Sommer, so daß die Pflanzen sprießen und wiederum verwelken; jene rhythmische Folge, wodurch zum Beispiel die Angehörigen einer gewissen tierischen Art eine bestimmte Lebenszeit haben, innerhalb welcher sie sich entwickeln von der Geburt bis zum Tod. Aber auch alles, was in den Naturreichen rhythmisch und sich wiederholend folgt, wie Tag und Nacht, wie Jahreswechsel, wie die vier Jahreszeiten – alles, was so rhythmisch folgt, alles, was auf sich wiederholendem Geschehen beruht, das wird geregelt von den Geistern der Umlaufszeiten, von den Nachkommen der Wesenheiten der ersten Hierarchie. Man kann diese Geister der Umlaufszeiten von der einen Seite charakterisieren, wie wir das vor einigen Tagen gemacht haben, und man kann sie jetzt ihrer eigenen Abstammung nach charakterisieren, wie wir das heute taten. So können wir zusammenfassend das Wesen dieser drei Hierarchien wie folgt darstellen:

	Erste Hierarchie	
Weltschaffen	Wesenschaffen	Geister der Umlaufszeiten
	Zweite Hierarchie	
Selbsterschaffen	Lebenserregung	Gruppenseelen
	Dritte Hierarchie	
Offenbarung	Geist-Erfüllung	Naturgeister

Wenn wir nun in der mir gestellten Aufgabe weiterschreiten wollen, da müssen wir uns bekannt machen mit Vorstellungen, zu denen sich der geschulte Blick des Okkultisten allmählich erhebt und die ja für den Anfang, wenn man zuerst mit ihnen bekannt wird, etwas schwierig sind. Aber wir werden sie schon heute vor unsere Seele hinstellen, diese Vorstellungen und Ideen, und indem wir das tun, bekommen wir die Möglichkeit, uns in den nächsten Vorträgen, wo uns das ganze Leben und die ganze Wesenheit der Naturreiche und der Himmelskörper vor Augen treten soll, immer mehr und mehr hineinzugewöhnen in die Art und Weise, wie die charakterisierten Wesenheiten mit den Naturreichen und mit den Himmelskörpern zusammenhängen. So werden wir immer bestimmtere Vorstellungen nach dieser Richtung hin erhalten können.

Wenn wir von dem Menschen sprechen, dann sprechen wir so, daß wir diesen Menschen charakterisieren, wie er sich dem okkulten Blick darbietet; Sie können das ja verfolgen in theosophischen Schriften, zum Beispiel in meiner *Theosophie* und in meiner *Geheimwissenschaft*. Wenn wir den Menschen mit dem okkulten Blick betrachten, so sagen wir: Dasjenige, was zunächst das äußerste für Augen und Sinne überhaupt Wahrnehmbare am Menschen ist, das ist sein physischer Leib. Also den physischen Leib des Menschen betrachten wir als das erste menschliche Glied. Als das zweite menschliche Glied betrachten wir dann schon etwas Übersinnliches, schon etwas für das normale Bewußtsein Unsichtbares, den ätherischen Leib. Als drittes Glied betrachten wir den astralischen Leib. Wenn wir diese drei Glieder haben, dann haben wir ungefähr die Hüllennatur des Menschen. Wir kommen dann zu noch höheren Gliedern. Die sind dann seelenartiger Natur. Die nimmt man im gewöhnlichen Leben wahr als inneres Seelenleben, und ebenso wie wir von einer dreifachen äußeren Hülle sprechen, so können wir sprechen von einer dreifachen Seele: von der Empfindungsseele, Verstandes- oder Gemütsseele und Bewußtseinsseele. Diese Glieder der menschlichen Natur, von dem physischen Leib bis zur Bewußtseinsseele herauf, sind im Grunde genommen heute bei jedem Menschen schon vorhanden. Dazu kommt noch ein Hereinleuchten des nächsten Gliedes, das wir bezeichnen als Geistselbst oder, wie vielleicht viele von Ihnen gewohnt sind, es zu nennen, Manas. Dann haben wir das nächste Glied, das in der Zukunft für den Menschen eigentlich erst ausgebildet werden wird im rechten Maße; wir nennen das den Lebensgeist oder die Buddhi. Und dann haben wir das, was wir als den eigentlichen Geistesmenschen oder Atma bezeichnen, was zwar die innerste menschliche Natur ist, was aber in dem Menschen für sein Bewußtsein heute noch schlummert und erst in zukünftigen Erdentagen innerhalb des Bewußtseins als der eigentliche Mittelpunkt des Bewußtseins aufleuchten wird. Diese Glieder der menschlichen Natur sind so, daß wir von ihnen sprechen als Einheiten. In einer gewissen Weise haben wir in dem physischen Leib des Menschen eine Einheit, wir haben in dem ätherischen Leib des Menschen eine Einheit und so in den anderen Gliedern der menschlichen Natur. Der ganze Mensch ist eine Einheit, welche aus der Zusammenfügung und dem Ineinanderwirken dieser verschiedenen Glieder besteht.

Sie müssen sich nun vorstellen, wenn wir weiterkommen wollen in unseren Betrachtungen, daß es über dem Menschen stehende Wesenheiten gibt, welche so erhaben sind über die menschliche Natur, daß sie nicht bestehen aus Gliedern, die wir bezeichnen können als physischen Leib, Ätherleib und so weiter, sondern daß die Glieder dieser Wesenheiten selbst wiederum Wesenheiten sind. Während der Mensch also zu seinen einzelnen Gliedern das hat, was wir nicht als Wesenheit, sondern eben nur als einheitliche Glieder ansehen können, müssen wir aufsteigen zu solchen Wesenheiten, die nicht einen physischen Leib haben als ihren Teil, sondern welche ebenso, wie der Mensch seinen physischen Leib als einen Teil hat, zu ihrem Teil etwas haben, was wir jetzt genannt haben in unseren Betrachtungen die Geister der Form. Wenn wir sagen: Es gibt eine Wesenheit höherer Kategorie, welche nicht wie der Mensch zu seinem Gliede einen physischen Leib hat, sondern welche zu ihrem Glied eine Wesenheit selbst hat, einen Geist der Form, dann bekommen wir eine Vorstellung von einer Wesenheit, die wir bisher noch nicht charakterisiert haben, aber die wir jetzt charakterisieren wollen. Wollen wir sie charakterisieren, so müssen wir uns schon derjenigen Vorstellungen bedienen, zu denen wir uns aufgeschwungen haben im Laufe unserer Betrachtungen.

Ich sagte schon, es ist schwierig, zu diesen Vorstellungen zu kommen, aber Sie werden durch eine Analogie sich erheben können zu solchen Vorstellungen, wie wir sie hier brauchen. Betrachten Sie einen Bienenstock oder einen Ameisenhaufen und nehmen Sie die einzelnen Wesenheiten, die einzelnen Bienen des Bienenstockes und seien Sie sich klar darüber, daß der Bienenstock einen realen Gesamtgeist hat, eine reale Gesamtwesenheit, und daß er in den einzelnen Bienen seine Teile hat, wie Sie Ihre Teile haben in Ihren einzelnen Gliedern. Da haben Sie eine Analogie für noch höhere Wesenheiten, als diejenigen sind, die wir bisher betrachtet haben, die zu ihrem Glied nicht so etwas haben, was wir nur als physischen Leib wie beim Menschen bezeichnen, sondern was wir selber als eine Wesenheit bezeichnen müssen, als Geist der Form. Wie wir in unserem physischen Leibe leben, so leben Wesenheiten von höherer Erhabenheit so, daß sie die Geister der Form, oder einen Geist der Form meinetwillen, zu ihrem untersten Gliede haben. Wir Menschen haben dann den ätherischen Leib, statt dessen haben diese Wesenheiten als zweites Glied Geister der Bewegung; statt des astralischen Leibes des Menschen haben diese Wesenheiten Geister der Weisheit; statt dessen, was wir Menschen als Empfindungsseele haben, haben diese Wesenheiten als ihr viertes Glied Throne oder Geister des Willens; statt unserer Verstandesseele haben diese Wesenheiten als fünftes Glied Cherubim; als sechstes haben sie, wie wir die Bewußtseinsseele haben, Seraphim. Und wie wir hinaufschauen zu demjenigen, was wir uns allmählich erst aneignen in zukünftigen Erdentagen, so schauen diese Wesenheiten hinauf zu dem, was überragt das Wesen der Hierarchien. Wie wir von unserem Manas, Buddhi, Atma oder Geistselbst, Lebensgeist, Geistesmenschen sprechen, so schaut gleichsam aus seinem seraphischen Glied, wie wir aus unserer Bewußtseinsseele, diese Wesenheit hinauf zu einer Urgeistigkeit. Da erst haben diese Wesenheiten dann etwas dem Analoges, was wir unser geistiges Innenleben nennen. Es ist außerordentlich schwierig, von dem, was da oben über den Hierarchien gleichsam als die geistige Wesenheit höchster Geister selber vorhanden ist, Vorstellungen zu erwecken. Im Laufe der Menschheitsevolution haben die verschiedenen Religionen und Weltanschauungen daher auch, man möchte sagen, mit einer gewissen ehrfürchtigen Vorsicht unterlassen, in deutlichen, an die Sinneswelt erinnernden Vorstellungen von dem zu sprechen, was da oben noch vorhanden ist über den Hierarchien. Mußten wir schon, um eine Vorstellung hervorzurufen, wie sie in der Seele des Okkultisten lebt, wenn er auf die Seraphim blickt, zu solchen Mitteln greifen, die uns nur in Analogien entgegentreten bei Menschen mit reicher Lebenserfahrung, so reicht auch alles das, was uns selbst bei solchen Menschen als reine Äußerung ihres Lebens entgegentritt, nicht mehr aus, um die Dreiheit zu charakterisieren, die gleichsam über den Seraphim als höchstes Wesen, als ihr Manas, Buddhi, Atma, figuriert.

Im Laufe der Menschheitsevolution ist über die vorsichtigen Ahnungen, mit denen der Menschengeist von dem, was da oben ist in den geistigen Regionen, gesprochen hat, sogar, man darf sagen leider, viel gestritten worden. Leider! darf man sagen, weil es dem Menschengeist viel angemessener wäre, nicht mit Vorstellungen, die er sich nun einmal aus dem gewöhnlichen Leben durch allerlei Analogien und Vergleiche gezimmert hat, Wesenhaftes von so hoher Gattung charakterisieren zu wollen; viel mehr geziemend wäre es für den Menschen, in tiefer Ehrfurcht immer mehr und mehr lernen zu wollen, um annähernde Vorstellungen von dem zu bekommen, was da oben ist. Annähernde Vorstellungen versuchten die Religionen und Weltanschauungen von dem, was da oben ist, zu geben, indem sie heranzogen vieldeutige und vielsagende Begriffe, Begriffe, welche gewissermaßen dadurch etwas Besonderes gewinnen, daß sie über das einzelne Leben des Menschen schon in der äußeren Sinneswelt hinausgehen. Mit solchen Begriffen kann man natürlich das erhabene Wesen, um das es sich hier handelt, auch nicht einmal annähernd charakterisieren, aber man kann gewissermaßen eine Vorstellung hervorrufen von dem, was man nicht zu sagen vermag, sondern was sich hüllen soll in ein heiliges Geheimnis, in ein heiliges Mysterium. Denn nicht sollte man mit menschlichen Verstandesbegriffen, die an der Außenwelt gewonnen sind, so ohne weiteres herankommen an diese Dinge. Daher versuchte man in den aufeinanderfolgenden Religionen und Weltanschauungen annähernd, ahnungsvoll diese Dinge dadurch zu charakterisieren, daß man das, was über den Menschen hinausragt und schon in der Natur mysteriös ist, zur Charakteristik oder, sagen wir besser, zur Namengebung heranzog.

Die alten Ägypter haben zur Namengebung herangezogen die Begriffe von Kind oder Sohn, von Mutter und Vater, also das, was über den einzelnen Menschen hinausragt. Das Christentum hat versucht, in der Aufeinanderfolge von Heiligem Geist, Sohn und Vater für diese Dreiheit eine Namengebung zu finden. So daß wir sagen können: Wir würden an die siebente Stelle zu setzen haben den Heiligen Geist, an die achte den Sohn und an die neunte den Vater. Wenn wir also ein Wesen, zu dem wir hinaufschauen und dessen oberster Inhalt uns wie in ein geistiges Mysterium verschwindet und wir andeutungsvoll dazu sagen: Geist, Sohn und Vater –, wenn wir ein solches Wesen mit dem okkulten Blick betrachten, so sagen wir uns: Wie wir uns zum Menschen verhalten, indem wir ihn äußerlich anschauen, wie wir seinen physischen Leib als sein unterstes Glied betrachten, so haben wir bei einem solchen Wesen, wenn wir es so betrachten, daß diese Betrachtung analog ist der Menschenbetrachtung, den Geist der Form vor uns, das heißt, einen Geist, der sich eine Form gibt, einen geformten Geist. Wir müßten also hinschauen können auf dasjenige, was von diesen Wesenheiten analog, ähnlich ist dem physischen Leib des Menschen, auf etwas Geformtes.

Wie wir etwas Geformtes im physischen Leib des Menschen als sein unterstes Glied haben, und wie in diesem Geformten, das in Wahrheit, so wie es uns entgegentritt, selbstverständlich eine Maja ist, aber eben das lebt, was Geist der Form ist, so ist das, was uns erscheint, wenn wir den Blick hinausrichten in den Weltenraum und im Weltenraum einen Planeten erblicken – Merkur, Venus, Mars, Jupiter –, die äußere Form des Geistes der Form, das, was zu diesem Wesen, von dem wir jetzt gesprochen haben, gehört, wie der physische Leib des Menschen zu dem Menschen gehört. Wenn ein Mensch vor uns steht, dann drückt uns diese Form aus, was als höhere Glieder, als ätherischer Leib, astralischer Leib, Empfindungsseele und so weiter, in dem Menschen lebt; wenn wir einen Planeten sehen, drückt uns diese Form aus, was die Form der Geister der Form ausmacht. Und wie hinter der menschlichen Form, hinter dem physischen Leib der ätherische Leib, der astralische Leib, die Empfindungsseele und so weiter sind, so ist hinter dem Planeten als zu ihm gehörig dasjenige, was wir ansprechen als Geister der Bewegung, der Weisheit, des Willens, Seraphim, Cherubim und so weiter. Wenn wir also im Sinne der Geisteswissenschaft das vollständige Wesen eines Planeten uns vorhalten wollen, dann müssen wir sagen: Uns begegnet im Weltenraum für unsere Wahrnehmung der Planet, indem er uns sein Physisches, das der Geist der Form ihm gegeben hat, entgegenleuchtet, und er verbirgt, wie der Mensch seine höheren Glieder dem physischen Blick verbirgt, dasjenige, was als Wesenheiten der höheren Hierarchien in dem Planeten und um ihn waltet. Wir stellen uns also einen solchen Planeten wie den Mars oder den Merkur richtig vor, wenn wir ihn uns zunächst seiner physischen Form nach vorstellen und ihn umgeben und durchdrungen denken von einer geistigen Atmosphäre, die ins Endlose ausgreift, die in dem physischen Planeten eben ihre physische Form, die Schöpfung der Geister der Form, hat und die in ihrem geistigen Umkreis die Wesenheiten der anderen Hierarchien hat. Dann erst haben wir den vollständigen Planeten, wenn wir ihn so betrachten, daß er in der Mitte das Physische als einen Kern hat und um ihn herum geistige Umhüllungen, die aus den Wesenheiten der Hierarchien bestehen. Es soll das in den nächsten Vorträgen noch eingehender betrachtet werden. Damit wir aber gewissermaßen heute noch die Richtung unserer Betrachtung andeuten können, sei noch folgendes zunächst als Mitteilung, wie es die okkulte Forschung ergibt, gesagt.

Wir haben schon angedeutet: Wenn wir das, was physische Planetenform ist, betrachten, so ist das ein Geschöpf des Geistes der Form. Auch unsere Erdenform ist Geschöpf des Geistes der Form. Nun aber wissen Sie von unserer Erde zunächst, daß sie in sich kein Ruhendes ist, daß diese Erde einer fortdauernden inneren Veränderung und Beweglichkeit unterliegt. Sie alle werden sich aus den Schilderungen der Akasha-Chronik erinnern, daß das äußere Antlitz unserer Erde heute anders aussieht, als es zum Beispiel ausgesehen hat während der Periode der Erdenentwickelung, die wir als die atlantische Zeit bezeichnen. In dieser uralten atlantischen Zeit war die Fläche unseres Erdballs, welche heute vom Atlantischen Ozean überflutet ist, mit einem mächtigen Kontinente bedeckt, während an der Stelle, wo heute Europa, Asien, Afrika sind, kaum erst Kontinente sich bildeten. So hat sich die Masse, die Substanz der Erde umgesetzt durch innere Beweglichkeit. Der Planet ist in einer fortwährenden inneren Beweglichkeit. Bedenken Sie nur, daß zum Beispiel das, was heute bekannt ist als die Insel Helgoland, nur ein kleiner Teil dessen ist, was noch im neunten, zehnten Jahrhundert von dieser Insel Helgoland ins Meer hinausragte. Wenn auch die Zeiten, in denen Umlagerungen, innere Veränderungen des Antlitzes der Erde stattfinden, verhältnismäßig groß sind, ohne viel auf diese Dinge einzugehen, kann jeder sich sagen, der Planet ist in einer fortwährenden inneren Beweglichkeit. Und gar, wenn der Mensch nicht nur zum Planeten das Feste der Erde rechnet, sondern auch Wasser und Luft, dann lehrt ja das alltägliche Leben, daß der Planet in innerer Beweglichkeit ist. In Wolkenbildung, in Regenbildung, in all den Witterungserscheinungen, im auf- und absteigenden Wasser, in alledem zeigt die planetarische Substanz die innere Beweglichkeit. Das ist ein Leben des Planeten. Innerhalb dieses Lebens des Planeten wirkt, wie im Leben des einzelnen Menschen der Ätherleib, dasjenige, was wir bezeichnen als die Geister der Bewegung. So daß wir sagen können: Äußere Gestalt des Planeten – Geister der Form als Schöpfer. Die innere Lebendigkeit, sie wird geregelt durch die Wesenheiten, die wir die Geister der Bewegung nennen.

Nun ist aber ein solcher Planet für den Okkultisten durchaus eine wirkliche Wesenheit, eine Wesenheit, welche das, was in ihr vorgeht, nach Gedanken regelt. Nicht nur, daß innere Lebendigkeit, wie sie eben geschildert worden ist, im Planeten vorhanden ist, sondern auch Bewußtsein hat der Planet als ganzer Planet, denn er ist ja eine Wesenheit. Und dieses Bewußtsein, welches dem menschlichen Bewußtsein entspricht, insofern die niedere Bewußtseinsform, das Unterbewußtsein, im astralischen Leib ist, das wird geregelt beim Planeten durch die Geister der Weisheit. So daß wir sagen können: Das niederste Bewußtsein des Planeten wird geregelt durch die Geister der Weisheit. Wenn wir so den Planeten charakterisieren, dann bleiben wir noch immer innerhalb des Planeten. Wir schauen hinauf zum Planeten und sagen uns: Er hat eine gewisse Form, das entspricht den Geistern der Form; er hat eine innere Beweglichkeit, das entspricht den Geistern der Bewegung; das alles ist von Bewußtsein durchdrungen, das entspricht den Geistern der Weisheit. Aber nun verfolgen wir den Planeten weiter: Er geht durch den Raum, er hat einen inneren Impuls, der ihn treibt durch den Raum, wie der Mensch einen inneren Willensimpuls hat, der ihn treibt, seine Schritte zu machen, durch den Raum zu gehen. Das, was den Planeten durch den Raum führt, was seine Bewegung im Raum regelt, was da macht, daß er zum Beispiel um den Fixstern sich bewegt, das entspricht den Geistern des Willens. Sie geben dem Planeten den Impuls, hinzufliegen durch den Raum. Also, die Bewegung des Planeten im Raum entspricht den Geistern des Willens oder den Thronen. Wenn nun diese Geister des Willens nur die Bewegungsimpulse dem Planeten geben würden, so würde jeder Planet in der Welt seine eigenen Wege gehen. Das ist aber nicht der Fall, sondern ein jeder Planet richtet sich nach dem ganzen System. Es wird die Bewegung nicht nur so geregelt, daß der Planet sich bewegt, sondern es wird Ordnung hineingebracht in das ganze planetarische System. Wie Ordnung hineingebracht wird, wenn, sagen wir, eine Gruppe von Menschen, von denen der eine dahin, der andere dorthin ging, einem gemeinsamen Ziele zuzustreben beginnt, so werden die Bewegungen der Planeten geordnet, bis sie zusammenstimmen. Dieses Zusammenstimmen der Bewegungen des einen Planeten mit dem anderen, diese Tatsache, daß in der Bewegung des einen Planeten Rücksicht genommen wird auf die der anderen, das entspricht der Tätigkeit der Cherubim. Also die Regelung der gemeinsamen Bewegung des Systems entspricht der Tätigkeit der Cherubim. Und jedes Planetensystem mit seinem Fixstern, der gewissermaßen als der Hauptanführer dasteht unter der Leitung der Cherubim, hat seine Beziehung wiederum zu den anderen Planetensystemen, die anderen Fixsternen zugehören, verständigt sich über seinen Ort im Raum und über seine Bedeutung mit seinen Nachbarsystemen, wie die einzelnen Menschen sich untereinander verständigen, miteinander sich besprechen zu ihren gemeinsamen Taten. Wie die Menschen ein soziales System begründen dadurch, daß sie Gegenseitigkeit haben, so gibt es auch eine Gegenseitigkeit der Planetensysteme.

Von Fixstern zu Fixstern waltet gegenseitige Verständigung. Dadurch kommt allein der Kosmos zustande. Das, was sozusagen die Planetensysteme durch den Weltenraum miteinander sprechen, um zum Kosmos zu werden, das wird geregelt durch diejenigen Geister, welche wir Seraphim nennen.

Und nun haben wir gleichsam das erschöpft, was wir beim Menschen finden bis herauf in die Bewußtseinsseele. Wie wir dann beim Menschen kommen zu seinem höheren Geistesleben, zu dem, was dem ganzen System bis zur Bewußtseinsseele herauf erst Sinn gibt, so kommen wir, wenn wir über die Seraphim heraufkommen, zu dem, was wir vorhin versuchten, heute zunächst andeutungsweise als oberste Dreiheit der Weltenwesenheit zu charakterisieren: Wir kommen da zu dem, was im Weltenall waltet als das alldurchziehende, göttliche, dreifach göttliche Leben, das sich in den einzelnen Planetensystemen Hüllen schafft. Wie sich das, was im Menschen lebt als Geistselbst, Lebensgeist, Geistesmensch – Manas, Buddhi, Atma – Hüllen schafft in Bewußtseinsseele, Verstandesseele, Empfindungsseele, astralischem, ätherischem und physischem Leibe, so wandeln durch den Raum die Fixsterne der Planetensysteme als die Körper der göttlichen Wesenheiten. Und indem wir das Leben der Sternenwelt betrachten, betrachten wir die Leiber der Götter und zuletzt des Göttlichen überhaupt.

Das künftige Jupiterdasein und seine Wesenheiten

Dornach, 3. Januar 1915

Wenn Sie sich erinnern an die Auseinandersetzungen, die gepflogen worden sind im Zusammenhang mit der Entwickelung der Erde über die Saturn-, Sonnen- und Mondenzeit,[26] so werden Sie wissen, daß auf jeder dieser Stufen der Evolution eine bestimmte Wesensart, die wir heute zu den Wesensarten der höheren Hierarchien rechnen müssen, gewissermaßen die Menschheitsstufe erreichte. Wir wissen, daß während der alten Saturnzeit diejenigen geistigen Wesenheiten die Menschheitsstufe erreichten, die wir nennen die Geister der Persönlichkeit, die Urbeginne, die Archai, daß während der Sonnenzeit ihre Menschheitsstufe erreichten die Archangeloi, während der Mondenzeit die Angeloi und während der Erdenzeit die Menschen.

Nun ersehen Sie aber auch aus all den Betrachtungen, die im Zusammenhange mit den Evolutionen gepflogen worden sind, daß jede Stufe von Wesenheiten, die in der folgenden Zeit eine bestimmte Entwickelung erreichte, vorbereitet worden ist. Wir wissen, daß der Mensch vorbereitet worden ist durch die Saturn-, Sonnen- und Mondenzeit, daß dasjenige, was wir heute als den vollkommenen physischen Menschenleib bezeichnen, eine Evolution durchgemacht hat schon seit der Saturnzeit, daß der Ätherleib eine Evolution durchgemacht hat seit der Sonnenzeit, der Astralleib seit der Mondenzeit, und daß das Ich erst hinzugekommen ist während der Erdenzeit, so daß also die Gesamtheit einer solchen Wesensart vorbereitet wird.

Es kann Ihnen die Frage gewissermaßen auf dem Herzen liegen: Werden denn auch in unserer Zeit solche Wesenheiten vorbereitet, welche während der Jupiterzeit die Menschenstufe erreichen? – Nun wissen Sie aber auch, daß während der Saturn-, Sonnen- und Mondenzeit – Sie brauchen nur die Darstellung in meinem Buche *Die Geheimwissenschaft* nachzusehen – an der Vorbereitung zum Menschentum die Geister der höheren Hierarchien teilgenommen haben. Es ist da dargestellt worden, wie die Angeloi, Archangeloi und Archai an dem Zustandekommen der menschlichen Wesenheiten teilgenommen haben, und so liegt es nahe, sich die Frage vorzulegen: Arbeiten vielleicht auch die Menschen durch ihr Erdensein an denjenigen Wesen vorbereitend, die während der Jupiterzeit die Menschheitsstufe erreichen werden?

Das ist eine Frage, die gewiß jedes fühlende Herz – fühlend in dem Sinne, wie wir es in den vergangenen Tagen im Zusammenhang mit den Anregungen durch die Geisteswissenschaft fühlend genannt haben – als eine Lebensfrage betrachten muß. Denn es könnte sein, daß des Menschen Benehmen im ganzen während der Erdenzeit etwas fördern oder verfehlen könnte in bezug auf diejenigen Wesenheiten, welche während der Jupiterzeit die Menschheitsstufe erreichen könnten. Man möchte sagen: Was können wir denn Schlimmeres tun, als während der Erdenevolution uns in einer Weise zu benehmen, die es unmöglich macht, daß aus unseren Taten die richtigen Jupiterwesen hervorgehen? – Nun muß man allerdings einen gewissen guten Erkenntniswillen voraussetzen, wenn man über diese Dinge sprechen will, denn indem man über diese Dinge spricht, berührt man wahrhaftig schon wichtige Geheimnisse der Initiation, solche Geheimnisse der Initiation, welche der heutigen Wissenschaft selbstverständlich ein Greuel sind. Da muß man sich schon vorbereiten durch sein Gefühl, anzusehen, wie diese heutige Wissenschaft zu den eigentlichen Lebenswahrheiten notwendigerweise stehen muß.

Ich habe schon versucht, in den vorhergehenden Vorträgen einiges zu charakterisieren über das notwendige Verhältnis der heutigen Wissenschaft zum Leben. Sie kann nicht unmittelbar an die Geheimnisse des Lebens heran. Sie kann dies auch nicht wollen; sie muß sich nur nicht anmaßen, an diese Geheimnisse des Lebens herankommen zu wollen. Für diejenigen, welche gern Eier essen, wenn sie hartgesotten sind, ist es sicher gut, wenn man Eier hart siedet, und dann haben hartgesottene Eier einen guten Zweck eben für die, welche sie genießen. Aber wenn jemand hingehen wollte und sagen: Man nehme den Hühnern die Eier weg, um sie hart zu sieden und sie dann nachher von ihnen ausbrüten zu lassen –, so würde ein solcher etwas Absurdes unternehmen. Ganz dasselbe unternimmt in bezug auf den Kosmos derjenige, welcher die Geheimnisse des Kosmos enträtseln will und mit dem heutigen Wissen daran gehen will, sie zu enträtseln, was wirklich dem Verhalten desjenigen entspricht, der hartgesottene Eier ausbrüten lassen will, aus denen sich nichts mehr ausbrüten läßt.

Inwiefern diese Wissenschaft als zusammenhängend mit dem ganzen heutigen Denken in vieler Beziehung gerade für die wahren Rätsel des Lebens irreführend sein muß, kann Ihnen anschaulich werden durch einen Vergleich, den ich jetzt machen möchte. Nicht wahr, wenn jemand sich auslassen will über das Förderliche oder Schädliche der Wissenschaft, so wird er zunächst versuchen, die Frage so zu stellen: Hat diese Wissenschaft da oder dort Recht? – Und wenn er beweisen kann, daß sie da oder dort Recht hat, so wird er selbstverständlich auf sie schwören.

Ja, aber das ist es gerade, wovon wir abkommen müssen, daß wir diese Frage, ob das, was die Wissenschaft sagt, richtig oder nicht richtig ist, für so wichtig halten. Wir müssen dahinkommen, daß wir diese Frage nicht als die Hauptsache betrachten, wenn es sich darum handelt, die Rätsel des Lebens zu lösen. Wenn jemand einen Wagen sieht, der von Pferden gezogen ist und auf dem ein

Mensch sitzt, so wird derjenige, der das sieht, ganz gewiß Recht haben, wenn er sagt: Die Pferde ziehen diesen Menschen auf dem Wagen, sie ziehen ihn nach sich. – Das ist zweifellos richtig. Und derjenige, der behaupten wollte, die Pferde ziehen nicht den Wagen und den, der auf dem Wagen sitzt, der würde selbstverständlich etwas Unrichtiges behaupten. Aber ebenso wahr ist es, daß der Mensch, der darauf sitzt, bewirkt durch die Art, wie er die Pferde dirigiert, wohin die Pferde ihn ziehen sollen, und das ist ganz gewiß das Wichtigere, das Wesentlichere, worauf es ankommt für die Erreichung dessen, was erreicht werden soll. Die heutige Wissenschaft gleicht eben der Behauptung desjenigen, der leugnet, daß der Mann auf dem Wagen die Pferde lenkt, und der nur zugeben will, daß die Pferde den Mann auf dem Wagen ziehen.

Wenn Sie diesen Vergleich sich genauer ausdenken, so werden Sie sich über das Verhältnis der heutigen Wissenschaft zur heutigen Wahrheitsforschung die richtigen Ideen aneignen können. Ich muß diese Dinge immer wieder sagen aus dem Grunde, weil der auf dem Boden unserer Weltanschauung Stehende immer mehr und mehr in die Lage kommen muß, diese unsere geisteswissenschaftliche Weltanschauung gegenüber den Angriffen der heutigen Weltanschauung zu verteidigen, zu sichern. Das kann man aber nur, wenn man wirklich sich aufklärt über das Verhältnis der heutigen äußeren Wissenschaft zu der echten Wahrheitsforschung. Immer muß man mit ganz bestimmten Empfindungen, mit ganz bestimmten Gefühlsnuancen an die Fragen der Geisteswissenschaft herangehen, sonst kommt man mit ihnen nicht zurecht.

Nun hängt die Frage, die wir berührt haben, die Frage nach denjenigen Wesenheiten, welche auf dem Jupiter die Menschenstufe erreichen werden, in der Tat mit den tiefsten Fragen der Erdenevolution des Menschen zusammen. Es gibt in unserer

Erdenevolution etwas, demgegenüber immer philosophische Bestrebungen da waren, das ist das Verhältnis des sittlichen, des ethischen Handelns zu dem natürlichen Dasein des Menschen. Der Mensch muß ja unterscheiden als Erdenwesen, inwiefern er ein Wesen ist, das von seinen Trieben beherrscht ist, das seinen Trieben folgt, das diese Triebe befriedigen muß, das gegenüber diesen Trieben und ihrer Befriedigung nichts vermag, weil sie einfach nach Naturgesetzen befriedigt werden müssen. Das ist die eine Seite der menschlichen Natur. Ihr gegenüber sagen wir: Das, was wir tun, müssen wir tun. Wir müssen essen, wir müssen schlafen. – Aber es gibt ein anderes Gebiet des menschlichen Verhaltens auf der Erde, das ist das Gebiet, demgegenüber wir von einem Müssen nicht reden können, das allen Sinn verlieren würde, wenn wir von einem Müssen sprechen würden. Das ist das weite Gebiet des Sollens, das Gebiet, wo wir gegenüber allen Trieben, gegenüber alldem, was auf naturgemäße Weise aus unserer Natur folgt, empfinden: Wir müssen einem rein geistigen Impulse folgen. – Das «Du sollst» ist niemals etwas, was triebartig zu uns spricht, sondern etwas, was richtunggebend auf rein geistige Art zu uns spricht. Dieses «Du sollst» umfaßt das Gebiet unserer sittlichen Pflichten.

Es gibt Philosophien, die gar nicht finden können den Zusammenhang zwischen dem «Du sollst» und dem «Du mußt». Und unsere im Materialismus gerade dann schon, wenn es sich um das sittliche Leben handelt, fast versumpfende Gegenwart – sie wird noch immer mehr versumpfen –, möchte gleichsam alles «Du sollst» überhaupt in ein «Du mußt» verwandeln. In dieser Beziehung gehen wir Zeiten entgegen, in denen die Verwandlung des «Du sollst» in ein «Du mußt» mit einem gewissen Hochmut geradezu als Psychologie ausposaunt wird. Schlimme Aspekte bieten sich dar, wenn man die Anfänge desjenigen, was sich in Zukunft noch auswachsen wird, zum Beispiel als

Kriminalpsychologie, ins Auge faßt. Da sehen wir schon heute, wie angefaßt wird der Mensch so, daß man nicht fragt, hat er ein «Du sollst» übertreten, sondern man sucht nachzuweisen, wie er zu dieser oder jener den Menschen schädigenden Tat durch ein Müssen seiner Natur getrieben, angespornt worden ist. Kuriose Versuche werden immer mehr und mehr angestellt, Verbrechen nur als einen besonderen Krankheitsfall in der Welt zu charakterisieren. Alle diese Dinge gehen hervor aus einer gewissen materialistischen Unklarheit unserer Zeit über die Beziehung des «Du sollst» zu dem «Du mußt».

Dieses «Du sollst», was man auch den kategorischen Imperativ genannt hat, was hat es im gesamten Zusammenhang des menschlichen Daseins eigentlich zu bedeuten? Derjenige, welcher dem «Du sollst» folgt, begeht bekanntlich eine sittliche Handlung. Derjenige, der dem «Du sollst» nicht folgt, begeht eine unsittliche Handlung. Das ist ja eine recht triviale Wahrheit. Aber nun versuchen wir einmal «sittlich» und «unsittlich» nicht nur in bezug auf die äußere Maja des physischen Planes anzusehen, sondern versuchen wir sittlich und unsittlich anzusehen in bezug auf die Wahrheit und in bezug auf dasjenige, was hinter der Maja des physischen Planes eigentlich steht. Da nimmt sich das Moralische, das Ethische, das Sittliche, das, was dem «Du sollst» entspricht, für die Wissenschaft der Initiation eigentlich schon, man möchte sagen, in einem gröberen Sinne genommen als etwas in das geistige Auge Springendes aus. Der Mensch zeigt sich Ihnen – es müssen nun schon einmal auch solche für die materialistische Weltanschauung greulichen Wahrheiten ausgesprochen werden –, wenn Sie ihn bei gewissen Temperatur- und Witterungsverhältnissen betrachten – die Pferde zeigen es noch besser, aber wir reden jetzt nicht von den Pferden –, der Mensch zeigt sich Ihnen dann, wie er aushaucht, und wie der Hauch durch das Eindringen in die Luft sichtbar wird als Dunst.

Selbstverständlich ist für die materialistische Wissenschaft dieser Hauch, den der Mensch von sich gibt – bei Pferden kann man es noch besser sehen, aber wir reden jetzt, wie gesagt, nicht von Pferden –, etwas, was verflattert und zerfließt und keine weitere Bedeutung hat. Aber für denjenigen, der mit der Wissenschaft der Initiation die Erscheinungen des Lebens verfolgt, ist dieser Aushauch insofern bedeutsam, als er in seiner Nuancierung genau die Spuren des sittlichen oder unsittlichen Verhaltens des Menschen trägt. Das sittliche oder unsittliche Verhalten des Menschen ist in dem wäßrigwerdenden Hauch zu erkennen, und ganz anders ist der wäßrigwerdende Hauch bei einem zur Sittlichkeit hinneigenden Menschen und anders bei einem zum Unsittlichen hinneigenden Menschen. Sie wissen, daß bei mancherlei, was in der menschlichen Natur ist, die feineren Eigentümlichkeiten der menschlichen Natur auch erst in den feineren Teilen der ätherischen und astralischen Aura beobachtet werden können. Aber dasjenige, was im gewöhnlichen Sinne des Wortes der Mensch als sittliches oder unsittliches Wesen ist, das zeigt sich schon in dem ätherisch-astralischen Einschlag, der in dem wäßrig werdenden Hauch enthalten ist. Was physisch daran ist, zerflattert, das aber, was sich in dem Hauch verkörpert, das zerflattert nicht, denn das enthält ein dämonisches Wesen, und in dem ist enthalten, wenn der Hauch wässerig wird, ein Physisches, ein Ätherisches und ein Astralisches, nur daß das Physische nicht erdig ist, sondern eben nur wässerig. Also etwas, was in der mannigfaltigsten Weise Gestaltung hat, zeigt sich in diesem Aushauch.

Bei Taten, die aus Liebe entstanden sind, zeigt sich etwas anderes als bei Taten, die zum Beispiel aus Enthusiasmus, aus schöpferischem Drang, aus Vervollkommnungsdrang entstanden sind. Aber immer hat diese Aushauchgestalt etwas, was erinnert an Wesenheiten, die es jetzt noch gar nicht gibt auf der Erde. In diesen Wesenheiten bereiten sich diejenigen vor, welche die

Menschheitsstufe auf dem Jupiter erreichen werden. Das sind die ersten voraneilenden Schattenbilder, die sich verändern und auch fernerhin verändern werden, um auf dem Jupiter dann zur Menschheitsstufe aufzusteigen.

Wir verdanken auch in einer gewissen Weise dem Ausatmungsprozesse der Angeloi auf dem Monde unsere Entstehung, und es gehört wiederum zu den erschütternden Erfahrungen des geistigen Lebens, wenn man von einer solchen Erkenntnis ausgeht, daß sich in dem Aushauch die künftigen Jupitermenschen vorbereiten, daß aus dem, was heute die Menschen aushauchen, sich entwickeln werden die zukünftigen Jupitermenschen. Wenn man mit einer solchen Erkenntnis an die Bibel herangeht und liest die ersten Worte der Bibel, dann kann man sich sagen: Jetzt fängt man an zu verstehen, wie das gemeint ist, wenn da steht, daß Hauche ausgeatmet worden sind von den Elohim, und daß sie durch den Hauch, den sie den Menschen einbliesen, den Erdenmenschen formten.

Ich kann Ihnen das Geständnis machen, daß ich niemals verstanden hätte dieses Einhauchen der Elohim, das Einhauchen in den Mund und die Nase der lebendigen Wesenheit des Menschen, wenn ich nicht vorher gewußt hätte, daß auch im Aushauch des Erdenmenschen die ersten Keime enthalten sind derjenigen Wesen, die auf dem Jupiter erst Menschen werden. Aber Jupitermenschen können nur werden diejenigen Aushauche, die ihr Dasein verdanken den Handlungen, die dem «Du sollst» folgen, die also sittliche Handlungen sind.

So sehen wir, wie wir in die ganze kosmische Ordnung eingreifen mit unserer Erdensittlichkeit. So sehen wir, daß unsere Erdensittlichkeit in der Tat eine schöpferische Macht ist, und wir sehen, daß es in der Geisteswissenschaft einen starken Antrieb gibt zu Impulsen für das sittliche Handeln, denn wir wissen, wir stellen uns entgegen der Schöpfung der Jupitermenschen, wenn wir auf der Erde nicht sittlich handeln. Sittlichkeit, die der Ausdruck ist des «Du sollst», gewinnt so in der Tat einen realen Wert, einen Existenzwert. In einer intensiven Weise formt unser menschliches Verhalten dasjenige, was wir aus der Geisteswissenschaft übernehmen können, wenn wir also real mit dem Kosmos zusammenhängende Geheimnisse erkennen.

Auf ähnliche Dinge ist schon früher aufmerksam gemacht worden, indem da oder dort die Bemerkung gemacht worden ist, was wiederum die Sprache für ein Symbolum ist für das zukünftige Schaffen des Menschen selber. Darauf will ich aber heute nicht eingehen, sondern ich wollte zunächst nur zeigen, welche Bedeutung das sittliche Verhalten im Ganzen des Kosmos hat.

Nun können Sie aber die Frage aufwerfen: Wie ist es nun mit dem unsittlichen Verhalten? – Auch das unsittliche Verhalten spricht sich in der inneren Gestaltung, in der Formierung des Hauches aus. Aber das unsittliche Verhalten prägt dem Hauche eine dämonische Gestalt ein. Dämonen werden geboren durch das unsittliche Verhalten des Menschen. Versuchen wir uns zunächst klarzumachen den Unterschied zwischen den Dämonen, die durch das unsittliche Verhalten entstehen, und den geistigen Wesenheiten – geistig insofern, als sie es auf Erden nur zu einem wäßrigen Dasein bringen –, den geistigen Gestalten, die durch die sittlichen Handlungen geschaffen werden.

Diejenigen Wesenheiten, die bis zu einem vorübergehenden wäßrigen Dasein im Hauche kommen und die aus dem sittlichen Verhalten hervorgehen, sind Wesen, die einen astralischen, einen ätherischen und endlich einen physischen Leib haben, der bis zur Wäßrigkeit verdichtet ist, so wie wir während des Mondendaseins einen ätherischen, einen astralischen und einen physischen Leib hatten, und der physische Leib auch nur bis zu einer Art von Wäßrigkeit verdichtet war. Es war schon auch mit uns so während des Mondendaseins, wenn auch nicht genau so. Und in diesem Gebilde, das da aus den sittlichen Handlungen entsteht und das aus physischem Leib, Ätherleib und Astralleib besteht, ist die Anlage, das Ich aufzunehmen, so wie in unserem physischen, Äther- und Astralleib während der Mondenzeit die Anlage war, ein Ich aufzunehmen. Die Anlage, ein Ich aufzunehmen, ist also darinnen. Solche Wesenheiten sind zum regulär fortschreitenden Dasein im Kosmos berufen, sie gehen einen regulären Weg. Die andern Wesenheiten, die als Dämonen durch die unsittlichen Handlungen geschaffen werden, haben auch selbstverständlich astralischen Leib, ätherischen Leib und den physischen Leib bis zur Wäßrigkeit, aber sie haben nicht die Anlage, ein Ich zu entwickeln. Sie kommen gleichsam geköpft zur Welt. Statt daß sie die Anlage in sich aufnehmen, fortzuschreiten in der regulären Evolution zum Jupiterdasein, lehnen sie diese Anlage ab. Sie verurteilen sich dadurch zu dem Schicksale, aus der Evolution herauszufallen. Dadurch aber vermehren sie die Scharen der luziferischen Wesenheiten. Sie gelangen unter die Gewalt der luziferischen Wesenheiten. Sie müssen dadurch, weil sie zu keinem regelmäßig veranlagten Dasein kommen können, ein Parasitendasein führen. Alle Wesenheiten, welche ein regelmäßig veranlagtes Dasein ablehnen, müssen ein Parasitendasein führen, müssen sich, um fortzukommen, woanders ansetzen. Diejenigen Wesenheiten, die durch unsittliche Handlungen entstehen, haben insbesondere das Bestreben, ein Parasitendasein zu führen, indem sie die menschliche Evolution auf der Erde ergreifen unter der Leitung des Luzifer, dem sie sich untergeordnet haben, indem sie die Evolution beim Menschen ergreifen, bevor dieser physisch zur Welt gekommen ist. Den Menschen in der Embryonalzeit befallen sie und führen bei dem noch ungeborenen Menschen, in dem Leben des Menschen zwischen Empfängnis und Geburt, ein parasitäres Dasein. Manche Wesen, die stark genug sind, können dieses Dasein noch fortsetzen, wenn der Mensch schon zur Welt gekommen ist, und zeigen uns dann die Erscheinungen, die auftreten können bei gewissen besessenen Kindern.

Dieses, was aus dem parasitären Dasein hervorgeht, das die Verbrecherdämonen bei noch ungeborenen Menschen führen, ist dasjenige, was die Generationenfolge verschlechtert, was die Menschen benagt, so daß sie nicht so gut werden können, als sie werden würden, wenn es solche Dämonen nicht gäbe. Alles dasjenige, was mit dem Niedergang der Geschlechter, Stämme, Völker und Nationen zusammenhängt, kommt aus mancherlei Ursachen, aber auch daher, daß die Verbrecherdämonen ein parasitäres Dasein führen beim Menschen in der Periode, von der ich gesprochen habe.

Das sind Dinge, welche eine große Rolle spielen in der ganzen Erdenevolution, und wir berühren mit solchen Dingen, wie gesagt, wirklich tiefe Geheimnisse des menschlichen Daseins. Gewisse Vorurteile, gewisse Anschauungen prägen sich dadurch oftmals den Menschen schon ein, bevor sie noch durch die Geburt ins Dasein getreten sind. Und die Menschen werden auf diese Weise geplagt von Zweifeln, von Unsicherheiten im Leben, von allem möglichen, was damit zusammenhängt, daß solche dämonischen Wesen ein solches Dasein führen.

Mit dem, was der Mensch in sich von dem Momente an entwickelt, wo sein Ich auftritt, können diese Wesenheiten nicht mehr viel machen, aber um so mehr können sie ihr parasitäres Dasein entwickeln in der Zeit, bevor der Mensch geboren ist oder noch in den ersten Kindheitsjahren. So sehen wir, daß auch die bösen Handlungen ihre bedeutsame kosmische Wirkung haben, daß sie schöpferisch sind, aber so schöpferisch sind, daß sie sich hinwenden, ich möchte sagen, zum alten Mondendasein. Denn das, was der Mensch in der Zeit durchmacht, von der eben gesprochen worden ist, wo diese dämonischen Wesen ein parasitäres Dasein führen können, ist im wesentlichen die Erbschaft der alten Mondenzeit, die in allerlei unterbewußtem, instinktivem Verhalten zum Vorschein kommt. Es ist etwas, das aus früheren, besseren Zeiten her selbst die physische Wissenschaft noch unter ihren Instinkten bewahrt hat, indem sie die Embryonalzeit des Menschen auf der Erde nicht nach den gewöhnlichen Monaten, sondern nach den Mondmonaten berechnet und daher von zehn Mondmonaten spricht und manches andere noch weiß von einem Zusammenhang dieser Entwickelung mit dem Verlaufe der Mondenphasen.

So sehen wir, daß in unserer Erdenentwickelung ein Zweifaches enthalten ist: in den guten Handlungen die Tendenz, an der Schöpfung des Irdischen weiterzuarbeiten nach dem Jupiterdasein hin, damit auf dem Jupiter das entstehen könne, was dem Menschen nachfolgen muß als der nächste Mensch. Aber es ist durch die bösen Handlungen zugleich unserer Evolution die Tendenz eingeprägt, die Erde wiederum zurückzubringen in die alte Mondenzeit, sie abhängig zu machen von alledem, was mit den unterbewußten Impulsen zusammenhängt. Wenn Sie nachdenken, so werden Sie vieles, vieles finden, was mit solchen unterbewußten Impulsen zusammenhängt, und viel mehr als in den Zeiten, in denen die Menschen noch nicht so materialistisch waren, ist von solchen Impulsen vorhanden in der materialistisch gewordenen Menschheit der neueren Zeit.

Ich glaube, gerade an Beispielen einer solchen Erkenntnis, wie sie heute wiederum gegeben worden sind, zeigt es sich, daß man fühlen kann, wie tief eingreifend die Geisteswissenschaft in die menschliche Lebensauffassung sein kann, daß sie wahrhaftig nicht nur etwas sein wird, was dem Menschen Theoretisches gibt, sondern daß sie etwas sein wird, was das Leben des Menschen neu zu regeln imstande sein wird. Zeiten werden kommen, in denen dieses Leben ganz chaotisch werden wird, wenn die Menschen nicht die Möglichkeit ergreifen werden, es aus den geisteswissenschaftlichen Erkenntnissen heraus zu regeln. Hinaus muß der Mensch mit seinen Erkenntnissen aus der Eingeschlossenheit der Erkenntnis, die nur an die physische Leiblichkeit gebunden ist. Unsere materialistische Zeit will keine andern Erkenntnisse als diejenigen, die nur an die physische Leiblichkeit gebunden sind. Aber der Mensch muß hinaus mit seinen Erkenntnissen aus dieser physischen Leiblichkeit. Und dasjenige, was wir heute anerkennen als die ersten Übungen, die erwähnt worden sind in *Wie erlangt man Erkenntnisse der höheren Welten?*, wird dem Menschen nach und nach – das «nach und nach» wird allerdings noch eine längere Zeit dauern – etwas Natürliches werden, etwas, was der Mensch mit Selbstverständlichkeit zu seinem Leben rechnen wird. Namentlich dasjenige, was wir als Gedankenkonzentration bezeichnen, wird dem Menschen etwas Natürliches werden.

Der Mensch wird immer mehr und mehr die Notwendigkeit anerkennen, sich wirklich gedankenmäßig zu konzentrieren, zu richten sein ganzes Seelenleben auf scharf umrissene Gedanken, die er sich hinstellt vor sein Bewußtsein. Während er sonst seine Sinne schweifen lassen würde von Ding zu Ding, von Tatsache zu Tatsache, wird er immer mehr und mehr, wenn auch nur für kurze Zeit, das Gedankenleben richten auf bestimmte Dinge, die er sich auswählt, auf einen bestimmten Gedanken wird er sich konzentrieren, um das ganze Seelenleben in diesem Gedanken zusammenzuhalten. Dabei wird der Mensch eine Erfahrung machen, eine Erfahrung, die viele von Ihnen hier schon ganz gut kennen. Im Verlaufe der Konzentration ergibt sich für alle eine bestimmte Erfahrung. Wenn wir einen Gedanken in den Mittelpunkt des Bewußtseins rücken und unser ganzes Seelenleben auf ihn lenken, auf ihn uns konzentrieren, so merken wir, der Gedanke wird immer stärker und stärker. Gewiß. Aber dann kommt ein Punkt, wo er nicht mehr stärker wird, sondern wo er schwächer wird und verblaßt. Das ist eine Erfahrung, die viele von Ihnen kennen.

Er muß so verblassen, der Gedanke, er muß gleichsam innerlich ersterben. Denn so, wie wir den Gedanken zunächst haben, wie wir zunächst denken, so denken wir durch das Werkzeug des physischen Leibes, und die Art, wie wir durch das Werkzeug des physischen Leibes denken, die konzentrieren wir, aber erst in dem Momente schlüpfen wir heraus aus dem physischen Leibe, wo der Gedanke, der konzentriert ist, erstirbt.

Wir würden nun überhaupt in das Unbewußte gehen, wenn wir nicht, parallel mit dieser Konzentration, etwas anderes versuchen würden, wodurch wir, wenn wir hinausschlüpfen aus unserem physischen Leibe, uns doch bewußt draußen erhalten. Wir nennen dasjenige, was wir tun müssen, um uns draußen bewußt zu erhalten, ein gelassenes Leben haben, gelassen die Dinge der Welt hinnehmen. Wir können noch mehr tun, als gelassen die Dinge hinnehmen. Wir können es mit dem, was uns ja als Theorie so geläufig ist, wir können es mit der Karma-Idee völlig ernst nehmen. Was heißt das?

Zunächst ist im Leben der Mensch ganz und gar nicht geneigt, es mit der Karma-Idee völlig ernst zu nehmen. Wenn er nur eine kleine Fährlichkeit hat im Leben, die ihn verletzt, oder wenn irgend etwas sonst ihm begegnet, so kann er manchmal wütend werden, es ist ihm jedenfalls antipathisch. Demjenigen, was wir unser Schicksal nennen, stehen wir mit Sympathie oder Antipathie gegenüber. Im gewöhnlichen Leben kann es auch gar nicht anders sein, da ist es ganz notwendig, daß wir gewissen Ereignissen, die wir zum Schicksal rechnen, sympathisch, und daß wir andern derartigen Ereignissen antipathisch gegenüberstehen. Das Schicksal ist für uns etwas, was von außen an uns herankommt.

Wenn wir es ernst nehmen mit der Karma-Idee, dann müssen wir unser Ich in unserem Schicksale wirklich erkennen, wir müssen uns klar sein, daß wir in dem, was uns im Schicksal zustößt, selber tätig sind, daß wir selber die eigentlichen Akteure sind.

Es wird uns gewiß schwierig, wenn uns jemand beleidigt, daran zu glauben, daß in dem Beleidiger wir selber darinnenstecken. Denn im physischen Leben kann es nötig sein, die Beleidigung zu ahnden. Aber wir müssen immer ein Kämmerchen in unserem Inneren haben, in dem wir uns doch gestehen: Selbst wenn dich jemand beleidigt, so bist du es selbst, der dich beleidigt, wenn dich jemand schlägt, bist du es selbst, der dich schlägt, wenn dich mißliche Schicksalsschläge treffen, so bist du es selbst, der diese Schicksalsschläge an dich heranbringt. – Wir vergessen, daß wir nicht bloß in unserer Haut sind, sondern in unserem Schicksal darinnen sind, wir vergessen, daß wir in allen den sogenannten Zufällen unseres Schicksals darinnen sind.

Es ist sehr schwierig, wirklich die Empfindung zu entwickeln, daß man sein Schicksal mit dem eigenen Ich heranträgt. Wahr ist es aber: wir tragen unser Schicksal mit unserem eigenen Ich heran, und die Impulse bekommen wir nach Maßgabe unserer früheren Inkarnationen in dem Leben zwischen dem Tode und einer neuen Geburt, so daß wir da unser Schicksal selber an uns herantragen. Und wir müssen danach streben, zusammenzuwachsen mit unserem Schicksal, müssen immer mehr und mehr, statt antipathisch einen schweren Schicksalsschlag abzuwehren, uns sagen: Dadurch, daß dieser Schicksalsschlag dich trifft, das heißt, daß du dich triffst mit dem Schicksalsschlag, dadurch machst du dich in gewisser Beziehung stärker, kräftiger, kraftvoller. – Es ist schwieriger, so mit seinem Schicksal zusammenzuwachsen, als uns dagegen zu wehren, aber das, was wir verlieren, wenn unser Gedanke erstirbt, das können wir nur wiedergewinnen, wenn wir auf diese Weise das, was außer uns ist, in uns hineinziehen. In dem, was in unserer Haut ist, können wir nicht bleiben, wenn der Gedanke bei der Konzentration in uns erstirbt, aber hinaustragen wird er uns, wenn wir unser Karma, unser Schicksal im wahren Sinne erfaßt haben. Da wecken wir uns wieder auf. Der Gedanke erstirbt, aber das, was wir als Identifizierung erfaßt haben zwischen unserem Ich und unserem Schicksal, das tragen wir hinaus, das trägt uns draußen in der Welt herum.

Diese Gelassenheit gegenüber unserem Schicksal, das wahrhaftige Hinnehmen unseres Schicksals, das ist es, was uns mit Existenz beschenkt, wenn wir außerhalb unseres Leibes sind. Das braucht selbstverständlich unser Leben auf dem physischen Plane nicht zu ändern. Das können wir nicht immer. Aber die Gesinnung, die wir in einem Kämmerchen unserer Seele entwickeln müssen, die muß da sein für die Augenblicke, wo wir wirklich außerhalb unseres Leibes die Möglichkeit finden wollen, bewußt zu leben.

Zwei Sätze können Leitsätze für uns sein, können uns außerordentlich wichtig sein. Der erste dieser Sätze, den wir uns so recht tief einschreiben sollten, ist dieser:

Erstrebe des Gedankens Ersterben im All.

Denn nur, wenn der Gedanke erstirbt im All, dann wird er draußen eine lebendige Kraft. Aber wir können uns mit dieser lebendigen Kraft nicht verbinden, wenn wir uns nicht um den Inhalt des zweiten Satzes bemühen:

Erstrebe des Schicksals Auferstehung im Ich.

Wenn du das vollbringst, dann vereinigst du das im Gedanken wiedergeborene mit dem außer dir auferstandenen Ich.

Es ist aber vieles in der menschlichen Natur, was es schwierig macht, eine Evolution zu suchen im Sinne dieser Sätze. Es ist schwierig, denn das Verhältnis des Inneren zum Äußeren in der richtigen Weise anzuschauen, wird den Menschen ganz besonders schwer. Je mehr wir in dieser Beziehung Ethisches lernen können anhand der geisteswissenschaftlichen Weltanschauung, desto besser ist es. Ethisches können wir insofern lernen anhand der geisteswissenschaftlichen Weltanschauung, als gewisse ethische Begriffe erst Blut und inneres Leben erhalten durch das, was aus der Geisteswissenschaft ihnen zuströmen kann.

So zum Beispiel gibt es Menschen, welche fortwährend über andere Menschen klagen, sich darüber beklagen, daß ihnen andere Menschen dieses oder jenes tun. Bis dahin geht es, daß sie davon sprechen, daß andere Menschen sie verfolgen. Alle solchen Dinge hängen immer zusammen mit dem andern Pol der Menschennatur, man muß nur in der richtigen Weise das Leben betrachten, das heißt in der Weise, die gerade die wirklich verstandene Geisteswissenschaft gibt. Wer durch das Leben geht und sich das Auge etwas hellsichtig hat machen lassen durch die Geisteswissenschaft, der wird immer finden – selbstverständlich gibt es Gründe, um über Lieblosigkeit zu klagen, aber dessen ungeachtet wird man finden –, daß am meisten über Lieblosigkeit geklagt wird von denen, die eigentlich Egoisten sind, und der Glaube, daß alle Menschen ihnen schaden oder Böses zufügen wollen, wird am meisten bei egoistischen Naturen entstehen, während Naturen, die an sich liebevoll und liebefähig sind, nicht leicht zu dem Glauben kommen, daß sie verfolgt werden, daß man ihnen alles mögliche Böse antun wolle und so weiter.

Ja, indem so etwas ausgesprochen wird, ist man leicht geneigt, das theoretisch zuzugeben. Ich bin sogar überzeugt davon, die meisten Menschen werden das theoretisch schon zugeben, nachdem sie ein wenig nachgedacht haben. Es ins Leben einzuführen, das ist es aber, worauf es ankommt.

Nun kann die Frage entstehen: Welches ist der Weg, um diese Dinge in das Leben einzuführen? – Da muß dann die Antwort wieder gegeben werden: Wirklich mitleben da, wo die Geisteswissenschaft wirklich gesucht wird, mitleben, soviel als man kann. – Das ist dasjenige, um was es sich handelt. Dabei wird die Geisteswissenschaft nicht in Kompendien oder kurzen Abrissen gegeben, sondern es wird versucht, die Geisteswissenschaft zu einer lebendigen Strömung zu machen, in der wir darinnen leben können, so daß wir durch sie fortwährend uns warm erhaltend Anregungen haben können.

Das hat auch im Grunde genommen dazu geführt, für dieses lebendige Streben der Geisteswissenschaft eine Art Mittelpunkt zu suchen in unserem Bau, der so, wie er ist, ich habe es gestern erwähnt, durch seine Formen, durch die Art, in der er durchgeführt ist, das Leiblich-Seelisch-Geistige im Sinne unserer Geisteswissenschaft gibt. Er ist selbst ein Wahrzeichen dafür, daß wir suchen, gemäß den Impulsen, die wir aus der geistigen Welt heraus erkennen können, solches der Menschheitsevolution einzufügen, was gerade für die heutige Zeit so notwendig ist, damit die nächste Zukunft sich daraus in wirklich regelrechter Art entwickeln kann. Gerade dadurch, daß der Bau in seinen Formen das enthält, woran man das Wesen der Geisteswissenschaft empfinden kann, wird bewirkt, daß dieser Bau wirklich etwas sein kann wie eine Art Zentrum, wie eine Art Konzentrationspunkt, um den sich herumkristallisiert dasjenige, was als geisteswissenschaftliches Streben notwendig werden soll in der Menschheitsevolution.

Da mag man oftmals sagen: Trübe sind unsere Zeiten, manches lebt in unserer Zeit, was in recht grellem Widerspruch steht mit dem, was eine geisteswissenschaftliche Weltanschauung der Menschheit sein kann. – Auf der andern Seite aber hat unser Karma uns dazugebracht, so weit zu kommen, daß wir gewissermaßen überwinden dürfen in dem Materiale, das unserem Bau dient, dieses Materielle so, daß er auch in den äußeren Formen als Wahrzeichen unserer Geisteswissenschaft dasteht.

Jeder von uns kann sich das sagen, woran ich selber oftmals denken muß, besonders im Angesichte unserer schwierigen Zeit, unter den starken Anfeindungen, die insbesondere das Geisteswissenschaftliche in unserer Zeit erfährt. Mancher kann sich fragen, wie weit wir eigentlich mit unserem eigenen Persönlichen kommen in der Mitwirkung an dem, was sich um unseren Bau herum konzentrieren soll. Selbst für den Fall, daß der eine oder andere nicht mehr physisch dabei sein kann bei dem, was im physischen Leben weiter um unseren Bau herum sich konzentriert: daß der Bau da ist, daß uns unser Karma diesen Bau gebracht hat, das ist ein wichtiger Schritt vorwärts. Und wenn wir bedenken, wie Geisteswissenschaft so tief Verstehende, wie zum Beispiel unser Christian Morgenstern auch nach dem physischen Tode vereint bleiben mit dem, was unser physischer Bau soll, dann erkennen wir in unserem Bau zugleich ein Wahrzeichen in unserer Zeit des Wirkens innerhalb unserer spirituellen Bewegung, für welches die Grenzen zwischen dem, was man gewöhnlich Leben und Tod nennt, gar nicht in Betracht kommen.

Mit diesem Bau können wir wirklich verwachsen uns fühlen, und er kann so die ernstesten Gedanken anregen, die Gedanken anregen, die ganz natürlich sind in einer solchen Zeit, wie die unsrige es ist, die den Materialismus auf die höchste Spitze bringt. Selbst für den Fall, daß dieser Bau diesen oder jenen nur als geistiges Wesen mitwirkend finden sollte, wird der Bau für den Fortgang unserer Bewegung wichtig sein, wobei wir selbstverständlich dieses nur aussprechen – Sie werden mich verstehen –, um den ganzen, über Tod und Leben hinausgehenden Ernst unserer Bewegung ins Auge zu fassen.

Dieser Ernst tritt uns gerade in diesen Tagen ganz besonders entgegen. Und wenn das eine geschieht, warum sollte nicht auch demnächst manches andere geschehen können? Es ist so außerordentlich schwierig, dasjenige zu erreichen, wovon ich öfter gesprochen habe, auch wiederum gesprochen habe im Verlaufe dieser Vorträge. Ich habe darauf aufmerksam gemacht, wie versucht wird in der strengsten Weise, Worte zu wägen, Worte zu prägen, sie in genauer, streng genauer Weise auszusprechen unter der vollsten Verantwortlichkeit gegenüber den geistigen Welten. So ist es aber auch wünschenswert, daß sie gehört werden, diese Worte, so ist es wünschenswert, daß sie aufgenommen werden.

Es werden gewiß Zeiten kommen, in denen, ich möchte sagen, eine größere Leichtlebigkeit möglich sein wird in bezug auf die Strömung der geisteswissenschaftlichen Weltanschauung. Aber heute, wo wir im Anfange derselben stehen, müssen wir uns angewöhnen, die Dinge als sehr, sehr ernst zu nehmen. Ich habe vor einiger Zeit hier mancherlei von okkulten Forschungen und auch anderes gegeben, wovon ich geglaubt habe, daß es manchem nützlich sein könnte. Es wurden im wesentlichen Charakteristiken von Tatsachen gegeben. Man könnte glauben, daß es manchem nützlich sein könnte zum Verständnisse unserer gegenwärtigen, schwierigen Zeit. Gerade dieses aber, was aus diesem Impulse heraus gegeben worden ist, ist nicht in der Weise überall – selbstverständlich berühre ich dabei diese oder jene Ausnahme, aber es ist richtig, was ich sage – mit der nötigen Vorsicht, mit der nötigen Pietät behandelt worden, und es ist da oder dort wieder gesagt worden und, wie sich herausgestellt hat, in einer Form, die geradezu das Gegenteil davon darstellte, was hier gesagt worden ist.

Wenn ich bloß daran denke, was aus dem gemacht worden ist, was eigentlich gar nicht mißzuverstehen ist, weil es schon in einem Zyklus vorliegt, was gemacht worden ist aus der Gliederung der europäischen Menschheit mit Bezug auf die Empfindungsseele, Verstandes- oder Gemütsseele, Bewußtseinsseele und das Ich, was wahrhaftig nicht gegeben worden ist, um eine Superiorität auszudrücken, wenn ich bedenke, was für Sätze in die Welt hinausgegangen sind und was diese Sätze für Oppositionen und Emotionen hervorgerufen haben, so ist wirklich zu ersehen daraus, daß gerade das Prinzip, die Dinge ganz genau zu nehmen, selbst in so schwierigen Fällen, nicht voll beachtet worden ist. Wenn ich jemals zum Beispiel gesagt hätte: Das, was unter der Ich-Wirkung in bezug auf die europäische Bevölkerung vorhanden ist, sollte organisierend wirken innerhalb der europäischen Bevölkerung –, so hätte ich einen Nonsens gesagt. Dennoch ist zum Beispiel dieses hinausgetragen worden in die Welt und es erfährt die schlimmsten Mißverständnisse, ruft die stärksten Emotionen hervor.

Um nun nach dieser Richtung hin meine Pflicht zu erfüllen, ist es mir auferlegt worden für die Zeit, die jetzt kommen wird, gar nichts mehr in meinen Vorträgen in Anknüpfung an diese Dinge zu berühren. Ich muß absehen von jeder Berührung dieser Dinge, so daß also das, was jedem andern zusteht, nämlich, etwas sagen zu dürfen über dieses oder jenes, durch die Art und Weise, wie die Dinge genommen werden, mir zur Unmöglichkeit gemacht wird.

Alle diese Dinge zeigen uns, daß wir wohl in unsere Seele schauen sollen, inwiefern es uns gelingen kann, diese geisteswissenschaftliche Bewegung in ihrem vollen Ernst zu betrachten. Denn wir sind manchmal durchaus nicht aufmerksam darauf, welche Verantwortung, wenn es sich um wirkliche, wahrhaft rechte Geistesforschung und ihre Mitteilungen handelt, gegenüber jedem Satze vorliegt, wenn die Sache ernst genommen wird. Um Emotionen hervorzurufen, dazu ist wirklich die Geisteswissenschaft nicht da, auch nicht, um Emotionen zu bekämpfen oder abzuwenden. Und wenn jemand gesagt hat, diese Dinge werden mitgeteilt, um jemanden zu bekämpfen, so sollte er sich fragen, ob da von solchen Dingen der richtige Gebrauch gemacht worden ist, ob nicht vielmehr ein Mißbrauch vorliegt dieser Dinge, deren Mitteilung in voller Objektivität, in keuscher Wahrheitsliebe gemacht worden ist. Das sind Dinge, die mir zu meinen okkulten

Erfahrungen, die ohnehin schon schmerzlich genug sind, einen weiteren Schmerz hinzufügen. Wenn auch Wichtiges dadurch nicht berührt werden kann, wenn auch vieles wegfallen muß von dem, wovon ich glaubte, daß es in der nächsten Zeit betrachtet werden dürfte, so bleibt doch noch Wichtiges und Wesentliches für unsere Zeit zu besprechen.

Anmerkungen

1 *Die Geheimwissenschaft im Umriß* (1910), GA Bibl.-Nr. 13.

2 In der Nachschrift steht «Wesenheiten» statt «Aussichten»; offenbar ein Lese- oder Übertragungsfehler.

3 Zum 1. Absatz: Die Niederschrift ist hier offenbar lückenhaft; wahrscheinlich sind Sätze oder wesentliche Satzteile ausgefallen. Der Sinn der Stelle ergibt sich durch Vergleich mit S. 33 und mit den Ausführungen in «Die geistige Führung des Menschen und der Menschheit» 2. Kapitel, GA Bibl.-Nr. 15.

4 *Die Geheimwissenschaft im Umriß* (1910), GA Bibl.-Nr. 13.

5 So schildert Plutarch, um 50-120 n. Chr., griechischer Schriftsteller. Das Zitat fehlt im Stenogramm.

6 Theophrastus Bombastus Paracelsus von Hohenheim, 1493-1541.

7 *zum Beispiel in meiner Theosophie:* Siehe Kapitel «Die Seele in der Seelenwelt nach dem Tode» in *Theosophie. Einführung in übersinnliche Welterkenntnis und Menschenbestimmung* (1904), GA Bibl.-Nr. 9.

8 *in dem letzten öffentlichen Vortrage:* Berlin, 17. Februar 1917, in *Geist und Stoff, Leben und Tod*, GA Bibl.-Nr. 66.

9 *zu dem gestrigen öffentlichen Vortrage:* «Was wollte das Goetheanum und was soll die Anthroposophie?», Bern, 5. April 1923. Vgl. im gleichnamigen Band GA Bibl.-Nr. 84: Erster Vortrag, Basel, 9. April 1923.

10 *in früheren Zyklen:* Siehe insbesondere *Die Mission einzelner Volksseelen im Zusammenhang mit der germanisch-nordischen Mythologie*, GA Bibl.-Nr. 121; *Anthroposophie als Kosmosophie*, Bibl.-Nr. 207; *Die Impulsierung des weltgeschichtlichen Geschehens durch geistige Mächte*, GA Bibl.-Nr. 222.

11 *wie ich in früheren Vorträgen gesagt habe:* Siehe insbesondere *Die Offenbarungen des Karma*, GA Bibl.-Nr. 120; *Wiederverkörperung und Karma und ihre Bedeutung für die Kultur der Gegenwart*, GA Bibl.-Nr. 135.

12 *wie ich das gestern ... beschrieben habe:* Siehe oben Anm. 9.

13 *in den öffentlichen Vorträgen schon besprochen:* Bezieht sich auf die beiden Vorträge vom 25. und 26. November 1921 in Kristiania, beide in *Die Wirklichkeit der höheren Welten* (acht öffentliche Vorträge Kristiania [Oslo] 1921), GA Bibl.-Nr. 79.

14 *Inneres Wesen des Menschen und Leben zwischen Tod und neuer Geburt,* (acht Vorträge in Wien 1914), GA Bibl.-Nr. 153.

15 *in einem meiner Mysteriendramen:* «Der Seelen Erwachen», viertes Drama in *Vier Mysteriendramen* (1910-13), GA Bibl.-Nr. 14.

16 *gestern gehört:* Öffentlicher Vortrag Stuttgart, 17. Mai 1913: «Ergebnisse der Geistesforschung für Lebensfragen und das Todesrätsel.»

17 Vortragszyklus in Kristiania: *Die Mission einzelner Volksseelen im Zusammenhange mit der germanisch-nordischen Mythologie* (elf Vorträge Kristiania [Oslo] 1910), GA Bibl.-Nr. 121.

18 *Vorträge, die ich das letzte Mal hier gehalten habe: Okkulte Untersuchungen über das Leben zwischen Tod und neuer Geburt* (20 Vorträge in verschiedenen Städten 1912/13), GA Bibl.-Nr. 140.

19 Rudolf Steiner, *Die Geheimwissenschaft im Umriß* (1910), GA Bibl.-Nr. 13.

20 Aristoteles, 384–322 v. Chr.

21 *Aristoteles in seiner Farbenharmonie:* «Über Sinn und Sinnliches», besonders 3. Kapitel, in: Parva naturalia. – Siehe auch *Goethes Naturwissenschaftliche Schriften* (1883/97), herausgegeben und kommentiert von Rudolf Steiner. Nachdruck Dornach 1975, Band IV, GA Bibl.-Nr. I d, «Materialien zur Geschichte der Farbenlehre», 1. Abt., S. 28ff.: Zusammenstellung der Aussagen des Aristoteles über Farben mit den Anmerkungen Rudolf Steiners.

22 Albertus Magnus, 1193 – 1280

23 Hermann von Helmholtz, 1821 – 1894; siehe Rudolf Steiner, *Die Rätsel der Philosophie, in ihrer Geschichte als Umriß dargestellt* (1914), GA Bibl.-Nr. 18.

24 *ein nordischer Chemiker:* Theodor Svedberg, 1926 Nobelpreis für Chemie; vgl. sein Buch *Die Materie* (1912), deutsch 1914.

25 Basilius Valentinus, Alchimist aus dem 15. Jahrhundert.

26 *Wenn Sie sich erinnern an die Auseinandersetzungen im Zusammenhang mit*

der Entwickelung der Erde über die Saturn-, Sonnen- und Mondenzeit ...: Vgl. beispielsweise die *Geheimwissenschaft im Umriß*, GA Bibl.-Nr. 13, Kap. «Die Weltentwickelung und der Mensch».

Literaturhinweise

Weitere Werke Rudolf Steiners zum Thema der Hierarchien:

1. Schriften (aus der Rudolf Steiner Gesamtausgabe)

Aus der Akasha-Chronik. Schilderungen vergangener Entwicklungsstufen des Menschen und der Erde aus übersinnlicher Anschauung; Dornach 1986. GA Bibl.-Nr. 11.

Die Geheimwissenschaft im Umriß; Dornach 1989. GA Bibl.-Nr. 13.

Die geistige Führung des Menschen und der Menschheit. Geisteswissenschaftliche Ergebnisse über die Menschheits-Entwicklung; Dornach 1987. GA Bibl.-Nr. 15.

Anthroposophische Leitsätze. Der Erkenntnisweg der Anthroposophie. Das Michael-Mysterium; Dornach 1989. GA Bibl.-Nr. 26.

2. Vorträge

N*atur- und Geistwesen – ihr Wirken in unserer sichtbaren Welt.* 18 Einzelvorträge zwischen dem 5. November 1907 und dem 14. Juni 1908 in verschiedenen Städten; Dornach 1983. GA Bibl.-Nr. 98.

Das Hereinwirken geistiger Wesenheiten in den Menschen. 13 Vorträge in Berlin zwischen dem 6. Januar und dem 11. Juni 1908. GA Bibl.-Nr. 102.

Geistige Hierarchien und ihre Widerspiegelung in der physischen Welt. Tierkreis, Planeten, Kosmos. 10 Vorträge, Düsseldorf 12. bis 22. April 1909; Neuauflage in Vorbereitung. GA Bibl.-Nr. 110.

Die Mission einzelner Volksseelen im Zusammenhange mit der germanisch-nordischen Mythologie. Elf Vorträge, Kristiana (Oslo) 7. bis 17. Juni 1910 (Zyklus 13). Mit einer Vorrede von Rudolf Steiner. Dornach 1982. GA Bibl.-Nr. 121.

Die Geheimnisse der biblischen Schöpfungsgeschichte. Das Sechstagewerk im 1. Buch Moses. Elf Vorträge, München 16. bis 26. August 1910 (Zyklus 14). Dornach 1984. GA Bibl.-Nr. 122.

Die Evolution vom Gesichtspunkte des Wahrhaftigen. Fünf Vorträge, Berlin 31. Oktober bis 5. Dezember 1911 (Zyklus 35). Dornach 1989. GA Bibl.-Nr. 132.

Die geistigen Wesenheiten in den Himmelskörpern und Naturreichen. Elf Vorträge, Helsingfors 3. bis 14. April 1912 (Zyklus 21) mit einem öffentlichen Vortrag: Der Okkultismus und die Initiation. Dornach 1984. GA Bibl.-Nr. 136.

Christus und die geistige Welt. Von der Suche nach dem heiligen Gral. Sechs Vorträge, Leipzig 28. Dezember 1913 bis 2. Januar 1914 (Zyklus 31). Dornach 1987. GA Bibl.-Nr. 149.

Der menschliche und der kosmische Gedanke. Vier Vorträge, Berlin 20. bis 23. Januar 1914 (Zyklus 33). Dornach 1980. GA Bibl.-Nr. 151.

Bausteine zu einer Erkenntnis des Mysteriums von Golgatha. Kosmische und menschliche Metamorphose. Siebzehn Vorträge, Berlin 6. Februar bis 8. Mai 1917 (Zyklus 44 und 45). Dornach 1982. GA Bibl.-Nr. 175.

Die spirituellen Hintergründe der äußeren Welt. Der Sturz der Geister der Finsternis. Geistige Wesen und ihre Wirkungen, Band I. Vierzehn Vorträge, Dornach 29. September bis 28. Oktober 1917. Dornach 1986. GA Bibl.-Nr. 177.

Individuelle Geistwesen und ihr Wirken in der Seele des Menschen. Geistige Wesen und ihre Wirkungen, Band II. Neun Vorträge, St. Gallen, Zürich und Dornach zwischen dem 6. und 25. November 1917. Dornach 1980. GA Bibl.-Nr. 178.

Die Sendung Michaels. Die Offenbarung der eigentlichen Geheimnisse des Menschenwesens. Zwölf Vorträge, Dornach 21. November bis 15. Dezember 1919. Dornach 1983. GA Bibl.-Nr. 194.

Das Miterleben des Jahreslaufes in vier kosmischen Imaginationen. Sechs Vorträge, Dornach 3. bis 13. Oktober und Stuttgart 15. Oktober 1923. Dornach 1989. GA Bibl.-Nr. 229.

Quellennachweis

Was tut der Engel in unserem Astralleib? (9.10.1918): aus GA Bibl.-Nr. 182 *Der Tod als Lebenswandlung;* 4. Auflage, Dornach 1996.

Die drei Begegnungen der Menschenseele mit den Wesen des Universums (20.02.1917): aus GA Bibl.-Nr. 175 *Kosmische und menschliche Metamorphose. Bausteine zu einer Erkenntnis des Mysteriums von Golgatha;* 3. Auflage, Dornach 1996.

Schicksalsgestaltung in Schlafen und Wachen (06.04.1923): aus GA Bibl.-Nr. 224 *Die menschliche Seele in ihrem Zusammenhang mit göttlich-geistigen Individualitäten. Die Verinnerlichung der Jahresfeste;* 3. Auflage, Dornach 1992.

Das Verhältnis des Menschen zu seinem Engelwesen und zu den höheren Hierarchien (27.11.1921): aus GA Bibl.-Nr. 209 *Nordische und mitteleuropäische Geistimpulse. Das Fest der Erscheinung Christi;* 2. Auflage, Dornach 1982.

Der Michael-Impuls und das Mysterium von Golgatha (18.05.1913): aus GA Bibl.-Nr. 152 *Vorstufen zum Mysterium von Golgatha;* 3. Auflage, Dornach 1990.

Erkenntnis geistiger Wesenheiten in verschiedenen Epochen (04.01.1924): aus GA Bibl.-Nr. 233a *Mysterienstätten des Mittelalters. Rosenkreuzertum und modernes Einweihungsprinzip;* 5. Auflage, Dornach 1991.

Die dritte und die zweite Hierarchie (06.04.1912): aus GA Bibl.-Nr. 136 *Die geistigen Wesenheiten in den Himmelskörpern und Naturreichen,* 6. Auflage, Dornach 1996.

Die erste Hierarchie und die göttliche Trinität (07.04.1912): aus GA Bibl.-Nr. 136 *Die geistigen Wesenheiten in den Himmelskörpern und Naturreichen,* 6. Auflage, Dornach 1996.

Das künftige Jupiterdasein und seine Wesenheiten (03.01.1915): aus GA Bibl.-Nr. 275 *Kunst im Lichte der Mysterienweisheit,* 3. Auflage, Dornach 1990.